Klartext

Annette Linke

Der Multimillionär Frey und die DVU

Daten, Fakten, Hintergründe

Die Deutschen Bibliothek – CIP-Einheitsaufnahme

Linke, Annette
Der Multimillionär Frey und die DVU : Daten, Fakten,
Hintergründe / Annette Linke. – 1. Aufl. – Essen : Klartext-
Verl., 1994
   ISBN 3-88474-207-8

1. Auflage, November 1994
Satz und Gestaltung: Klartext
Druck: Pressedruck, Augsburg
© Klartext Verlag, Essen
Alle Rechte vorbehalten
ISBN 3-88474-207-8

Inhalt

Vorwort

Am 25. April 1994 brannte wieder eine Synagoge in Deutschland. Es bedurfte nicht erst dieses Anschlages, um den zunehmenden Antisemitismus und Rassismus im wiedervereinigten, größeren Deutschland zu erkennen. Die Opfer sind bekannt, aber wir neigen dazu, sie zu vergessen. Um nur einige zu nennen:

Mahmud Azhar wurde am 7. Januar 1990 von einem rassistischen Deutschen in der Freien Universität Berlin niedergeschlagen und starb an den Folgen am 6. März 1990. Am 31. März 1991 wurde der mosambikanische Arbeiter Jorge Gomondai in Dresden zusammengeschlagen und aus der fahrenden Straßenbahn geworfen, er starb kurz darauf. Am 19. September 1991 wurde Samuel Yeboah aus Ghana bei einem Brandanschlag in Saarlouis ermordet. Im Mai 1993 starben in Solingen Gürsum Ince, Hatice Genc, Gülistan Öztürk, Hülya Genc und Saime Genc. Beki Genc und Güldane Ince wurden in der Todesnacht schwer verletzt.

Ein rassistischer Steppenbrand zieht durch Deutschland. Hoyerswerda, Hünxe, Rostock, Mannheim, Mölln, Solingen, Magdeburg und Lübeck sind die vorläufigen Stationen, weitere werden folgen.

Ein mutmaßlicher Täter des Solinger Brandanschlags war Mitglied der DVU. Die anderen trainierten Kampfsport bei einem Mitarbeiter des Verfassungsschutzes. In Rostock wetterte der faschistische Medienzar Gerhard Frey einige Zeit vor dem Pogrom gegen die ,,Asylantenflut", seine Basis ließ Taten folgen und der Staat schaute weg. Die Regierung brauchte noch Munition für die Asylrechtsänderung. Soziale Fragen werden von der CDU, CSU, FDP und zunehmend auch von der SPD nationalistisch beantwortet. Die Rechte hat erkannt, daß ihre bevorzugten Themen, wie ,,Ausländer", Asyl, Maastrich, Kriminalität und Drogen, mehrheitsfähig in der Gesellschaft sind.

Einer, der die mehrheitsfähigen Themen populistisch aufgreift, ist Gerhard Frey. Frey ist einer der einflußreichsten Demagogen in der rechten Szene und ein als Biedermann getarnter Brandstifter. Sein Presseimperium, in dem die Nationalzeitung erscheint, hetzt allwöchentlich nach dem Geschmack hunderttausender LeserInnen gegen „Ausländer", „Juden", und „antideutsche Elemente". Frey ist gleichzeitig Vorsitzender der mitgliedsstarken Deutschen Volksunion, der neben den Republikanern bedeutendsten faschistischen Partei in der Bundesrepublik. Gerhard Frey ist aber auch einer der umstrittendsten Führer im rechten Spektrum, da der Multimillionär es wie kein anderer verstanden hat, seine politischen Geschäfte mit seiner Geldbörse zu verknüpfen.

In der Literatur führen die DVU und das Frey Presseimperium im Gegensatz zu den Republikanern ein Schattendasein, was ihrer Bedeutung im rechten Netzwerk nicht gerecht wird.

Wir wollen mit unserem Buch Daten, Fakten und Hintergründe zu Frey, seiner DVU und den mit ihm und der Partei sympathisierenden „Saubermännern" und „Sauberfrauen" geben, die, wenn mensch sie nur ließe, dort fortfahren würden, wo das „Tausendjährige Reich" zwangsweise nach zwölf Jahren aufhören mußte.

Das Buch erhellt nicht nur Freys Kontakte zum gesamten faschistischen Spektrum, sondern deckt auch die Verbindungen zu prominenten bürgerlichen Politikern, speziell der CSU, auf.

Wir sollten darangehen, Zustände zu schaffen, die all diesen Glatzköpfen und Baseballschlägertypen, ihren geistigen Urhebern à la Gerhard Frey und Franz Schönhuber, den Beifall klatschenden Bürgern und Bürgerinnen, der zuschauenden Polizei, der auf dem rechten Auge blinden Justiz und den verharmlosenden oder fördernden Politikern und Politikerinnen klarmachen, daß ihnen ein Risiko erwächst: gespeist aus dem Ende des Mangels an Zivilcourage, dem Ende des Wegsehens und Desinteresses und vor allem dem Ende des Delegierens der eigenen Verantwortung an andere. Es liegt an uns allen, das Risiko für FaschistInnen so hoch zu treiben, daß sie ihr menschenverachtendes Handwerk aufgeben.

Wir möchten uns an dieser Stelle bei den vielen Freunden, Freundinnen und AntifaschistInnen bedanken, ohne deren Unterstützung die Erstellung dieses Buches nicht denkbar gewesen wäre. Besonders danken wir der Gruppe Avanti aus Kiel, den Leuten der Antifa-Archive in Nürnberg, München und Berlin, der Antifa-Gruppe aus Passau, den AntifaschistInnen der Antifa-Zeitung NRW und

9

des Antifa Info Blatt Berlin, Alegra, Erika und Bernd Siegler. Nicht zuletzt danken wir dem Klartext Verlag für die faire und freundliche Zusammenarbeit.

Zur Handhabung dieses Buches:

Alle am Ende des Buches in den Registern verzeichneten Organisationen, Medien, Firmen und Personen sind im fortlaufenden Text kursiv gesetzt, mit Ausnahme zitierter Textstellen. Wegen der Häufigkeit haben wir darauf verzichtet, Gerhard Frey, die DVU, DVU-Liste D, die Deutsche Nationalzeitung und die Deutsche Wochenzeitung ins Register aufzunehmen.

Zur Schreibweise: Wenn wir z.B. von Faschisten schreiben, meinen wir tatsächlich nur die männlichen Faschisten. Wenn wir Frauen und Männer meinen, schreiben wir grundsätzlich „-Innen", z.B. FaschistInnen.

Wir haben bewußt auf die häufig verwendeten Begriffe „rechtsextrem" und „RechtsextremistInnen" verzichtet. Durch den Begriff „Rechtsextremismus" werden der Faschismus und sein Potential nur ungenügend charakterisiert, zumal wenn der Begriff nach der alten Totalitarismus-Theorie eine Nähe zur Linken suggerieren soll („Linksextremismus gleich Rechtsextremismus"). Faschismus ist nicht deshalb schlecht, weil er extrem ist. Immer da, wo der Faschismus eine gesellschaftlich relevante Rolle gespielt hat, kam er aus der Mitte der Gesellschaft, auch wenn diese Tatsache ungern vernommen wird.

Wenn wir das Wort „Nazis" benutzen, meinen wir Menschen, die sich als NationalsozialistInnen verstehen. Unter „FaschistInnen" verstehen wir Menschen, die über ein geschlossenes faschistisches Weltbild verfügen und/oder in die bestehenden Organisationsstrukturen eingebunden sind. Mit „Alt-FaschistInnen" oder „Alt-Nazis" charakterisieren wir Personen, die schon vor 1945 aktiv waren.

Gerhard Frey – eine Biographie

Gerhard Michael Frey wurde am 18. Februar 1933 in Cham in der Oberpfalz geboren. Er entstammt einer alteingesessenen national-konservativen Kaufmannsfamilie. Sein Vater gehörte den konterrevolutionären *Freikorps* an, die 1918/19 an der blutigen Niederschlagung der ArbeiterInnenaufstände beteiligt waren, und der katholischen *Bayrischen Volkspartei (BVP)*, die das Hochkommen des Nationalsozialismus besonders begünstigte.[1] Die Kaufhäuser der Familie betreibt heute sein Bruder *Dr. Adalbert Frey*.[2]

Frey besuchte das Gymnasium in Cham und das ,,Elite Kloster Gymnasium" in Ettal, das zur selben Zeit auch vom ehemaligen bayrischen Ministerpräsidenten *Max Streibl* besucht wurde. Nach dem Studium der Rechts- und Staatswissenschaften folgte ein zweijähriges Referendariat bei der Regierung von Oberbayern, ein zweijähriges Volontariat bei der konservativen *Passauer Neue Presse*[3] und zuletzt promovierte Frey an den Universitäten in München und Graz[4] zum Dr. rer. pol. Das Thema seiner Promotion: ,,Die Handelsbeziehung Österreichs mit Deutschland."[5]

Gerhard Frey wohnt mit Frau *Regina*, Kindern und Personal in der größten Villa des Münchener Würmtal-Vororts Gräfelfing. Er hat seine Villa zu einer Festung ausgebaut: Hinter dem schweren, meterhohen Eisenzaun seines Grundstücks wacht ein deutscher Schäferhund, und das Gelände ist außerdem elektronisch gesichert. Das Pförtnerhäuschen ist mit kugelsicheren Scheiben ausgestattet und die Eingangstür der Villa besteht aus Stahl. Besuch empfängt Frey nur in seinem Arbeitszimmer, die übrigen Räume des zweistöckigen Hauses sind für Fremde tabu.[6]

Freys Familie ist in seinem wirtschaftlichen und politischen Imperium tätig: Ehefrau *Regina* hat Handlungsvollmacht, Tochter *Michaela* (29 J.) führt die Anzeigen- und Honorarabteilung und Sohn *Gerhard Frey junior* (25 J.) ist in der Verlagsleitung wie in der DVU tätig. Der Junior, Partei-Spitzname ,,Baby Doc", studiert Jura, kandidierte auf Platz vier für die DVU bei den Europawahlen 1989[7] und ist Beisitzer im DVU Bundesvorstand und im Landesverband

Bayern. *Frey junior* eifert seinem Vater nach; so versuchte er sich auch als Publizist und veröffentlichte im familieneigenen Verlag das Buch „Polens verschwiegene Schuld. Das Unrecht am deutschen Volk". In diesem Buch wird die Geschichte des Zweiten Weltkriegs auf den Kopf gestellt. Für den deutschen Überfall am 1.9.1939 auf Polen wird den Polen die Schuld zugeschrieben und die Täter werden so zu Opfern gemacht.

Daß der Patron Frey nur seiner Familie und einem kleinen Stab eng vertrauter Kameraden in seinem Imperium Aufgaben überläßt, verweist auf sein Streben nach Macht und Geld. Frey duldet selten Widerspruch und scheint es nicht zu ertragen, wenn andere Menschen eigenständig handeln und sich ihm nicht vollständig unterordnen. Menschen, die sich nicht seinen Vorstellungen entsprechend verhalten, werden in seinen Gazetten öffentlich diskreditiert und, falls sie in seiner Partei sind, mit Hilfe eines Parteiausschlußverfahrens aus der DVU entfernt. Dies läßt sich besonders gut im Umgang mit der *NPD* nachvollziehen. Nachdem Frey 1979 die *NPD* verlassen hatte, da er in seinem Machtanspruch von den *NPD*-Mitgliedern offenbar nicht bestätigt wurde, startete er eine Kampagne gegen sie, die im abstrusen Kommunismusvorwurf endete. Deutlich wird dies auch im Umgang mit den DVU-Abgeordneten in Bremen und Schleswig-Holstein, *Peter Nennstiel*, *Klaus Blome* und *Ingo Stawitz,* die sich dagegen gewehrt haben, als bloße Marionetten der Parteizentrale in München zu fungieren.

In Gräfelfingen läßt sich Frey nach Auskunft eines früheren Mitarbeiters morgens von seinem Chefbuchhalter *Walter Kussin* die neuesten Kontoauszüge vorlegen – einschließlich Mitgliederbeitragszahlungen und Spendeneingängen.[8] Für Frey ist die politische Aktivität eng mit dem finanziellen Nutzen verbunden. *Harald Neubauer,* einer der ehemaligen engen Vertrauten von Frey, beschrieb den Geschäftemacher folgendermaßen: „Er bettelt, um des Bettelns willen. Bei ihm ist das Geschäft nackter Eigennutz, nicht Mittel zum politischen Zweck. Er verkauft pseudopatriotischen Ablaß zu Nepp-Preisen, setzt Deutschland mit seinem Geldbeutel gleich. Jeder, der sich mit ihm einläßt, wird nicht nur politisch diskreditiert, sondern auch ausgenutzt, mißbraucht, gefleddert."[9]

Frey verkörpert mit seinem besitzbürgerlichen Habitus weit eher den Typus des Deutschnationalen als den des Nationalrevolutionärs. Er war gerade zwölf Jahre alt, als im Frühjahr 1945 die amerikanischen Truppen seinen Heimatort Cham in der Oberpfalz besetzten. Frey habe damals geweint, ,,weil das Vaterland geschlagen ist", wußte *Der Spiegel* in seiner Ausgabe Nr. 11/1963 zu berichten. Wie ein ,,Trauma" habe den damaligen Schüler seitdem die ,,totale Niederlage der für ihn unvergleichbaren deutschen Wehrmacht" verfolgt. Obwohl Frey heute hin und wieder behauptet, er sei ,,antinazistisch eingestellt", bedauert er bei jeder sich bietenden Gelegenheit, daß die ,,beste Wehrmacht dieser Erde" *Hitlers* Krieg nicht gewonnen habe.[10] So ist es auch nicht verwunderlich, daß Frey relativ früh die Nähe und den Kontakt zu Altnazis suchte (*Damerau, Kernmayr*) und bis heute immer wieder versucht, durch Leugnung und Relativierung von NS-Verbrechen den Faschismus zu rehabilitieren. 1977 ließ Frey sein Horoskop riesengroß in seiner Deutschen National-Zeitung veröffentlichen. Danach sei er geboren ,,im Zeichen Wassermann und im guten Sextil zu Uranus, dem Planeten der Reformen und der nationalen Bewegungen und Revolutionen". Frey sei, heißt es da, ,,ein Mann der Begeisterung, der seine Lebensaufgabe erfüllen will und Gesundheit und Leben dafür einsetzt, als großes Opfer, das ein Schicksal von ihm fordert. Dieses Schicksal hat ihn berufen und er muß es erfüllen."[11]

Seine Freizeitinteressen gibt Frey mit Angeln, Briefmarkensammeln und Schießen an.[12]

Gründung und Entwicklung der DVU

Die Gründung der DVU

Für die Gründung der DVU waren mehrere Faktoren ausschlaggebend. Durch die sozialliberale Ostpolitik und die Zunahme von wirtschaftlichen und politischen Beziehungen zwischen den westlichen und östlichen Staaten verlor der Kalte Krieg zunehmend an Bedeutung. Ausgehend von der *Außerparlamentarischen Opposition (APO)* veränderte sich das Klima in der Gesellschaft Ende der 60er Jahre zuungunsten rechter und faschistischer Gruppierungen. Während die *Nationaldemokratische Partei Deutschlands (NPD)* 1967 noch 1,9 Mio. WählerInnen für sich gewinnen konnte und bei der Bundestagswahl 1969 mit 1,5 Mio. Stimmen (4,3%) knapp an der 5-Prozent-Hürde scheiterte, begann danach ihr Abstieg. So bekam die *NPD* bei den Bundestagswahlen 1972 nur noch 0,2 Mio. Stimmen. Die meisten ehemaligen *NPD*-WählerInnen wechselten zur *CDU/CSU*. Das Mitgliederpotential der *NPD* sank von 28.000 (1969) auf 8.000 (1980) und dürfte mittlerweile auf unter 5.000 angelangt sein.[1] Die *NPD* steht heute vor dem organisatorischen Aus.

Auch die Vertriebenenverbände konnten die Politik „im Geist der Entspannung" und die daraus entstandenen Ostverträge nicht verhindern. Dies war ein Anlaß für die zahlreichen Neugründungen/Wiederbelebungen rechter und faschistischer Gruppierungen. Aus der Niederlage der *NPD* wurden innerhalb des faschistischen Lagers unterschiedliche Konsequenzen gezogen. Eine war, in Anlehnung an die französische *Nouvelle Droite*, die zahlreichen Neugründungen von intellektuellen Zirkeln der *Neuen Rechten*. Eine andere Konsequenz führte zur Gründung der Deutschen Volksunion (DVU).

Neben dem 1969 beginnenden Niedergang der *NPD*, der bis heute unvermindert anhält, wirkte sich das Scheitern von Sammlungsbewegungen wie der *Aktion Widerstand* günstig für Freys DVU-Gründung aus. Frey beklagte bei der *Aktion Widerstand*, mit der er in engem Kontakt stand, daß sie zu eng angelegt sei und damit nicht über den Kreis der „Rechten" hinauskomme.

Der *Deutsche Anzeiger (DA)*, die Mitgliedszeitung der DVU, schrieb im Februar 1971: „Letzter Anlaß für die Gründung war die sich steigernde Kapitulationspolitik der roten Regierung gegenüber dem Osten, insbesondere die Verträge von Moskau und Warschau ... Die DVU ist keine Partei. Sie will alle verfassungstreuen Kräfte von mitte bis rechts zusammenführen".

Da die Rechten den Einfluß auf die vor allem zur *CDU/CSU* übergewechselten *NPD*-AnhängerInnen erhalten wollten, es jedoch unrealistisch war, mit einer Partei rechts von der *CDU/CSU* in die Parlamente zu ziehen, sollte eine überparteiliche Organisation entstehen, „um diese Parteien auf einen rechten Kurs festzulegen". Die „Stahlhelmfraktion" innerhalb der Unionsparteien versprach sich von der DVU-Gründung einen ständigen revanchistischen und extremen antikommunistischen Druck auf ihre eigenen Parteien *(CDU/CSU)*, der ihre eigene Position stärken sollte.

Am 16.1.1971 wurde im Münchener Hotel „Deutscher Kaiser", am Vorabend der 100jährigen Reichsgründung durch *Bismarck*, unter Beteiligung mehrerer *NPD*-, *CDU/CSU*-Mitglieder und Altnazis die Deutsche Volksunion als Verein gegründet. Vorsitzender wurde der Verleger Dr. Gerhard Frey. Die DVU verstand sich als Sammlungsbewegung nationalkonservativer und rechter Kreise. An der Vereinsgründung der DVU beteiligten sich u.a. der Mitbegründer und spätere Vorsitzende der *Aktion Oder/Neiße (AKON) Erwin Arlt*, der Nazi-Schriftsteller *Wilhelm Pleyer*, der Nationalzeitungs-Verlagsleiter und Münchener *CSU*-Vertriebenenfunktionär *Emmerich Gieß*[2], der frühere Obersturmführer der *Waffen-SS* und ehemalige *NPD*-Abgeordnete *Walter Brandner* und der baden-württembergische *CDU*-Ortsvorsitzende *Werner Novak*.[3] Mit *Pleyer* stieß ein Mann zur DVU, der im Nationalsozialismus eine flammende Hymne auf *Hitler* verfaßt hatte. Er war im Sudetenland Gaugeschäftsführer der *Deutschen Nationalpartei* und bis 1945 als Redakteur an verschiedenen Zeitungen des NS-Gaues Sudetenland tätig. *Pleyer* wurde von *Hitler* mit diversen Literaturpreisen ausgezeichnet.

Am 3.4.1971 fand die erste öffentliche Veranstaltung der DVU statt. Vor der Münchener Schwabingbräuhalle standen Absperrketten der Polizei, die die Nazis vor einigen hundert antifaschistischen

DemonstrantInnen schützte. Die AntifaschistInnen riefen in Sprechchören: „Wir kennen den Faschismus schon, wir brauchen keine Volksunion" und „Strauß und Frey Hand in Hand mit der Aktion Widerstand". Die Losung der DVU-Veranstaltung war: „Abrechnung mit Brandt – Kampf dem Verrat". Die Sprechchöre der AntifaschistInnen und die Losung der Veranstaltung wiesen auf die Nähe zur *Aktion Widerstand* hin. In der Halle versuchte Frey, nachträglich den Zweiten Weltkrieg zu gewinnen. Er polemisierte gegen die Ratifizierung der Ostverträge. Unter tosendem Beifall der tausend KundgebungsteilnehmerInnen formulierte Frey seine Kampfansage gegen die Verträge:

„Dem setzen wir entgegen, daß wir beitragen wollen, den Zweiten Weltkrieg auf lange Sicht politisch zu gewinnen, nicht im Sinne der nationalsozialistischen Kriegsziele, sondern im Sinne des Rechtes und der Freiheit des deutschen Volkes. Ich verspreche es Ihnen, ja, ich schwöre es Ihnen, wir verzichten nie und niemals."[5]

Das Bild dieser Veranstaltung sollte sich in den folgenden 23 Jahren vielfach wiederholen: Vor der Halle Polizeischutz für die DVU und ihre AnhängerInnen, in der Halle Marschmusik, eine Atmosphäre von Bierseligkeit und Reden, die an *Goebbels* und *Hitler* erinnern.

Auf derselben Veranstaltung vermeldete ein weiterer Mitbegründer der DVU, *CSU*-Mitglied und Landesorganisationsleiter der *Landsmannschaft Donau-Schwaben*, *Paul Pisterer*, stolz, daß mittlerweile rund 100 *CSU*-Mitglieder der DVU beigetreten seien.[6] Am selben Tag plauderte Frey auf einer Pressekonferenz aus, daß es vor Gründung der DVU Absprachen mit der faschistischen *Aktion Widerstand* gegeben habe. Die *Aktion Widerstand* stand der Gründung der DVU wohlwollend gegenüber, da sie in der DVU größere Möglichkeiten sah, ins bürgerliche Lager zu wirken.

Die *Aktion Widerstand* trat im November 1970 mit einer Gründungskundgebung in Würzburg erstmals an die Öffentlichkeit. Auf der Veranstaltung wurde zu Gewalt und Terror gegen die BefürworterInnen der sozialliberalen Entspannungspolitik aufgerufen. Die Parolen waren: „Verräter Brandt an die Wand – Fegt ihn weg den roten Dreck". Die *Frankfurter Rundschau* charakterisierte die *Akti-*

on Widerstand am 4.11.1970 als „... jene von der *NPD* zu braunem Brei verschmolzenen extremen Gruppen, die sich mit Kniebundhosen und Schulterriemen, mit Fackelzügen, wüsten Parolen und als Schläger martialisch in Position brachten". Den harten Kern der *Aktion Widerstand* bildeten ehemalige FunktionärInnen der *NSDAP*. Sie war im Oktober 1970 in München von dem Vorsitzenden des *Arbeitskreis Volkstreuer Verbände (AVV)*, *Alfred E. Manke*, dem Herausgeber der faschistischen Zeitschrift *Mut*, *Bernhard Wintzek* und der *NPD*[7] initiiert worden. *Manke* unternahm zwei Jahre später zusammen mit Gerhard Frey einen weiteren Sammlungsversuch der faschistischen Szene, sie initiierten 1972 den *Freiheitlichen Rat*. *Wintzek* wandelte im Laufe der Jahre seine Zeitschrift *Mut* von einem offen faschistischen Jugendblatt zu einer seriös aufgemachten nationalkonservativen neu-rechten Zeitschrift, in der auch Unionspolitiker wie *Lummer* und *Rupert Scholz* zu den Autoren gehören. Bundeskanzler *Kohl* gab sich in einem Leserbrief (2/88) als regelmäßiger Leser des *Wintzek*-Blattes zu erkennen.

CSU-Politiker, wie der ehemalige *CSU*-Landtagsabgeordnete Professor *von der Heydte*, versicherten der *Aktion Widerstand* ihre Solidarität. Schon 1963 hatte *Heydte* in der *Deutschen Soldaten-Zeitung/National-Zeitung* „Zuchthaus für Verzichtspolitiker" gefordert.[8] Der 1907 geborene *Friedrich August Freiherr von der Heydte* war schon 1933 Mitglied der *NSDAP* und später der *SA*. Bis 1947 saß *Heydte* wegen Kriegsverbrechen im Brüsseler Militärgefängnis.[9] Der Gefängnisaufenthalt war nur ein kurzes Intermezzo für *Heydte*, sofort nach seiner Entlassung konnte er seine im Nationalsozialismus begonnene Karriere fortsetzen. 1960 wurde *Heydte* als Völkerrechtler und Reserve-Brigadegeneral, mit Unterstützung des damaligen Bundesverteidigungsministers *Strauß*, Leiter des *Instituts für Wehrrecht* an der Universität Würzburg, dem einzigen Institut dieser Art in der Bundesrepublik. 1962 löste *Heydte* im Zusammenspiel mit *Strauß* die „Spiegel-Affäre" aus. *Heydte* erstattete gegen den *Spiegel* Anzeige wegen Landesverrats, da der *Spiegel* sich kritisch mit den Wiederaufrüstungsplänen der Bundesregierung beschäftigte. Die Mitgliedschaft in diversen rechtslastigen Organisationen stand einer Auszeichnung *Heydtes* mit dem Bayerischen Verdienstorden (1974) nicht im Wege.[10] Der *CSU*-Vorsitzende *Strauß* ließ sein Fehlen bei dem Gründungskongreß der *Aktion Widerstand* „mit Bedauern" durch seine Sekretärin entschuldigen.[11] Tage vorher hatte sich *Strauß* auf dem *CSU*-Parteitag den FaschistInnen angedient, „Ich habe die Ehre, mich als Führer des Rechtskartells in beste Empfehlung bringen zu dürfen".[12]

Frey versuchte, die zugespitzte Diskussion um die Ostverträge auch für sich zu nutzen. So organisierte die DVU im April 1971 unter den Parolen „Abrechnung mit Brandt" und „Kampf dem Verrat" einen „Marsch auf Bonn". An der Demonstration beteiligten sich 3.000 Menschen, an der Schlußkundgebung 5.000. Neben Frey trat *Siegfried Pöhlmann*, der Vorsitzende der *Aktion Neue Rechte*, als Redner auf. Die *Aktion Widerstand* zerfiel nach einiger Zeit wieder. Frey gelang es, einen Teil der AnhängerInnen für seine DVU oder als LeserInnen der Nationalzeitung zu gewinnen. Er scheiterte allerdings genauso wie die *Aktion Widerstand* bei dem Versuch, das revanchistische Klientel für eine aktive Politik, wie den „Marsch auf Bonn", zu mobilisieren.

Abgesehen von den Anbiederungsversuchen bei der *NPD* (1974/1986) war Freys Strategie bei Bundes- und Landtagswahlen, nur die zu unterstützen, die im „antikommunistischen Kampf" die größten Aussichten auf Erfolg hatten. In LeserInnenbriefen ließ Frey bei den Bundestagswahlen 1972 zur Wahl der *CDU/CSU* aufrufen und formulierte selbst: „Am 19. November werde ich CSU wählen. ... Wenn die CDU/CSU ... siegt, werden unsere Chancen besser sein" (DNZ 17.11.72). Als Dank dafür warb die *CDU* in der gleichen Ausgabe mit einer ganzseitigen Anzeige. Die Wahlaussagen für die *CDU/CSU* wiederholte Frey bis Mitte der 80er Jahre, 1983 warb er sogar für die *FDP* („Zweitstimmen für die FDP"), um damit den Nationalliberalismus zu stärken und die Bonner Koalition abzusichern. Das Verhältnis der DVU zur *CDU/CSU* umriß Frey 1971 folgendermaßen: „Aufgabe der Volksunion ist es, der CDU/CSU den Rücken zu steifen oder ihr ein Rückgrat einzuziehen ... Wir sind eine gewisse Drohung, wenn Sie so wollen, über der *CDU/CSU*, auf dem Wege der Mitte zu bleiben und die Interessen des deutschen Volkes zu vertreten ..."[13]

Die Aktivitäten der DVU in den 70er Jahren

Im September 1976 startete die DVU eine langfristige Kampagne mit dem Ziel, den deutschen Faschismus reinzuwaschen. Die Erfüllungsgehilfen *Hitlers* und damit der Faschismus selbst sollten – wie die DVU betonte – von der „Lüge" befreit werden. Eine erste Kundgebungswelle, die in Köln und Mannheim begann, wurde unter das Motto „Gerechtigkeit für Deutschlands Helden" gestellt. Als Symbolfiguren baute die DVU den wegen Kriegsverbrechen von den Alliierten in Frankreich verurteilten ehemaligen *SS*-Führer *Jochen Peiper* und den Stuka-Flieger und Naziobersten *Hans-Ulrich Rudel* auf. Am 27.8.1976 erläuterte die Deutsche National-Zeitung (DNZ) ihre Kampagne mit den Worten: „Immer mehr fragen junge Menschen nach Vorbildern. In der deutschen Streitmacht des großen Krieges finden sich zahlreiche Beispiele, denen auch heute nachzueifern lohnt. Beispiel ungeheuren Mannesmutes und einzigartiger Pflichterfüllung. *Jochen Peiper* ist ein solches Vorbild."

Das DVU-Vorbild *Jochen Peiper* war Chef der gleichnamigen *SS*-Kampfgruppe, die im Zweiten Weltkrieg bei Malmedy siebzig unbewaffnete US-Kriegsgefangene massakrierte. *Peiper,* der nach 1945 beim *Porsche*-Konzern unterkam, wurde für seine Kriegsverbrechen von bundesdeutschen Gerichten nie belangt. Zur Rechenschaft gezogen wurde *Peiper* in den 70er Jahren in Frankreich durch ehemalige PartisanInnen, die ihn töteten.[1]

In dicker Balkenschrift hämmerte Dr. Freys Nationalzeitung Woche für Woche den AnhängerInnen der DVU ein, worum es ging: „Gerechtigkeit für Deutschlands Helden – Großkundgebung in Mannheim mit Enthüllung des Jochen Peiper-Denkmals" (DNZ 5.11.76) – „Ein Held wie kein Zweiter – Hans-Ulrich Rudels Lebenslauf" (DNZ 19.11.76) – „Oberst Rudel – Vorbild für die Jugend Europas" (DNZ 14.1.77) – „Oberst Rudel – Vorbild der Soldaten" (DNZ 11.2.77).

Das „Vorbild" *Rudel* war 1936 als Luftwaffenoffizier und Freiwilliger der *Legion Condor* auf seiten *Francos* an der Zerschlagung der spanischen Republik beteiligt. Die *Legion Condor* und mit ihr *Rudel* zerstörte in einem beispiellosen Terrorakt die baskische Stadt

Guernica vollständig. *Rudel* wurde 1943/44 der höchstdekorierte Soldat der Wehrmacht und war einer der „Lieblingssoldaten" *Hitlers. Rudel* war 1947 unter dem Namen *Emil Meyer* zusammen mit anderen Nazi-Größen nach Südamerika geflüchtet und hatte dort tatkräftig südamerikanische Diktaturen, wie das Regime des *Juan Domingo Peron* in Argentinien, unterstützt. Gleichzeitig baute *Ru-*

Hans-Ulrich Rudel (links) und Gerhard Frey

del mit anderen Nazi-Kameraden eine nationalsozialistische Zellenorganisation in der Bundesrepublik auf. Die Mitglieder dieser Organisation schworen absolute Treue „zum Schöpfer und Führer des Deutschen Reiches, *Adolf Hitler*". 1951 konnte *Rudel* auf Einladung des *FDP*-Landesvorstandes von Nordrhein-Westfalen, *Siegfried Zoglmann*, wieder in die Bundesrepublik einreisen und veröffentlichte eine Broschüre mit dem Titel „Wir Frontsoldaten zur Wiederaufrüstung", in der er zu folgenden Feststellungen gelangte: „Haben die Ereignisse bis auf den heutigen Tag nicht klar bewiesen, daß von den Staatsmännern unserer Zeit nur das deutsche

Staatsoberhaupt *Adolf Hitler* die Weltsituation erkannt und entsprechend gehandelt hat? Der Angriff auf Rußland war nicht nur eine Verteidigungsmaßnahme Deutschlands, er war eine Weltnotwendigkeit."[2] Der ehemalige *Hitlerjugendführer Zoglmann* schloß sich rund 25 Jahre nach der Einladung an *Rudel* der DVU an.[3]

Schlagzeilen für *Rudel* und *Peiper* oder auch für *Hitlers* Stellvertreter *Rudolf Hess* erhielten ihren wahren Sinngehalt erst im Kontext mit der Leugnung der Verbrechen des Nationalsozialismus. So titelte das DVU-Sprachrohr Nationalzeitung: „Sechs Millionen vergaste Juden – die Lüge des Jahrhunderts" (DNZ 7.1.77) – „Wie Judenmorde erfunden werden" (DNZ 16.7.76).

Die Verantwortlichen der DVU machten von Beginn an deutlich, daß die ersten Kundgebungen lediglich als Auftakt einer langfristigen Kampagne zu verstehen waren, in dessen Mittelpunkt die Verherrlichung des deutschen Faschismus stand.[4] Nach ihrer ersten Kampagne für *Peiper* und *Rudel* baute die DVU zielstrebig Führer *Adolf Hitler* in ihre Propaganda ein. „Ewig büßen für Hitler?" – unter dieser Fragestellung lud die DVU für den 3.9.1977 zu einer Großkundgebung nach München ein.[5] Zu den Vorbereitungen zählte eine Titelkampagne in der DNZ. Die Überschriften waren: „Wie Hitler wirklich war" (DNZ 13.5.77) – „Gerechtigkeit für Hitler?" (DNZ 8.7.77) – „Kann Hitler Vorbild sein?" (DNZ 12.8.77) – „Wie groß war Hitler?" (DNZ 5.8.77) – „Hitler – Teufel oder Messias?" (DNZ 2.9.77) – „Hitler darf nicht sterben" (DNZ 27.5.77).

Am 11. September 1976 wollte die DVU in Köln eine „feierliche Enthüllung" eines Denkmals für den ehemaligen *SS*-Offizier *Jochen Peiper* vornehmen.[6] Antifaschistischer Protest konnte dieses Vorhaben verhindern. Im selben Jahr organisierte die DVU weitere Denkmal-Enthüllungs-Veranstaltungen. Die perfideste Veranstaltung dieser Art sollte am Ort des ehemaligen Konzentrationslagers Dachau stattfinden. Auch hier konnte durch antifaschistischen Protest die Veranstaltung verhindert werden. Die in der Lagergemeinschaft Dachau vereinigten ehemaligen KZ-Häftlinge erklärten: „Die geplante Oberst-Peiper-Ehren-Kundgebung und die damit verbundene Denkmalstiftung für den Kriegsverbrecher übertreffen alles, was wir bisher an nazistischen Provokationen erleben mußten."[7]

In Mannheim und München setzte die DVU wenig später ihre Kampagne fort. Die *CDU* bzw. *CSU* geführten Landesregierungen von Baden-Württemberg und Bayern gaben Frey grünes Licht und unter Polizeischutz konnte die DVU ihre Veranstaltungen durchführen. Über den Verlauf der Veranstaltung in Mannheim berichtete die Nachrichtenagentur *ppa* am 7.9.1976:

„Zahlreiche Anwesende trugen das Eiserne Kreuz und andere vom Faschismus verliehene Auszeichnungen. Der ehemalige Nazi-Oberst *Rudel*, dessen Einladung zu einem sogenannten Traditionstreffen der Bundeswehr einen politischen Skandal auslöste, hatte eine Grußadresse geschickt, die unter frenetischem Applaus verlesen wurde. Weitere Grußadressen sandten die spanische *Blaue Division* und andere Gruppierungen des in- und ausländischen Faschismus. Der Vorsitzende der DVU, Dr. Frey, rühmte sich in seiner Rede schon zweihundert Strafverfahren wegen seiner volksverhetzenden Aktivitäten überstanden zu haben ... Er bekräftigte die von den Rechtskräften der BRD aufgestellten Forderungen nach Befreiung der DDR und nach Wiedervereinigung, sowie revanchistischen Ansprüchen auf heutige Gebiete Polens, der CSSR und der Sowjetunion."[8]

Eine Veranstaltung am 4. Dezember 1976 in München stand unter dem Motto „Generalamnestie für alle Kriegsverbrecher". Über deren Verlauf im Bürgerbräukeller berichtete die *Frankfurter Rundschau* am 6.12.1976: „Da war alles wie gehabt – gerade an diesem Veranstaltungsort mit seiner einschlägigen Tradition. Einzug der Fahnen, dumpfe Trommelwirbel, Fanfarengeschmetter, 1. Strophe des Deutschlandliedes. Parolen voll von völkischen Pathos waberten durch den Saal. Diesmal entzündeten sie sich vor allem am Ehrengast. – Für Frey war *Rudel* unter anderem der Nationalheld Nr. 1 des deutschen Volkes, einer der unsterblichen Deutschlands und Europas, der tapfere Soldat, den die Weltgeschichte noch in 5.000 Jahren rühmen werde. Der so Gefeierte stellte sich wie ein Stehaufmännchen jedesmal hin, wenn der Applaus losbrach und winkte huldvoll lächelnd ins Parkett. Das Wort ergriff er nur bei der Enthüllung einer Gedenktafel (,Unsere Helden leben in unseren Herzen'), die jüngst in Mannheim für kurze Zeit beschlagnahmt war und die nun hier auf der Bühne stand. Und auch jetzt las *Rudel* nur ein paar höchst bekannt anmutende Sätze von einem Zettel ab, zum Beispiel: ,Verloren ist nur, wer sich selbst aufgibt.' "

Daß die Nazis nicht aufgaben, zeigte ein Zwischenfall auf der DVU-Veranstaltung. Die beiden französischen JournalistInnen *Beate* und *Serge Klarsfeld* betraten das Podium und der ehemalige Häftling eines NS-Konzentrationslagers, *Serge Klarsfeld*, wandte sich mit der Frage an *Rudel*, ob er als Jude auch die andere Meinung vertreten könne. Beide wurden von DVU-Ordnern und Veranstal-

Anhänger der Deutschen Volksunion (DVU) mit dem Plakat „Rudel kommt", die keinen Einlaß in das Curio-Haus in Hamburg fanden.

tungsteilnehmerInnen aus dem Saal geprügelt. *Serge Klarsfeld* erlitt Kopfverletzungen, *Beate Klarsfeld* wurde mehrere Male von hinten gewürgt.[9] Der Attacke auf einen Überlebenden des Holocaust ging ein verbaler Angriff voraus. Die in München erscheinende *tz* wußte zu berichten: „Während der Veranstaltung kursierten im Saal Flugblätter, auf denen es unter anderem hieß: ,Zweifelslos sind einige tausend Juden im Laufe des 2. Weltkrieges gestorben, aber das muß im Zusammenhang mit einem Krieg gesehen werden, der viele Millionen unschuldige Opfer auf allen Seiten gekostet hat.' " In der Folgezeit gab es weitere Versuche der DVU, mit öffentlichen Großveranstaltungen und ein- bis zweitausend TeilnehmerInnen ihre „Kriegshelden" zu feiern und die Verbrechen des Nationalsozialismus zu leugnen. Viele Versuche scheiterten aufgrund massiven antifaschistischen Protestes, wie eine für den 6. März 1977 in Wuppertal anberaumte Kundgebung mit Nazioberst *Rudel*.

Am 15. Mai 1977 wollte die DVU, wiederum mit *Rudel*, eine Kundgebung im Hamburger Curiohaus abhalten. Einige hundert AntifaschistInnen besetzen einen Tag vorher den Saal, Frey versuchte, in die Friedrich-Ebert-Halle auszuweichen. Auch dies mißlang, da vor der Halle etwa tausend AntifaschistInnen standen und der DVU-AnhängerInnenschaft den Einlaß verwehrten. Frey und sein Anhang flüchteten in den Tanzsaal eines Gasthofes außerhalb von Hamburg. Während Frey im Tanzsaal Hetzreden hielt, startete die DVU-Schlägertruppe *Hoffmann* aus Nürnberg einen brutalen Überfall auf vor dem Lokal demonstrierende AntifaschistInnen. Mit Schlagstöcken und „chemischen Keulen" wurden die AntifaschistInnen von der *Hoffmann*-Truppe angegriffen.[10] Die von *Karl-Heinz Hoffmann* 1974 gegründete *Wehrsportgruppe Hoffmann (WSG Hoffmann)* wurde zumindest 1977 von Frey als „Ordnertruppe" für DVU-Veranstaltungen engagiert.[11] Die *WSG Hoffmann* war bis zu ihrem Verbot im Januar 1980 eine der wichtigsten Schnittstellen der faschistischen Terrorszene in Deutschland mit guten Kontakten ins Ausland. Die *WSG*, die Bestandteil der illegalen *NSDAP*-Struktur war, hatte bis zu 400 Mitglieder. Die Aktivitäten wurden, trotz öffentlicher Proteste, jahrelang durch die *CSU*-Landesregierung nicht verfolgt.[12] Neben den *WSG Hoffmann*-Schlägern beteiligten sich noch andere Nazis an dem Versuch, die DVU-Veranstaltung in Hamburg durchzusetzen. Bei dem Vorhaben, in die Friedrich-Ebert Halle zu gelangen, schlugen Mitglieder der *Wiking Jugend*, der *Hansa-Bande* um *Michael Kühnen* und der *Jungen Nationaldemokraten* unter Führung des Nazi-Terroristen *Uwe Rohwer* mit Holzknüppeln auf antifaschistische DemonstrantInnen ein.

Rohwer, der 1976 von Frey den „Ehrenpreis der Nationalzeitung für politisch Verfolgte" verliehen bekam, wurde 1979 vom 3. Strafsenat des Oberlandesgerichts Celle im „Bückeburger Prozeß" wegen Bildung einer terroristischen Vereinigung zu einer Freiheitsstrafe von 9 Jahren verurteilt.[13]

Aufgrund der Erfahrung, daß bei öffentlichen Auftritten der DVU massiver antifaschistischer Protest zu erwarten war, rückten Frey und die DVU in den 80er Jahren immer mehr von dem Konzept provokanter öffentlicher Veranstaltungen ab. Gleichzeitig verzichtete Frey zunehmend auf die Unterstützung durch die terroristische Nazi-Szene, da sie seinem Versuch, auch in bürgerlichen Kreisen zu fischen, zuwider lief. In den 90er Jahren ist eigentlich „nur" noch eine öffentliche Großveranstaltung übrig geblieben, die jährliche Versammlung in Passau.

Die Programme der DVU

Die Vereins- und Parteiprogramme der DVU spielen, wie eigentlich bei allen Parteien, für ihre Propaganda eine eher untergeordnete Rolle. Sie verdeutlichen zwar die programmatische Schwerpunktsetzung, aber die wichtigere Öffentlichkeitsarbeit erfolgt über die Medien Freys und eine flächendeckende Wahlwerbung. Wesentlich direkter als in ihren Programmen äußern sich Frey und die DVU in ihren Zeitungen und auf Veranstaltungen.

Die Vereinheitlichung eines Teils der Nazi-Szene auf breiter politischer Grundlage war das Ziel des Gründungsprogramms der DVU. 1972 wurde das 24 Punkte umfassende „Aktionsprogramm" vorgelegt. Trotz Eigenbezeichnungen wie „verfassungstreue Rechte und freiheitliche Mitte" knüpfte das DVU-Programm in wesentlichen Elementen an das 25-Punkte-Programm der *NSDAP* von 1920 an.[1] Auch bei dem 1987 beschlossenen Programm der DVU-Liste D läßt sich eine Kontinuität zum *NSDAP*-Programm feststellen.

Aus der Formulierung des *NSDAP*-Programms von 1920, „Wir fordern die Gleichberechtigung des deutschen Volkes gegenüber anderen Nationen, Aufhebung der Friedensverträge von Versailles und

St. Germain", wurde bei der DVU-Liste D: „Dem deutschen Volk müssen die gleichen Rechte zustehen wie allen anderen Völker auch. Dies schließt das Recht auf das angestammte Land, die nationale Identität und Selbstbestimmung ein."

Aus dem Programmpunkt sechs von 1920, „Das Recht über Führung und Gesetz des Staates zu bestimmen, darf nur dem Staatsbürger zustehen. Daher fordern wir, daß jedes öffentliche Amt, gleich ob im Reich, Land oder Gemeinde, nur durch Staatsbürger bekleidet werden darf. Wir bekämpfen die korrumpierende Parlamentswirtschaft und Stellenbesetzung nur nach Parteiengesichtspunkten ohne Rücksicht auf ... Charakter und Fähigkeiten", wurde 1987: „Die Einführung des Wahlrechts für Ausländer lehnt die DVU-Liste D entschieden ab. Die DVU-Liste D ist ein Zusammenschluß deutscher Bürgerinnen und Bürger. Sie wendet sich bewußt gegen die Verfilzung durch Parteibuchwesen und verficht eine Politik für den Bürger."

Aus dem „Wir fordern, daß sich der Staat verpflichtet, in erster Linie für die Erwerbs- und Lebensmöglichkeiten der Staatsbürger zu sorgen. Wenn es nicht möglich ist, die Gesamtbevölkerung eines Staates zu ernähren, so sind die Angehörigen fremder Nationen aus dem Reiche auszuweisen." wurde „Sicherung der Arbeitsplätze vorrangig für deutsche Arbeitnehmer. Deutsche Arbeitsplätze zuerst für deutsche Arbeitnehmer. Deutschland darf nicht länger Zahlmeister für fremde Interessen sein."

Während die *NSDAP* folgendes formulierte: „Jede weitere Einwanderung Nicht-Deutscher ist zu verhindern. Wir fordern, daß alle Nicht-Deutschen, die seit dem 3. August 1914 in Deutschland eingewandert sind, sofort zum Verlassen des Reiches gezwungen werden," schrieb die DVU-Liste D: „Begrenzung des Ausländeranteils, Stop dem zunehmenden Ausländerzustrom, Beschleunigung des Asylverfahrens, Ausweisung von kriminellen Ausländern."

Mittlerweile hat die DVU ein sprachlich modifiziertes 12-Punkte-Programm beschlossen. Die Fortschreibung des Programms wurde am 30.4.1993 in der Nationalzeitung veröffentlicht. In einem Vorwort wird darauf hingewiesen, daß das Programm „mit Hilfe führender Rechtsgelehrter, insbesondere Verfassungsrechtler" überarbeitet wurde. Mit großer Sicherheit dürfte es sich vor allem um *Prof. Dr. Theodor Maunz* gehandelt haben. *Maunz,* der kurz nach seinem Tode 1993 von Frey als Berater der DVU und der DNZ geoutet wurde, war ein führender Staatsrechtler in der Bundesrepublik. Das neue Programm der DVU ist im Kern das alte geblieben. Neu ist nur der Versuch, durch sprachliche Modifizierung und Verschleierung neue WählerInnenschichten außerhalb des Spektrums der ,,NS-NostalgikerInnen" zu gewinnen. Unter Punkt eins macht sich die DVU immer noch Sorgen um die ,,Bewahrung der deutschen Identität", die sie vor allem durch Flüchtlinge gefährdet sieht. ,,Kein Verzicht auf berechtigte deutsche Interessen" ist Punkt zwei überschrieben und meint die sogenannten Ostgebiete, die heute zur GUS und Polen gehören. Punkt drei, ,,Gleichberechtigung für Deutschland", ist ,,der Ehre der deutschen Soldaten" gewidmet und der Relativierung deutscher Kriegsverbrechen. Noch immer wettert die DVU gegen Abtreibungen und macht sich in diesem Zusammenhang Sorgen um die ,,Erhaltung des deutschen Volkes". Die Gleichberechtigung der Frau sieht die DVU vor allem über ,,die allgemeine Anerkennung der unersetzlichen Leistungen der Frau als Mutter" erreicht (Punkt vier). Der fünfte Punkt verspricht Arbeitsplätze und Punkt sechs den Abbau von Bürokratie. Die ,,Sicherung der Renten und Sozialleistungen", Punkt sieben, wird an die Kürzung von Entwicklungshilfe gekoppelt. Punkt acht verspricht den ,,Schutz vor Kriminellen" und Punkt neun ,,Hilfe für den Mittelstand und die deutschen Bauern". Die restlichen Punkte, zehn bis zwölf, beschäftigen sich mit der Erziehung der Jugend, der die ,,Liebe zur Heimat und zum deutschen Volk" beigebracht werden soll, dem Umwelt- und Tierschutz und der Einschränkung ,,fremder Einflüsse auf unsere Kultur".

Das politische Gedankengut der DVU ist auch nach der Fortschreibung ihres Programmes durch Rassismus, Sexismus und Chauvinismus geprägt.

Mensch sollte sich bei der Einschätzung von faschistischen Parteien nicht alleine auf die Parteiprogramme verlassen, Papier ist bekanntlich geduldig. Auch DVU-Eigenbezeichnungen wie ,,verfassungstreue Rechte" können durchaus in die Irre führen. Betrachten wir doch, was zwei Lehrmeister der heutigen Nazi-Szene überliefert haben. 1928 schrieb der spätere Propagandaminister *Joseph Goebbels*: „Wir werden Reichstagsabgeordnete, um die Weimarer Gesinnung mit ihrer eigenen Unterstützung lahmzulegen. Wenn die Demokratie so dumm ist, uns für diesen Bärendienst Freikarten und Diäten zu geben, so ist das ihre eigene Sache." Zwei Jahre später erklärte *Adolf Hitler*: „Wenn wir heute unter unseren verschiedenen Waffen von der Waffe des Parlamentarismus Gebrauch machen, so heißt das nicht, daß parlamentarische Parteien nur für parlamentarische Zwecke da sind. Für uns ist ein Parlament nicht ein Selbstzweck, sondern ein Mittel zum Zweck..." Die *NSDAP* hatte mit ihrer Strategie der formalen Anerkennung der Weimarer Verfassung und eines verfassungskonformen Parteiprogramms Erfolg, sie konnte demokratisch legitimiert 1933 ihr faschistisches Regime aufbauen.

Die DVU-Liste D, der Weg zur Partei

Die DVU war bis 1986 eine reine Sammlungsbewegung, die sich Wahlniederlagen ersparen wollte; das sollte sich 1987 mit der Gründung der DVU-Liste D (Liste-D) ändern.

Ende Februar 1987 ging ein Gründungsausschuß ans Werk, um am 5. März im Münchner Löwenbräukeller die Deutsche Volksunion-Liste D ins Leben zu rufen. Das „D" stand für Deutschland. Die Liste-D war ein Zusammenschluß der DVU und *NPD*, um gemeinsam an Wahlen teilzunehmen. Trotz aller Rivalitäten um die Vorherrschaft im faschistischen Lager hatte es seit der Gründung der DVU immer eine enge Zusammenarbeit mit der *NPD* und ihren Mitgliedern gegeben. Frey selber war von 1975 bis 1979 Mitglied der *NPD*.[1] Er bemühte sich schon 1969 bei der *NPD* um eine Direktkandidatur für den Bundestag, wurde allerdings nicht aufgestellt. 1968 konnte der Rechtsanwalt *Martin Mußgnug* mit Freys Medienunterstützung als *NPD*-Abgeordneter in den baden-württembergischen Landtag einziehen. Kurz darauf wurde er, wiederum mit Hilfe einer Kampagne der Frey-Presse, zum Landesvorsitzenden gewählt. Nachdem *Mußgnug* 1971 Bundesvorsitzender der *NPD* wurde, revanchierte er sich einige Jahre später, indem er Frey 1975 zum stellvertretenden Bundesvorsitzenden vorschlug. Kurze Zeit davor war Frey in den Parteivorstand der *NPD* gewählt worden.[2] Wie schon 1969 scheiterte Frey an der *NPD*-Mitgliederschaft und wurde nur zum Beisitzer gewählt. 1979 verließ Frey die *NPD*, um postwendend, in seiner Eitelkeit gekränkt, eine Kampagne gegen sie zu starten. Die Frey-Kampagne nahm bisweilen bizarre Züge an und gipfelte 1984 in einem Kommunismusvorwurf an die *NPD*.

Ansatzpunkt für Freys Kritik war die Übernahme nationalrevolutionärer Versatzstücke in das *NPD*-Programm. Die *NPD* wollte durch eine Modernisierung ihre langjährige Krise überwinden. Antriebsmotor dieser Modernisierung war die als Denkfabrik der *NPD* fungierende Jugendorganisation *Junge Nationaldemokraten (JN)*. Die *JN* verabschiedeten auf ihrem achten ordentlichen Bundeskongreß am 22./23. September 1979 „20 Thesen zum Sozialismus". So hieß es in These 2: „Sozialismus erstrebt eine sozial gerechte Ordnung ohne Ausbeutung und Klassenkampf auf der Grundlage des lebensrichtigen Menschenbildes des Nationalismus, jenseits der menschenfeindlichen Ideologie des Liberalismus und Marxismus, deren Erscheinungsformen der westliche Privat-Kapitalismus und der östliche Staats-Kapitalismus (-Kommunismus) sind." Fast schon einen satirischen Einschlag hatte die These 5: „Wir Jungen Nationaldemokraten wenden uns entschieden gegen die mißbräuchliche Verwendung des Wortes Sozialismus durch die liberalistischen und marxistischen Machthaber – von Strauß bis Breschnjev. Hierdurch wird der Sozialismus auf das Gröbste diffamiert."[3]

Der Versuch der *NPD* und *JN*, die faschistische Volksgemeinschaftskonzeption durch linke Begrifflichkeiten wie Sozialismus zu verschleiern, scheiterte; zu durchsichtig war dieses Manöver. Die bis heute anhaltende Krise konnte nicht überwunden werden.

So ganz ernst konnte es Frey mit seinem Kommunismusvorwurf an die *NPD* nicht gemeint haben. Im Jahre 1986 gab es die große Wende. Frey trat in Verhandlung mit den geschmähten *Nationaldemokraten* und konnte wenig später in einem Brief an die „Verehrten Freiheitlichen" verkünden: „Nachdem führende Unionspolitiker in immer mehr Buß- und Sühneübungen selbst Brandt und Heinemann noch weit übertreffen und die vielbeschworene Wende in deutschen Lebensfragen ausgeblieben ist, beuge ich mich mit der Gründung der „Deutschen Volksliste" (wurde später in DVU-Liste D umbenannt, d. Verf.) dem immer zwingenderen Ruf des nationalfreiheitlichen Lagers."

Der ehemalige NPD-Vorsitzende Mußgnug bei einer „DVU-Liste D"-Kundgebung

Wie nicht anders zu erwarten, wurde Gerhard Frey Vorsitzender der DVU-Liste D. Neben weiteren DVU- und *NPD*-Mitgliedern wurde *Bernhard Steidle* in den Vorstand der Liste D gewählt. *Steidle* war gleichzeitig Mitglied im Beirat der faschistischen und dem Rassewahn anhängenden Zeitschrift *Neue Anthropologie*. Mitglieder der Liste D wurden u.a. der Schriftsteller *Georg Schilling Werra* („Ich kann die Wiedervereinigung doch nicht Herrn Kohl überlassen"), der 1986 zur Abkehr von der Union und Gründung einer neuen Partei im *Schlesier*, dem Organ der gleichnamigen Landsmannschaft, aufgerufen hatte, der Byzantinistik-Professor *Berthold Rubin*, der wegen einer vorgetäuschten Entführung 1971 zu 6 Monaten Gefängnis verurteilt wurde, der Hamburger Dermatologe *Erich Ludwig* und der ehemalige *HJ*-Oberbannführer *Richard Etzel*, der mit seinem *Deutschen Block* für einen ,,Arbeitsdienst" und eine ,,Rückführung" aller Vertriebenen in ihre ,,Heimat" eintrat.[4] Gekrönt wurde die Mitgliederschaft durch den Beitritt des deutschen Adels, vertreten durch eine derer *von Zitzewitz* und Prinzessin *Marie Therese Charlotte Agathe von Preußen*, die sich in der Liste D laut Nationalzeitung für Familien, Kinder und ,,Ausländerbegrenzung" einsetzen wollte.[5]

Es gab mehrere Gründe für die Parteigründung. Frey sagte dazu: ,,Es ist schon mehr als peinlich, wenn die CDU ,Weiter so Deutschland' plakatiert: Ein Schlag ins Gesicht jener Wähler, die lange Zeit geglaubt haben, mit der Wahl der Union als kleineres Übel nationalpolitisch etwas bewirken zu können. Es kann also keinen Zweifel geben, daß sich rechts eine eigenständige Kraft etablieren kann."

Es ging also um eine Reorganisierung der FaschistInnen vor dem Hintergrund der Unzufriedenheit vieler Rechter über die Ergebnisse der versprochenen konservativen ,,geistig-moralischen Wende" 1982 durch *CDU/CSU/FDP*. Hinzu kam eine gesellschaftliche Rechtsentwicklung, betrieben eben durch die ,,Wende-Regierung", und der zunehmende Einfluß der *Neuen Rechten* auf die veröffentlichte Meinung. Ausdruck davon war und ist mit zunehmender Tendenz die Gesellschaftsfähigkeit von Nationalismus und Rassismus. Die DVU und die *NPD* erhofften sich Chancen, in die Parlamente zu kommen. Die Hauptforderungen des Wahlprogramms waren: ,,1. Deutschland den Deutschen – 2. Deutschland zuerst – 3. Schutz des (ungeborenen) Lebens – 4. Gleichberechtigung für das deutsche Volk."

Zu den UnterzeichnerInnen des mehr als simpel gestrickten völkischen Wahlprogramms gehörten neben den GründerInnen noch *Hans-Joachim Richard* (ehemaliger Redakteur der Deutschen Wochen-Zeitung, ehemaliges *NPD*-Führungsmitglied, danach zur *CSU* gewechselt), *Karl-Wolfgang Sanner* (Kapitänleutnant d.R., faschistischer Publizist), *Bruno Schemeit* (Vorsitzender des *Deutschen Freundeskreises*), *Walter Seetzen* (damaliger *NPD*-Generalsekretär) und der aus Bremen stammende *Karl-Heinz Vorsatz* (damaliges *NPD*-Präsidiumsmitglied, Chefredakteur der *Deutschen Stimme*).[6] Die Parteigründung stand auch in Konkurrenz zu den *Republikanern*, die 1983 gegründet wurden. Frey befürchtete, daß die *Republikaner* zur beherrschenden Kraft im faschistischen Lager werden könnten.

Die Bremer Bürgerschaftswahlen waren für die Liste D der Testballon. Die Wahlkampftaktik war einfach. Mit 2,5 Mio. DM von Frey wurden frühzeitig Hauswurfsendungen durch die Post verteilt. Von der Bremer Meldebehörde bekam die Liste-D für 300 DM die Adressen sämtlicher Jung/ErstwählerInnen. Massiv wurde in Anzeigen, auf Plakatwänden, in Zeitungen und vom Flugzeug aus für die Liste-D geworben. Aus Furcht vor Gegendemonstrationen gab es keine öffentlichen Wahlveranstaltungen. Um das faschistische Gesicht etwas zu verstecken, wurden nur unbekannte KandidatInnen aufgestellt. Die Organisatoren des Wahlkampfs, der Landesvorsitzende der NPD/NRW *Hans Hertel*, der seine Erfahrungen als *NSDAP*-Kreisleiter in Schlesien (1929-1934) einbringen konnte, und der Frey-Günstling und Doppelfunktionär der *NPD* und DVU *Hans-Otto Weidenbach*, mieden den öffentlichen Auftritt. Die Taktik der Liste D war erfolgreich. So zog 1987 der bis dahin unbekannte und parteilose *Hans Altermann* für die Liste D in die Bürgerschaft ein. Der Schiffsingenieur *Altermann* war vor der Wahl nur in Schützenvereinen aktiv gewesen. Damit war es erstmals seit Ende der sechziger Jahre einer faschistischen Partei wieder gelungen, einen Abgeordneten in einem Landesparlament zu plazieren.

In den ersten Junitagen 1988 wurde bekannt, daß Frey der *NPD* für ihren Verzicht auf die eigenständige Teilnahme an den Europawahlen 1 Million DM zugesichert hatte. Anfang Januar hatte die DVU mit der *NPD* eine (Geheim)vereinbarung getroffen. Der Inhalt dieser Vereinbarung war die Zahlung an die *NPD*, was nach bekanntwerden zu Empörung bei Teilen der *NPD*-Mitgliedschaft führte, die Nominierung von *NPD*-Leuten für die Liste-D und die organisatorische und personelle Unterstützung durch die *NPD* für den Europawahlkampf. Zur Bundestagswahl 1990 sollte nur die *NPD* antreten, diesmal unterstützt durch die DVU.

Zu den Europawahlen 1989 stellte die Liste D im November 1988 auf ihrem Bundesparteitag in Feucht bei Nürnberg ihre Bundesliste auf. Auf Platz eins wurde Gerhard Frey gewählt; auf Platz zwei kam *Wilhelm Crinius,* dessen Qualifikation laut Deutsche Wochen-Zeitung (DWZ 49/1988) darin bestand, „einer der erfolgreichsten Jagdflieger des Zweiten Weltkrieges" zu sein und „allein über Stalingrad mehr als 70 sowjetische Flugzeuge" abgeschossen zu haben. Platz drei nahm der damalige *NPD*-Vorsitzende *Martin Mußgnug* ein, weitere *NPD*-Kandidaten wurden auf die Plätze sechs, neun und zwölf gesetzt. Die DVU-Liste D rühmte sich damit, daß auf ihrer Liste vor allem Bauern, Winzer, Agrarexperten, Eichenlaubträger sowie eine Anzahl früherer Offiziere der Bundeswehr zu finden seien.[7]

Vom 11. Januar 1989 an vertrieb die Bundespost in Bielefeld 26 Millionen Sendungen mit dem Absender: Dr. Gerhard Frey, Paosostr.2, 8000 München. Auf dem Umschlag befand sich eine briefmarkenähnliche Abbildung des Brandenburger Tors mit einem Stempelaufdruck: „Erst Deutschland, dann Europa". Im Umschlag befand sich ein Schreiben mit dem Briefkopf der DVU-Liste D, in dem die Schuld für die Steuer- und Rentenreform, das „Bauernsterben" und die Arbeitslosigkeit den „Ausländern" und den „Scheinasylanten" gegeben und damit begründet wurde, daß „deutsche Interessen der EG geopfert" würden. Beigelegt war eine „Meinungsumfrage" zum Thema „Deutschland und die EG", eine Unterschriftensammlung zu „Ausländerwahlrecht – nein! Deutsche Interessen – ja!" und Bestellvordrucke für die Deutsche Wochen-Zeitung, die Nationalzeitung und den *Deutschen Anzeiger,* sowie Aufkleber und Aufnäher, wie „Ich bin stolz, Deutscher zu sein" in schwarz-rot-gold.[8] Die Liste D ließ ihre Postwurfsendungskampagne über die Bielefelder Firma *Hawesa Kuvertierservice, Gerhard Schröder* laufen.[9] Das Staatsunternehmen *Deutsche Bundespost* verdiente an der faschistischen PR-Kampagne 3,2 Millionen DM.[10] Gegen die Hauswurfsendungen erhob sich sofort Protest: Zuerst in Bielefeld, wo die Liste D-Sendungen am schnellsten zugestellt wurden. Der Bielefelder Postamtsleiter mußte am Mittwochmorgen, dem Tag der ersten Auslieferung, zunächst vor „irritierten" (Postsprecher) ZustellerInnen in einem Vortrag die „rechtliche Unbedenklichkeit" und somit die Verpflichtung zur Zustellung rechtfertigen.

Noch während des ersten Tages der Zustellung erhielt allein die Post in Bielefeld 50 Beschwerden. Ein Sprecher des örtlichen Ausländerbeirats protestierte dagegen „empört, daß mit Hilfe der Bundespost offen faschistisches und rassistisches Gedankengut verbreitet wird". Nach einigen Tagen wurde bundesweit die Liste D-Propaganda zugestellt. Die Medien berichteten über die Empörung von PostzustellerInnen und EmpfängerInnen der Sendung. Der Vorsitzende der Postgewerkschaft, *Kurt van Haaren*, forderte dazu auf, die Annahme zu verweigern. In Düsseldorf beschlossen 240 von 250 ZustellerInnen als Zeichen ihres Protestes, den *DGB*-Aufkleber gegen Ausländerfeindlichkeit „Mach meinen Kumpel nicht an" zu tragen. Doch aller Protest nützte nichts, die Post-Oberen zwangen die ZustellerInnen, die Post der geistigen Brandstifter zu verteilen. Welcher/welche sich weigerte, die Post auszutragen, wurde diziliniert. In Moers weigerte sich ein Postbote, die Sendung zu verteilen. Er wurde von seinen Vorgesetzten in die Paketpost strafversetzt.[11]

Neben den Hauswurfsendungen setzte die Liste D vor allem auf Werbespots, Anzeigen und Plakatwerbung. Öffentliche Versammlungen waren nur spärlich und wurden massiv von AntifaschistInnen gestört. Für ihren Europawahlkampf setzte die DVU zwischen 15-18 Millionen DM ein, sie bekam später 3,7 Millionen DM öffentlicher Parteigelder zurück.[12] Zu der Europawahl im Juni 1989 sollte sich die DVU-Liste D endgültig als führende Kraft im faschistischen Lager durchsetzen – eine Erwartung, die sich bekanntlich mit 1,6% der Stimmen nicht erfüllte, da die *REP* mit 7,1% deutlich mehr WählerInnen für sich gewinnen konnten. Auch wenn das Wahlergebnis hinter Freys Erwartungen zurückblieb, konnte er einen Erfolg verbuchen. Nach DVU-Angaben wurden durch die bundesweite Postwurfsendung 10.000 neue Mitglieder gewonnen und Freys Adressenkartei von SympathisantInnen aufgrund zustimmender Unterschriften auf 700.000 aufgestockt.[13] Der Wahlmißerfolg,

Mit Eiern und Farbbeuteln wurden Anhänger der DVU-Liste D bei einer Wahlkundgebung in Hamburg beworfen.

der noch durch das schlechte Abschneiden der *NPD* bei den Bundestagswahlen 1990 übertroffen wurde, führte das Ende dieses Wahlbündnisses zwischen *NPD* und DVU herbei. Im Februar 1991 wurde die DVU-Liste D in DVU umbenannt. Heute ist die Partei DVU weitgehend identisch mit dem 1971 gegründeten Verein DVU.

Nach der Bürgerschaftswahl 1991 in Bremen gelangte die DVU erstmals in Fraktionsstärke in ein Länderparlament. Die DVU erreichte in Bremen 6,2%, in Bremerhaven 10,1% der Stimmen und zog mit sechs Abgeordneten in die Bürgerschaft sowie mit elf Mandaten in die Ortsbeiräte ein. In diesem Wahlkampf wurden 10 Millionen Mark investiert. Durch die Wahl ins Parlament stellte die DVU auch eine Schöffin für eine Strafkammer in Bremerhaven. *Marion Blohm*, gegen die drei Ermittlungsverfahren wegen Volksverhetzung liefen, hatte in ihrem ersten Verfahren als Schöffin gegen einen Ausländer zu urteilen. Mit einem anderen Abgeordneten in der Bremer Bürgerschaft, *Klaus Blome*, hatte die DVU-Zentrale in München weniger Glück. *Blome* war als DVU-Mitglied jahrelang nebenberuflich Mitarbeiter des *Bundesamtes für Verfassungsschutz* und spitzelte seine ParteikollegInnen aus. Inoffiziell wurde aus Kreisen des *Verfassungsschutzes* behauptet, daß *Blome* auf Drängen des Bremer Landesamtes „abgeschaltet" worden sei, als er 1991 in die Bürgerschaft einzog. Für seine Spitzeltätigkeit erhielt er monatlich 800 DM. Frey beklagte sich in der DNZ, daß *Blome* seinen „Judaslohn" nicht einmal ordentlich versteuert habe.[14]

In Schleswig-Holstein zog die DVU im April 1992 mit 6,3% der abgegebenen Stimmen in den Landtag ein. Sie erreichte Fraktionsstärke und erhielt sechs Mandate. Wie schon in Bremen und bei der Europawahl hatte die DVU auch in Schleswig-Holstein vor allem mit menschenverachtender rassistischer Hetze Wahlkampf betrieben. Die Schlagzeilen in den Postwurfsendungen lauteten: „Scheinasylanten – die Wahnsinnskosten – Mord – Noch mehr Scheinasylanten – Noch mehr Fremde – Noch mehr Zigeuner".

Im September 1993 tönte es aus Hamburger Radios: „Asyl, Asyl, ich werde verfolgt. Tarzan ist hinter mir her. Gebt mir Asyl." Nach einem markanten Schrei erklärte eine andere Stimme: „Scheinasylanten lassen sich die tollsten Lügengeschichten einfallen. Sie wollen bei uns abkassieren." Doch auch wer dabei das Radio entsetzt abgeschaltet hatte, war vor dem rassistischen Wahlkampfgetöse nicht sicher. Am Abend hetzten die braunen StimmenfängerInnen im NDR-Fernsehen weiter: „Timbuktu den Afrikanern, Istanbul den Türken, doch Hamburg muß deutsch bleiben."[15] Mit diesen Inhalten erhielt die DVU bei den Bürgerschaftswahlen in Hamburg 2,8% der Stimmen und war somit nicht in der Bürgerschaft vertreten. In Hamburg Bergedorf jedoch erreichten sie über 5% und zogen dadurch mit zwei Abgeordneten in die Bezirksversammlung ein. *Republikaner* und DVU erhielten zusammen fast 8% der Stimmen. So viele HamburgerInnen hatten nach 1945 noch nie ihr Kreuz rechts-außen gemacht.

Bei den Kommunalwahlen in Hessen 1993 trat die DVU nur in Frankfurt zur Wahl an. Sie erreichten dort 2,7% der Stimmen, dies war gemessen an ihren Erwartungen ein großer Flop.

Die DVU im Parlament

Mit Propaganda zum Wahlerfolg

Der Wahlkampf der DVU ist fest an die Zentrale in München gebunden. Frey entscheidet über die Vergabe von Funktionen, steuert die Wahlkämpfe und bestimmt die Schwerpunkte der faschistischen Propaganda. Nach der Gründung der Partei DVU sind in allen Bundesländern Landes- und Kreisverbände geschaffen worden. Sie ist zwar die mitgliederstärkste faschistische ,,Volkspartei" (1992 ca. 27.000 Mitglieder), was sich jedoch nicht in ihren politischen Aktivitäten widerspiegelt. Durch den Einzug der DVU in die Parlamente von Schleswig-Holstein und Bremen erhielt die Partei entsprechend ihrer Stärke Fraktionsgelder, die meist zweckentfremdet wurden.

Den Umgang mit diesem Geld versuchte die DVU zu verschleiern. Nach Angaben von *Ingo Stawitz*, ehemaliger DVU-Abgeordneter im schleswig-holsteinischen Landtag, wurden von den Kieler Abgeordnetendiäten mehr als 180.000 DM nach München abgeführt und zusätzlich ca. 90.000 DM für Anzeigen in den faschistischen Blättern von Frey ausgegeben.[1] In Bremen erhielt die Fraktion Monat für Monat ca. 45.000 DM. Nach fünf Monaten sollte die DVU Nachweise darüber erbringen, was mit dem Geld gemacht wurde. Dabei stellte sich heraus, daß von den 150.000 DM, die sie erhalten hatte, in den ersten drei Monaten 1,65 DM (!) für Politik ausgegeben wurde. Bleibt natürlich die Frage, wo denn das Geld geblieben ist.[2]

Sie wollten antreten gegen ,,die Absahnermentalität etablierter Parteien", wo es nur noch um ,,Posten und Pöstchen" geht und meinten: ,,Eines nicht mehr fernen Datums wird auch dem arglosen Michel der Kragen platzen, dann, meine Damen und Herren der etablierten Bonzenparteien, ist es vorbei mit der Diätenherrlichkeit".[3] Sie selbst verstanden sich als ,,Anwalt der sogenannten kleinen Leute". Dieses Selbstbild konnte schnell entlarvt werden: Fraktionsgelder gingen nach München, teure Anzeigen in den Frey-Zeitungen wurden finanziert, statt der Eröffnung eines Fraktionsbüros in

Bremen erhielten die Abgeordneten zusätzlich 1.500 DM zu ihren Diäten und dazu, solange das Geld reichte, noch kleine Gehaltsaufbesserungen durch einen sogenannten „Sicherheitszuschlag" von 807 DM monatlich, darüber hinaus Dienstwagen usw.[4] Gegen *Peter Nennstiel*, ehemaliger DVU-Abgeordneter in Bremen, wurde ein Ermittlungsverfahren wegen des Verdachts des Betruges eingeleitet, da er sich durch falsche Einkommensangaben eine Sozialwohnung erschlichen haben soll.[5] So arbeitete eine „Volksopposition, die ausschließlich die Interessen der Bürger" vertreten wollte.

Die Steuerung der politischen Aktivitäten von der Zentrale in München zeigte sich schon bei Veranstaltungen in den 70er und 80er Jahren, die die DVU in Schleswig-Holstein durchführte – so zum Beispiel mit dem früheren Adjudanten von *Goebbels*, dem in Argentinien lebenden und in deutschen Nazikreisen tätigen *Wilfried von Oven* oder mit dem Revisionisten *David Irving*. Das Ziel dieser Veranstaltungen war und ist es, den LeserInnen der Frey-Zeitungen ihre „Helden" auch einmal live zu präsentieren und damit die Bindung an die DVU zu stärken. Auch heute noch führen die DVU Landes- und Kreisverbände keine selbständigen öffentlichen Veranstaltungen durch. Nicht einmal Wahlkampfveranstaltungen finden statt, ohne daß Gerhard Frey selbst oder eine seiner Vertrauenspersonen auftritt.

Die Art und Weise, wie die DVU zu ihren KandidatInnen kam, sorgte in der Vergangenheit immer wieder für Skandale. In den Computern der Zentrale in München wurden die Daten aller Personen gespeichert, die jemals Informationsmaterial über die DVU angefordert hatten. In Schleswig-Holstein wurden diese Personen angeschrieben und eine Kandidatur angeboten. Zusätzlich forderte die DVU ihre Mithilfe beim Sammeln von Unterstützungsunterschriften. Auf diese Weise konnte die DVU in allen Wahlkreisen KandidatInnen aufstellen. Auch *Hans Altermann*, der schon 1987 für die DVU in der Bremer Bürgerschaft saß, kam erst drei Monate vor der Wahl durch eine Postwurfsendung zur DVU. Die meisten von ihnen hatten bisher keine wichtigen Funktionen in faschistischen Organisationen. Eine Ausnahme davon bildeten im Jahr 1991 die KandidatInnen in Bremen. Dort traten überwiegend *NPD*-Angehörige zur

Wahl für die DVU an. In Hamburg gab es zu den Bürgerschafts-
wahlen im September 1993 eine Person, die erst auf Nachfrage von
JournalistInnen etwas von ihrer Kandidatur für die DVU erfuhr.[6]
Nach ihrer Aussage war sie nicht Mitglied der DVU und hatte auch
keine Erklärung zur Wahlzulassung unterschrieben. Die Kandidatin
Ursula Winkler, die für die DVU in die Bezirksversammlung in
Hamburg Bergedorf einzog und *NPD*-Mitglied ist, antwortete,
nachdem sie zu ihrer Kandidatur befragt wurde: „Jemand aus der
Münchener Zentrale hat mich angerufen und gesagt, sie brauchen
einen Kandidaten. Da hab ich gesagt, OK, nicht mehr."[7]

Immer wieder gibt es in den Zeitungen Schlagzeilen über KandidatInnen, die nicht mehr in der DVU waren, zum Beispiel *Hans-
Jürgen Brand* aus dem Kreis Dithmarschen in Schleswig-Holstein,
der einen Tag vor der Wahl aus der Partei austrat und seine Kandidatur zurückzog, KandidatInnen, die von ihrer Aufstellung nichts
wissen und zum Beispiel von der DVU-Fraktionschefin in Bremen,
Marion Blohm, die drei Monate vor der Wahl nicht wie vorgeschrie-
ben in Bremen sondern in Niedersachsen gewohnt hat.[8]

Im Wahlkampf treten die KandidatInnen kaum öffentlich auf.
Bei den wenigen Auftritten repräsentieren sie sich dann ohne eigenständige politische Aussagen. So geschehen auf einer DVU-Wahl-
veranstaltung in Rahlstedt (Hamburg), wo herangereiste DVU'ler
genau darauf achteten, daß bei den wenigen Sätzen, die der Spit-
zenkandidat *Rudolf Reimers* sagen durfte, kein falsches Wort dabei
war. Die meisten Fragen der JournalistInnen beantwortete auf dieser
Veranstaltung der aus der Münchener Parteizentrale stammende
Bernd Dröse, Bundespressesprecher der DVU.[9]

Den direkten Kontakt mit den Medien scheinen die DVU-Kandi-
datInnen zu scheuen. JournalistInnen, die mit KandidatInnen Interviews führen wollen, werden in der Regel auf Postfächer als Kon-
taktmöglichkeit verwiesen oder an die Parteizentrale in München.
Der Wahlkampf findet in der Regel aus dem Hintergrund heraus
statt. Frey läßt seine Propagandamaschinerie laufen, in der er die
Ängste und die Unzufriedenheit vieler BürgerInnen geschickt aufgreift. Der riesige Aufwand ist ein Kennzeichen von Freys Wahl-
kampfmethoden. Zum Beispiel kostete der Wahlkampf für den Ein-

zug von *Hans Altermann* in die Bremer Bürgerschaft 2,5 Millionen Mark. Damit investierte Frey in diesen Wahlkampf mehr als *SPD* und *CDU* zusammen. Postwurfsendungen an alle Haushalte sind die Regel, die trotz der Proteste vieler PostzustellerInnen ausgetragen werden müssen. Ein Hamburger Unternehmen, das sich weigerte, in S- und U-Bahnhöfen Werbeplakate der DVU aufzuhängen, wurde zur Zahlung eines Zwangsgeldes verurteilt. Auch das öffentlich rechtliche Fernsehen versuchte, sich zu den Landtagswahlen in Schleswig-Holstein gegen die Ausstrahlung der Werbespots zu wehren. Die DVU klagte dies gerichtlich ein und gewann das Verfahren. Dies ist kein Einzelfall. Bei den Wahlen in Hamburg versuchte die DVU, bei den Privatsendern häufigere und längere Sendezeiten für die Wahlspots einzuklagen.

Im Mittelpunkt der Wahlkampfpropaganda der DVU stehen Nationalismus, Rassismus und die Agitation gegen die Europäische Union. In Schleswig-Holstein verbreitete sie 1992 Slogans wie „Anatolien den Türken! Schleswig-Holstein den Deutschen! Unser Land soll deutsch bleiben! Die D-Mark darf nicht geopfert werden, Schluß mit dem EG-Fimmel auf deutsche Kosten!" über Postwurfsendungen, Fernsehspots und Plakatwände. An den inhaltlichen Schwerpunkten der Propaganda der DVU hat sich bis heute nichts geändert. Hier einige Zitate aus einer Drucksache des Kreisverbandes in Esslingen, die im Hinblick auf die anstehenden Wahlen im Jahre 1994 dazu auffordert, die Stimme der DVU zu geben:

„Die **DVU** ist eine national-freiheitliche Partei, die sich für die Interessen Deutschlands und damit der Interessen der deutschen Bürgerinnen und Bürger einsetzt. ... Unser Slogan ‚**Deutschland soll deutsch bleiben**' bedeutet, daß z.B. das Wahlrecht nur von Deutschen ausgeübt werden darf, so wie es im Grundgesetz steht. Die DVU sieht keinen Grund, Menschen in Deutschland wählen zu lassen, die keine deutsche Staatsbürgerschaft besitzen. (Davon war auch bei den anderen Parteien nie die Rede. Anmerk. der Verf.) ...

Die **DVU** ist dafür, daß in Deutschland jeder <u>wirklich</u> politisch Verfolgte Asyl beantragen und auch erhalten sollte, ... Allerdings sollten diejenigen, die nicht politisch verfolgt werden – und das sind über 95% – und damit in ihrem Herkunftsland nichts zu befürchten haben, auch wieder aus Deutschland ausgewiesen, bzw. bereits an den Grenzen zurückgeschickt werden ...

Deutsches Geld zuerst für deutsche Interessen! Während Sie Angst um Ihren Arbeitsplatz, um eine bezahlbare Wohnung, um Ihren Lebensunterhalt haben müßen, kassieren skrupellose Asylanten im Jahr **40 Milliarden DM – 40.000.000.000 DM** – vom deutschen Steuerzahler. Diese riesige Summe könnte sonst für die deutsche Bevölkerung verwendet werden." (Hervorhebungen im Original.)

Die DVU unterscheidet sich inhaltlich teilweise nicht von den etablierten Parteien, zum Beispiel wurde im neuen Asylgesetz die Abweisung der Flüchtlinge an den Grenzen grundgesetzlich ermöglicht. Unterschiede gibt es jedoch im Sprachgebrauch, denn die Pamphlete der DVU sind von einer offen rassistischen Hetze gekennzeichnet. Die DVU appelliert durch die ständige Betonung des „Deutschseins" an das Nationalgefühl und gebraucht dies, um gegen „Asylanten" zu hetzen. Das geht sogar soweit, daß sie durch eine „geschickte" Auswahl von Fotos und deren Verbreitung in ihren Schriften den LeserInnen suggerieren will, daß alle „fremd" aussehenden Menschen kriminelle AusländerInnen und „ScheinasylantInnen" seien.[10]

Die Arbeit der DVU im Parlament

Die politische Arbeit der DVU-Fraktionen spielte bis zu ihren Auflösungen außerhalb der Frey-Zeitungen keine wesentliche Rolle. Die DVU-Fraktionen zeigten in der Regel wenig Interesse an der Arbeit in den Fachausschüssen und glänzten durch Abwesenheit und Schweigsamkeit. In den wenigen Fällen, wo sie sich an Abstimmungen beteiligten, fanden sie ihre politische Nähe bei Beschlüssen der *CDU*.[1]

Die Fraktionen versuchten aber, mit einer Flut von Anträgen, Gesetzesentwürfen und Anfragen gegenüber der Öffentlichkeit den Eindruck von Kompetenz und Engagement zu erwecken. Selbst der Historiker Prof. M. Salewski äußerte in den *Kieler Nachrichten* vom 3. September 1992, daß die Antragsflut der DVU im Kieler Landtag ihn an die parlamentarische Vorgehensweise der *NSDAP* in den frühen 30er Jahren erinnern würden. Im folgenden soll versucht werden, die zahlreichen Anträge, die die DVU im Kieler Landtag bzw. in der Bremer Bürgerschaft stellte, anhand einiger Beispiele zu charakterisieren.

Auf der einen Seite sind es Anträge, die sich eindeutig von den Positionen der anderen Parteien abgrenzen, in denen offen die Kriegsschuld Nazi-Deutschlands verleugnet wird, oder die den Charakter rassistisch volksverhetzender Pamphlete haben und zur Empörung eines großen Teils der übrigen Abgeordneten führten.
So wurde der Landtag Schleswig-Holsteins aufgefordert:
- den Aufnahmestopp des Main-Kinzig-Kreises für Flüchtlinge zu begrüßen. (Drucksache 13/262)
- dem gegen „Asylmißbrauch" hetzenden Landrat des Kreises Itzehoe im Parlament Sprechzeit zu geben. (13/261)
- die Unterbringung von Flüchtlingen in den Wohnungen derjenigen Politiker zu beschließen, die Deutschland als Einwanderungsland sehen. (13/259)
Diesen Beispielen lassen sich weitere Äußerungen und Handlungen anfügen:

- Am 16.9.1992 wollte die DVU-Fraktion mit den anderen Parteien an einem Besuch der Gedenkstätte auf dem Gelände des ehemaligen Konzentrationslagers Neuengamme bei Hamburg teilnehmen und einen Kranz mit der Aufschrift „den Opfern der Gewaltherrschaft und des alliierten Terrors" niederlegen.[2] Aufgrund einer angeblichen Morddrohung nahm die DVU an diesem Besuch doch nicht teil, legte aber zu einem anderen Zeitpunkt den Kranz nieder.
- Am 30.10.1992 stellten *Stawitz* und Fraktion in einem Änderungsantrag zur „Verurteilung von KZ-Barbarei, Haß, Terror und Gewalt" die Nazi-Konzentrationslager auf eine Stufe mit den alliierten Kriegsgefangenenlagern nach dem Zweiten Weltkrieg. Diese wurden als „Sieger-KZs" bezeichnet.
- Im Januar 1993 hetzte die Abgeordnete *Karin Voß* gegen Methadonprogramme und für einen Arbeitsdienst: „Arbeit im Viehstall ist besser als Heroin."

Von den Themen, die die DVU aufgriff, unterschieden sich die Anträge, die in Schleswig-Holstein oder Bremen gestellt wurden, inhaltlich nicht. Dies verwundert nicht weiter, denn die Fernsteuerung der Fraktionen durch die Parteizentrale in München reichte soweit, daß vorformulierte Anträge per Telefax durchgegeben wurden. So sagte der inzwischen verstorbene DVU-Abgeordnete *Karl-Heinz Vorsatz* am Tag der Haushaltsberatungen in Bremen, daß die Anträge aus München gekommen seien und er sie erst heute morgen gesehen habe.[3] Es kann wohl auch kein Zufall sein, daß die Fraktionen in Bremen und Kiel fast wortgleiche Anträge stellten, in denen sie wissen wollten, wie viele Dienstreisen die Landesregierung „ins Ausland (ohne Österreich)" unternommen habe.[4]

Auf der anderen Seite finden sich immer wieder Anträge, die, von Wortwahl und Stil abgesehen, im Grunde auch von *SPD* und *CDU* mitgetragen werden könnten. Zum Teil wurden solche Anträge erst formuliert, nachdem bestimmte Themen oder Haltungen von Vertretern anderer Parteien in der Öffentlichkeit vertreten wurden. Eine inhaltliche Übereinstimmung würden diese sicherlich vehement ableugnen. Der parlamentarische „Einklang" läßt sich jedoch dadurch erklären, daß mit dem Erstarken der faschistischen Parteien sowohl in der Bevölkerung als auch in den anderen Parteien ein Rechtsruck stattgefunden hat.

Am 10.8.1992 forderte die DVU-Fraktion in Schleswig-Holstein den Landtag auf, Roma-Flüchtlinge schneller abzuschieben. In diesem Antrag diffamierten sie die Roma als kriminell und schmutzig. Tatsächlich unterschied sich dieser Antrag nur teilweise in der Wortwahl von den Forderungen, die Kommunalpolitiker aller Couleur verbreiten. Die Bundesregierung hat in den vergangenen zwei Jahren Druck auf Polen, Rumänien, Mazedonien und andere Länder ausgeübt, um diese zum Abschluß von „Rücknahmeabkommen" zu zwingen. Damit soll eine problemlose Abschiebung der Roma-Flüchtlinge ermöglicht werden. Die Bundesregierung verweigert teilweise die Wiedergutmachung für die Opfer von Naziverbrechen unter Sinti und Roma und erkennt weder Sinti noch Roma als Minderheit an. Sie knüpft an die nationalsozialistische Politik an, indem sie Romafamilien, denen von den Nazis die deutsche Staatsbürgerschaft entzogen wurde, jetzt als Staatenlose mit Abschiebung droht.

Am 11.3.93 forderte die DVU-Landtagsfraktion eine verstärkte Unterstützung von „Königsberg-Deutschen". Auch die Bundesregierung setzt sich für die „Königsberg-Deutschen" ein und unterstützt seit Jahren die Ansiedlung Rußland-Deutscher in der russischen Exklave Kaliningrad (Königsberg) mit Millionenbeträgen.

Nach dem rassistischen Pogrom in Rostock versuchte die DVU-Fraktion im Kieler Landtag, dies als verständliche Reaktion auf „die Überfremdung" darzustellen (Drucksache 13/261 und 13/263). Auch hochrangige Unionspolitiker der mecklenburgischen Landesregierung zeigten nach den Angriffen auf die Zentrale Aufnahmestelle für Flüchtlinge in Rostock-Lichtenhagen Verständnis für die rassistischen TäterInnen und äußerten, daß sie den „Unmut" vieler RostockerInnen verstehen könnten. Der damalige schleswig-holsteinische Sozialminister Jansen *(SPD)* sprach Asylsuchenden kurz nach dem Pogrom das Recht ab, sich am kulturellen Leben in Deutschland zu beteiligen, und forderte, deren Sozialhilfe um 20% zu kürzen. Auf Jansens Initiative hin wurde auch im März 1992 ein „Zählappell" durchgeführt. Alle AsylbewerberInnen mußten sich auf Weisung des Sozialministeriums an einem Tag bei den zuständigen Sozialämtern melden. Zur Durchsetzung dieses Appells wurde von der Landesregierung eine Hetzkampagne gegen „Sozial- und Asylbetrüger" durchgeführt.

Machtproben in der DVU

Schon relativ schnell nach dem Einzug der Fraktionen in die Parlamente zeichneten sich innerparteiliche Konflikte ab. Bereits im Juli 1992 wurde in Freys Deutscher Wochen-Zeitung (DWZ) in einem Kommentar unter dem Titel „Der DVU-Abgeordnete" vor Tendenzen gewarnt, „als arrogante Mini-Etablierte" aufzutreten. Damit war der – inzwischen verstorbene – Bremer Bürgerschaftsabgeordnete *Karl-Heinz Vorsatz* gemeint. Diese Warnung zielte auch auf sich abzeichnende Streitigkeiten zwischen der Fraktion in Schleswig-Holstein und der Parteizentrale. Mit allen Mitteln sollte verhindert werden, daß die Fraktionen von der Parteilinie abweichen.[1] Dazu gehört auch der Einsatz von *Hans-Otto Weidenbach* als Landesbeauftragter der DVU in Schleswig-Holstein. *Weidenbach* gilt in der Frey-Presse als „vorbildlich". Seine „Vorbildlichkeit" ist Redeauszügen zu entnehmen, die in der DNZ und DWZ abgedruckt wurden, in denen er die zentralen Elemente der Weltsicht der DVU wie antisemitische und rassistische Äußerungen, die Verharmlosung der Naziverbrechen und die Verbreitung von antipolnischen Stimmungen von sich gibt.[2] Die Bindung der Politik an die Zentrale in München und die Person Freys, angefangen bei der Ernennung getreuer DVU Gefährten in wichtige Positionen bis hin zu Reden und Anträgen, die per Fax an die Fraktionen geschickt wurden, führte zu Konflikten, die den Austritt zahlreicher Abgeordneter zur Folge hatte.

In Bremen verlor die DVU den Fraktionsstatus. *Karl-Heinz Vorsatz* starb im September 1992. Er war *NPD*-Mitglied und mit dem Ziel in der DVU, die Rechten zu vereinigen. *Hans Altermann* trat kurz nach der Wahl wieder aus, *Peter Nennstiel*, Gründungsmitglied der Bremer DVU, im Januar 1993. *Klaus Blome*, freier Mitarbeiter des *Bundesamtes für Verfassungsschutz*, verließ die DVU im Oktober 1993. Vor allem die beiden letztgenannten wehrten sich dagegen, für die Münchner Parteizentrale als Marionetten zu fungieren und kritisierten die Reduzierung der Propaganda der DVU auf das „Asyl- und Ausländerthema". Sie schlossen sich der Gruppe der Nationalkonservativen an, die einige Zeit der *Deutschen Liga für Volk und Heimat (DL)* des Europaparlamentsabgeordneten *Harald Neubauer* nahestand. Die *DL* hatte das Ziel, eine Sammlungsbewegung von den faschistischen Wahlparteien bis hin zu den militanten FaschistInnen zu sein. Um den Bei- und Übertritt zur *DL* zu erleichtern, erlaubt die Satzung explizit die Mitgliedschaft in anderen Parteien. Die GründerInnen der *DL* kamen überwiegend von den *REP* und der *NPD*. Im Hinblick auf die Erfahrungen der „Vorbilder" Frey und *Schönhuber* wurde ein Präsidium mit drei gleichberechtigten Mitgliedern eingeführt. Dadurch sollte das Risiko interner Machtkämpfe verringert werden.[3] Nur *Marion Blohm* und *Hans-Otto Weidenbach* blieben für die DVU in der Bremer Bürgerschaft.

Im schleswig-holsteinischen Landtag existierte die Fraktion der DVU schon nach einem Jahr nicht mehr. Ausgangspunkt der Parteiaustritte war hier ein Streit zwischen dem Fraktionsvorsitzenden *Ingo Stawitz* und Gerhard Frey, der *Stawitz* mit einem Parteiausschlußverfahren drohte. Frey warf ihm „schwerem Verrat an der DVU und ihrem Programm" vor. *Stawitz* sollte „die DVU in das Licht von Neonazismus und Rassenhaß" gebracht sowie Gelder veruntreut haben.[4] *Stawitz* wiederum beschuldigte den Parteichef, daß es diesem nur ums Geld gehen würde und kritisierte, daß der Fraktion der Geschäftsführer *Weidenbach* aufgezwungen worden sei.[5] Die Abgeordneten *Ingo Stawitz*, *Karin Voß*, *Helmut Thienemann* und *Benvenuto-Paul Friese* traten daraufhin aus der Partei aus. Nur *Renate Köhler* blieb weiterhin DVU-Mitglied allerdings ohne Fraktion. Die anderen fünf Abgeordneten wollten sich den *Republikanern* anschließen. Diese jedoch gewährten ihnen aufgrund eines Unvereinbarkeitsbeschlusses keinen Unterschlupf. *Stawitz* und seine Gefolgschaft schlossen sich daraufhin ebenfalls der *DL* an und erhielten Fraktionsstatus. Damit war die DVU in keinem Landesparlament mehr in Fraktionsstärke vertreten.

Organisation und Mitgliedschaft der DVU

Die Organisation

Die Parteizentrale der DVU befindet sich in der Münchener Paosostraße 2. Von hier aus dirigiert Frey sein DVU- und Zeitungsimperium. Frey stehen einige wenige enge Mitarbeiter, wie sein Sohn *Gerhard Frey Junior*, der im Bundesvorstand und im Landesvorstand Bayern der DVU tätig ist, zur Seite. Ein weiterer enger Mitarbeiter ist der für den redaktionellen Teil der DNZ verantwortliche *Bruno Wetzel*, der wie *Frey Junior* ebenfalls im Bundes- und Landesvorstand Bayern der DVU tätig ist. *Sven Eggers*, Mitarbeiter der DNZ und verantwortlicher Redakteur der Deutschen Wochen-Zeitung (DWZ) ist in Personalunion Landesvorsitzender der DVU in Bremen und Hamburg. Der treue Frey-Mitarbeiter *Hans-Otto Weidenbach* ist gleich in drei Landesvorständen der DVU tätig (Bremen, Niedersachsen, Schleswig-Holstein). Frey, der selber Bundesvorsitzender und Landesvorsitzender der DVU in Bayern ist, hält mit einer Handvoll „Getreuer" sämliche Fäden in der Hand. Eigenständiges Handeln von DVU-FunktionärInnen ist unerwünscht. Selbst die Parlamentsanfragen in Bremen und Schleswig-Holstein werden von der Münchener Parteizentrale vorgegeben. Durch diese Struktur hat es Frey wie kein anderer geschafft, seine Partei, seine Zeitungen und seine wirtschaftlichen Interessen miteinander zu verknüpfen.

Obwohl die DVU in 15 Landes-, mehrere Bezirks- und mehr als 60 Kreisverbände gegliedert ist, apostrophierte sie *Der Spiegel* noch im Frühjahr 1992 (Heft 16/92) als „Phantom-Partei" ohne funktionierenden Parteiapparat, die ihre Wahlerfolge fast ohne Wahlkampfveranstaltungen und KandidatInnenvorstellungen erzielt. Der Chef des Hamburger *Amtes für Verfassungsschutz*, *Ernst Uhrlau*, meinte zur selben Zeit in einem *dpa*-Interview, daß die DVU zwar formal eine Partei sei, inhaltlich aber eher die „organisierte Leserschaft der Publikationen von Gerhard Frey" darstelle.[1]

Mit knapp 27.000 Mitgliedern ist die DVU die mit Abstand größte faschistische Organisation, gefolgt von den *REP* mit 20.000

Mitgliedern (Stand 1992).[2] Der Verein DVU hat ca. 11.500 Mitglieder[3] und nach der Parteigründung kaum noch Aktivitäten entwickelt. Ende 1988 wurde beim Verein eine Satzungsänderung vorgenommen, nach der über 16 Jahre alte Vereinsmitglieder – ihr Einverständnis vorausgesetzt – zugleich der Partei angehören.[4] Angeschlossen sind der DVU e.V. sechs Aktionsgemeinschaften. Diese Gemeinschaften decken die wesentlichen Propagandabereiche der DVU und ihrer Zeitungen ab und treten fast nur mit ihr in Erscheinung. Mit den Gründungen der Aktionsgemeinschaften wollte Frey seinen Einflußkreis erweitern und neue, vor allem beitragszahlende und spendende, Mitglieder gewinnen, was ihm auch gelang. Die sechs Frey-Gruppierungen, die rechte und faschistische Unverbindlichkeiten zum Programm erheben, bieten dem rechten Klientel für jeden Geschmack das Passende. Es sind:

– *AKON/Aktion Oder/Neiße*
(„Erhaltung der deutschen Orts- und Flurnamen" in den „Vertreibungsgebieten" auf Landkarten, gegen „Umvolkung der deutschen Nation und Entdeutschung Deutschlands")
Die *AKON* wurde schon 1962 von Frey und dem späteren *AKON*-Vorsitzenden *Erwin Arlt* gegründet. Im Programm der *AKON* hieß es u.a.: „Die Aktion Oder/Neiße ist ein freiwilliger und loser Zusammenschluß von Privatpersonen, die sich aktiv gegen jeden Verzicht auf die deutschen Ostgebiete einsetzen. Unter den deutschen Ostgebieten versteht die (AKON) Ostpreußen mit Memelland, Westpreußen mit Danzig, Pommern, Ostbrandenburg, die deutschsprachigen Randgebiete der Provinz Posen, Schlesien und das Sudetenland, aus denen die deutsche Bevölkerung grausam vertrieben wurde". Nachdem es einige Jahre still um die revanchistische Gruppe geworden war, reaktivierte Frey sie 1978, schloß sie der DVU an und nannte die *AKON* nun *Aktion Deutsche Einheit*. Nach der Wiedervereinigung 1989 wurde die *AKON* wieder in *Aktion Oder/Neiße* rückbenannt.

- *IfA/Initiative für Ausländerbegrenzung*

(„Für ein deutsches Deutschland", für „Abschiebung der Scheinasylanten", gegen Zerstörung der „volklichen Einheit" durch „Fremdkörper")

Mit der 1980 gegründeten *IFA* lehnte sich Frey eng an die Mitte der 70er Jahre von der *NPD* initiierten „Ausländer-Stop-Bewegung" an. Was die *IFA* mit einem „deutschen Deutschland" meinte, beschrieb schon am 21. März 1979 in einem kritischen Artikel die Gewerkschaftszeitung *Metall*. Sie zitierte auch aus einer Broschüre des Kölner Bezirksvorstandes der DVU des Jahres 1975:

„Bekämpft jeden Türken, Griechen und Jugoslawen, bis auch der letzte Fremdarbeiter deutschen Boden verlassen hat ... Raus mit diesem asozialen Gesindel ... Raus mit den Hiwis aus deutschen Betrieben, deutschen Städten und aus deutschem Land."

- *ARF/Aktion deutsches Radio und Fernsehen*

(Für „deutsche Kunst und Kultur, Anstand und Moral")

Die *ARF* wurde 1981 gegründet. Die Notwendigkeit der Aktion begründete Frey in einem von ihm unterzeichneten Aufruf in der Nationalzeitung vom 1. Januar 1982; dort hieß es u.a.: „In zunehmendem Maße agitieren Rundfunk und Fernsehen, obgleich vom deutschen Gebührenzahler finanziert, gegen das Lebensrecht und die Lebensinteressen des deutschen Volkes." Höhepunkt sei die „Aussendung des sowjetischen Propagandafilms – Der unvergessene Krieg" gewesen: „alle Schuld" wolle man dem deutschen Volk aufbürden und „selbst heute noch Ungeborene kollektiv haftbar machen". Die deutsche Geschichte sei einer „systematischen Verteufelung" ausgesetzt, das „unermeßliche Leiden der deutschen Zivilbevölkerung in und nach beiden Weltkriegen" werde minimalisiert. Das alles habe „mit einer objektiven, wahrheitsgemäßen und ausgewogenen Berichterstattung nichts mehr zu tun. Die vielverleumdete Mitte und Rechte sind praktisch ohne Einfluß in Rundfunk und Fernsehen ..."

– *VOGA/Volksbewegung für Generalamnestie*

(„Für ein Ende der Strafverfolgung von Besiegten des 2. Welt-krieges ... Freiheit für Rudolf Heß.")

Die *VOGA* wurde 1979 von Gerhard Frey gegründet und führte zu einem starken Mitgliederzuwachs der DVU. In einem „Aufruf an alle Deutschen" erklärte sie u.a.: „Seit über drei Jahrzehnten mißachtet die Bonner Volksvertretung den Willen der übergroßen Mehrheit des deutschen Volkes nach einem Schlußstrich unter die pharisäerhafte einseitige Vergangenheitsbewältigung. Unter zuneh-mendem Druck und Terror werden vieljährige Schauprozesse gegen die Besiegten des Zweiten Weltkrieges durchgeführt, während die Sieger ihre millionenfachen Morde am deutschen Volk 1945 bis 1947 amnestierten und ausnahmslos ungesühnt ließen ... Es lebe das Recht! Es lebe die Freiheit! Es lebe Deutschland!"[5] Die Auswertung einer Liste von mehreren tausend „prominenten" UnterstützerInnen der *Volksbewegung für Generalamnestie*, 1980 monatelang in der damaligen DVU-Mitgliederzeitung *Deutscher Anzeiger* veröffent-licht, zeigte einen sehr hohen Anteil von ÄrztInnen, LehrerInnen, Offizieren, RechtsanwältInnen und BeamtInnen, die meisten davon bereits im Ruhestand.[6] Den Aufruf hatten als ErstunterzeichnerIn-nen neben Frey auch *Dr. Holle Grimm*, die Tochter von *Hans Grimm*, der mit seinem Roman „Volk ohne Raum" (1925) einer der wichtigsten publizistischen Wegbereiter des NS-Regimes war, un-terschrieben. *Holle Grimm* war Besitzerin des *Klosterhaus-Versand-buchhandels* und Organisatorin der jährlichen *Lippoldsberger Dich-tertage*, bei denen konservative und faschistische SchriftstellerInnen Lesungen abhielten. Neben *Grimm* unterzeichneten auch *Hans-Ul-rich Rudel* und *Bernhard Steidle*, zeitweilig *AKON-Bundesvorsit-zender* und stellvertretender Bundesvorsitzender der Deutschen Volksunion.[7]

– *Ehrenbund Rudel – Gemeinschaft zum Schutz der Frontsoldaten*

(Für die „Ehre des deutschen Soldaten ... für sinnvolle Namens-gebung für militärische Einrichtungen ... Ehrensold für Ordensträ-ger ... absolute Gleichbehandlung auch für ehemalige Angehörige der Waffen-SS")

Der *Ehrenbund* wurde anläßlich des Todes des DVU-,,Starredners" und höchstdekorierten Nazi-Offiziers, *Hans-Ulrich Rudel*, der am 18. Dezember 1982 verstarb, gegründet. Am 9. Januar gab Frey auf einer ,,Rudel-Gedächtnis-Kundgebung" die Gründung bekannt. Die Veranstaltung, die in München stattfand und von rund 1.200 TeilnehmerInnen besucht wurde, stand unter dem Motto ,,Unser Held lebt in unseren Herzen".

– *Deutscher Schutzbund für Volk und Kultur*
(Kampf dem ,,Abtreibungsmißbrauch ... Bürgerschutz vor Kriminalität ... Zivilschutz, Bunkerbau und Umweltschutz")
Diese 1986 von Frey gegründete Organisation tritt ,,für den Schutz des ungeborenen Lebens" ein und fordert die ,,Pflege vaterländischen Volksguts und Brauchtums". Zu den im Programm angeführten Gemeinplätzen zählen auch der ,,Schutz vor Schund" und ,,verstärkter Bürgerschutz vor Kriminalität".[8]
Eine wohl nicht mehr existierende Gruppe war das von Frey in den 80er Jahren gegründete *Freiheitliche Sozialwerk*. Dieses ,,Werk", das vor allem Freys Taschen gefüllt haben dürfte, wollte sich dafür einsetzen, daß ,,deutsches Geld für deutsche Aufgaben" ausgegeben würde. Dieses Geld, so die Nationalzeitung, ,,... hilft Deutschen, die außerhalb der Bundesrepublik für die Erhaltung des deutschen Volkstums fechten ... kümmert sich um Bundesbürger, die wegen ihres nationalen Bekenntnisses Verfolgungen ausgesetzt sind ... steht Deutschen bei, die gnadenloser Rachsucht der Sieger zum Opfer fallen sollen. Ein Beispiel: Überall Hetze gegen Südafrika. Wer kümmert sich um die Deutschen dort? Das Freiheitliche Sozialwerk unterstützt deutsche Schulen und Altenheime in Südwestafrika und Südafrika."[9]
Die Mitgliedschaft der DVU besteht im wesentlichen aus Altnazis, Mitgliedern und SympathisantInnen militärischer Traditionsvereine und revanchistischer Organisationen, kleinen Gewerbetreibenden, kleineren Angestellten und ArbeiterInnen. Der männliche Anteil der Mitglieder ist wesentlich höher als der weibliche. Nur 7% der Mitglieder sind Frauen. Zum Vergleich – die *Republikaner* haben einen Frauenanteil von 19%.[10] Bei anderen faschistischen

Gruppen und Parteien ist der Anteil von Frauen an der Mitgliederschaft ähnlich gering. Bei Wahlen verändert sich das Verhältnis, so zeigten die Wahlergebnisse faschistischer Parteien bei den Kommunal-, Landtags- und Europawahlen der letzten Jahre einen Frauenanteil von bis zu 35%. Es läßt sich feststellen, daß zumindest der organisierte Faschismus „Männersache" ist. So verwundert es auch nicht, daß alle faschistischen Morde der letzten Jahre von Männern verübt wurden. Neuere Untersuchungen zeigen aber auch, daß bei den AnhängerInnen einer rassistischen, nationalistischen und/oder faschistischen Weltanschauung das Verhältnis zwischen den Geschlechtern in etwa gleich ist.

In den Versammlungen der DVU sind vorwiegend Angehörige der älteren und mittleren Generation anzutreffen. Jugendliche sind in der DVU seltener, was hauptsächlich an der mangelnden Attraktivität des Organisationslebens, das kaum Betätigungsmöglichkeiten bietet, liegt. Allerdings bekommt die DVU bei Wahlen bis zu 20% der Stimmen bei Männern der Altersklasse 18-25 Jahre. Bei den Landtagswahlen 1992 in Schleswig-Holstein wählten 15% der Männer unter 25 Jahren die DVU.[11] Bei Veranstaltungen der DVU sind häufig jugendliche Skinheads, Mitglieder der *Wiking-Jugend* und *FAP* als Gäste oder „Ordner" anwesend. In der Ex-DDR sind mehr Jugendliche in der DVU organisiert als in der BRD.

Wie es schon von den *Republikanern* des öfteren bekannt wurde, zieht es auch zur DVU besonders Angehörige der Polizei, der Bundeswehr, des Bundesgrenzschutzes und der Sicherheitsdienste. Beim Landesparteitag der DVU Schleswig-Holstein war *Holger Stippel* am 13. November 1993 noch einstimmig zum Beisitzer im Landesvorstand gewählt worden. Zwei Tage später schickte er der Partei seine Austrittserklärung per Telefax. Grund: Die Funktion in der Partei stand seiner Karriere bei der Firma *Raab Karcher Sicherheitsdienst*, dem zur Zeit größten deutschen Unternehmen dieser Branche, im Wege. Von den Zielen und Methoden der DVU mußte er sich nicht distanzieren.[12] *Stippel* war auch „Sicherheitsbeauftragter" seiner Partei. Qualifiziert hatte er sich als Chef der *Schwarzen Sheriffs* in Hamburg, jenem S-Bahn-Wachdienst, der zumindest für nicht „deutsch" aussehende Menschen eine ständige Bedrohung darstellt. So berichtete die Hamburger *Tageszeitung* am 21. Januar 1994 von einem „alltäglichen" Vorfall:

„Harburg, vergangenen Dienstag abend, 21.30 Uhr: In der S3 von Harburg zum Hauptbahnhof steigen zwei Schwarze Sheriffs ein. Betont fordern sie einen Ausländer auf, den Fahrausweis vorzulegen. Dann gehen sie zu dem nächsten dunkelhäutigen Menschen. Doch auch er hat eine Fahrkarte. Dieser Vorgang wiederholt sich noch zwei Mal. Das Verblüffende: Alle deutschen Personen im Waggon sind von der Fahrkartenkontrolle ausgenommen".

Seit die *Schwarzen Sheriffs* im Herbst 1992 bei der Bundesbahn ihren Dienst in S-Bahn-Zügen aufnahmen, stehen sie in der öffentlichen Kritik. Übergriffe gegen „AusländerInnen", Angriffe auf sogenannte „Penner", heimliche Bewaffnung zwecks Körperverletzungen bei Streitigkeiten sind bei ihnen die Regel.[13]

In einer Untersuchung von *Dudek/Jaschke* in den 80er Jahren über die LeserInnenschaft der Nationalzeitung wird das Bild eines „idealtypischen DNZ-Lesers" folgendermaßen beschrieben:

„... männlich, über 50 Jahre alt, Vertriebener, CDU/CSU-Wähler, kleiner oder mittlerer Angestellter ... (sich selber als pflichtbewußt, sauber und ehrlich bezeichnend) ... Mitläufer oder Funktionär der NSDAP ... rechnet sich zu den Verlierern in der Gesellschaft ... Faible für Marschmusik ... klar geordnete sexuelle Zwangsmoral."[14] Dabei betonen *Dudek/Jaschke* zu Recht, daß dieses Bild „erschreckend normal" sei und deshalb die DNZ in einzelnen Elementen durchaus „Einstellungs- und Verhaltensstrukturen eines Millionenpublikums" anspreche.[15]

Das ursprüngliche Ziel, die Mitglieder breit zu aktivieren (geplant waren 1971 Stadtteil-, Schüler- und Hochschulgruppen), konnte nicht erreicht werden; die überwiegende Mehrheit verhält sich in der DVU absolut passiv.[16] Allerdings ist das wesentliche Anliegen der DVU auch die propagandistische Tätigkeit. Neben der Pressearbeit über Freys Zeitungsimperium führt die DVU Mitgliederversammlungen und Großkundgebungen durch. Diese Versammlungen dienten vor allem der Stärkung des Zusammengehörigkeitsgefühls der Mitgliederschaft. Aufgrund antifaschistischer Proteste ist jedoch nur noch eine jährliche Großkundgebung übergeblieben, die bislang mit einigen tausend TeilnehmerInnen in Passau stattfand. Der Verlauf der Kundgebungen war fast immer der gleiche: Frey „rechnet" meist über eine Stunde lang mit den „Vaterlandsverrätern" ab, dann spricht ein „Nationalheld" in Gestalt eines Oberst a.D. oder ein „nationaler Erfolgsautor" und zum Abschluß singen alle zusammen das Deutschlandlied in allen drei Strophen.

Häufig wurde auf diesen Veranstaltungen ein mit 20.000 DM dotierter Preis, vor 1985 10.000 DM, der DVU, DWZ , DNZ und früher des *Deutschen Anzeigers* (1991 eingestellt) verliehen, wie: „Europäischer Freiheitspreis", „Rudel Ehrenpreis", „Andreas Hofer Preis", „Ehrenpreis für politisch Verfolgte".

Ausgezeichnet wurden u.a. der Südtiroler Bombenleger *Luis Amplatz*, der englische Pseudohistoriker und Auschwitz-Leugner *David Irving*, der Nazi-Oberst *Rudel* und der ehemalige *NPD*-Funktionär und Verleger der Deutschen Wochen-Zeitung *Waldemar Schütz*. *Schütz* bekam den Preis als Dank für den Verkauf seiner DWZ an Frey. 1976 verlieh Frey den „Ehrenpreis der National-Zeitung für politisch Verfolgte" an den Nazi-Terroristen *Uwe Rohwer*.

Zu den Empfängern des „Ehrenpreises" zählte 1977 der US-amerikanische Verfasser von „Der Jahrhundertbetrug", in dem die Gaskammermorde des Nationalsozialismus als „böswillige Erfindung" bezeichnet wurden. Der Autor, *Arthur Butz*, war als Redner für den am 3. August 1977 in Nürnberg geplanten „Auschwitz-Kongreß" vorgesehen, den die Nürnberger Stadtverwaltung verbot. Der Professor für Elektronik und Computerwissenschaft an der Nordwest-Universität in Evanston/Illinois war eng mit der DVU und Frey verbunden. Sein Buch mit dem Originaltitel „The Hoax of the Twentieth Century", war in der Bundesrepublik im *Verlag für Volkstum und Zeitgeschichtsforschung* erschienen und wurde als Fortsetzungsgeschichte unter dem Titel „Der Schwindel des 20. Jahrhunderts – das Ende der 6-Millionen-Lüge" in der Nationalzeitung veröffentlicht. Über die „Auschwitz-Lüge" schrieb Butz: „1. Das Zyklon wurde zur Desinfektion und nur angeblich ebenso zur Vernichtung von Menschen verwendet. 2. Die Selektionen waren mit Rücksicht auf die Beschäftigungsart in Auschwitz und nur angeblich ebenso zur Vernichtung von Menschen erforderlich."

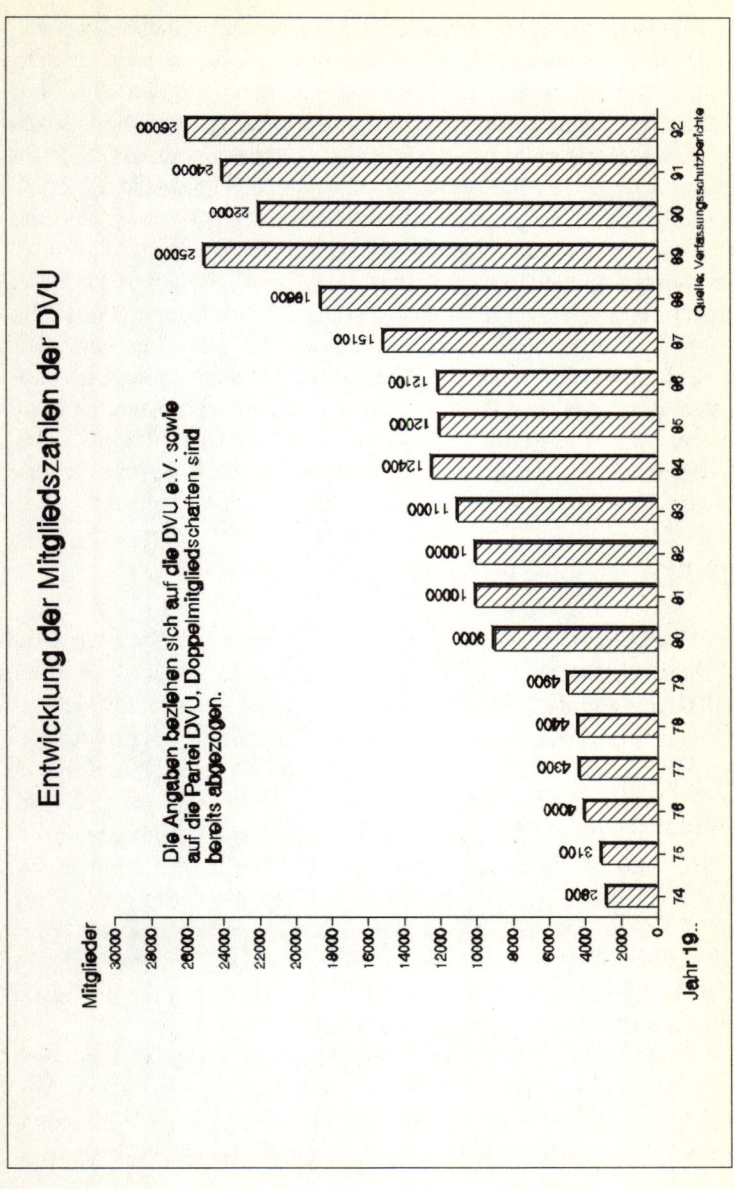

Entwicklung der Mitgliedszahlen der DVU

Mitglieder

Die Angaben beziehen sich auf die DVU e.V. sowie auf die Partei DVU, Doppelmitgliedschaften sind bereits abgezogen.

Jahr 19..	Mitglieder
74	2800
75	3100
76	4000
77	4300
78	4400
79	4900
80	9000
81	10000
82	10000
83	11000
84	12400
85	12000
86	12100
87	15100
88	19600
89	25000
90	22000
91	24000
92	26000

Quelle: Verfassungsschutzberichte

55

In der Bundesrepublik konnte die Fortsetzungsreihe in der Nationalzeitung unbeanstandet erscheinen. Nur in Österreich beanstandete der Oberste Gerichtshof eine Ausgabe der DNZ (8.4.1977) und stellte fest, daß die Nationalzeitung gegen das Verbot nationalsozialistischer Propaganda verstoßen habe. Es dauerte noch bis 1979, bis zumindest die Bundesprüfstelle für jugendgefährdende Schriften das *Butz*-Buch indizierte, weil es zum Rassenhaß anreize und das nationalsozialistische Regime verharmlose.[17]

Dem ehemaligen Gauamtspresseleiter und *SS*-Hauptsturmführer *Erich Kernmayr*, Verfasser faschistischer Literatur und Akteur der *SS*-Nachfolgeorganisation *HIAG*, wurde 1980 auf einer Veranstaltung der DVU in Passau der ,,Europäische Freiheitspreis der Nationalzeitung" verliehen.[18] Der *FPÖ*-Abgeordnete und österreichische Altnazi *Otto Scrinzi* erhielt 1982 den ,,Andreas-Hofer-Preis". *Scrinzi* arbeitete 1940/41 am Innsbrucker *Institut für Erb- und Rassenbiologie..*

Die DVU in der Ex-DDR

Das Wiederaufleben von rechten und faschistischen Strömungen in Ostdeutschland reicht in die frühen 80er Jahre zurück. Wie in der BRD entstand auch in der DDR eine Skinhead-Szene, die sich zunehmend nach rechts entwickelte. Bundesdeutsche Naziführer versuchten, auch in der DDR Einfluß auf Skinheads und rechte Fußballfans zu gewinnen. Zwischen 1983 und 1985 reiste der damalige Berliner Ortsgruppenführer der *Nationalistischen Front (NF), Andreas Pohl* regelmäßig nach Ost-Berlin, um Kontakte zu knüpfen.[1] 1985 wurde gegen *Pohl* ein Einreiseverbot ausgesprochen, worauf andere *NF*-Mitglieder die Kontakte fortsetzten. *Pohl* schrieb im *Klartext*, dem Informationsblatt der *NF*, vom ,,festen Bündnis der Freundschaft, das sich leider, bedingt durch die Mordmauer, nur in Besuchen unsererseits ausdrückt".

Schon viele Jahre bevor die ostdeutschen Städte Hoyerswerda und Rostock Symbole rassistischer Pogrome wurden, waren VertragsarbeiterInnen aus Angola, Mosambique und Kuba Anfeindungen von Teilen der DDR-Bevölkerung ausgesetzt. Auch der Antisemitismus wurde nicht erst 1989/90 in die ehemalige DDR getragen. Anfang 1988 erregte ein spektakulärer Fall die Gemüter. Ende Februar / Anfang März wurde der alte jüdische Friedhof von Ostberlin geschändet. Insgesamt 219 Grabsteine wurden umgestoßen. Die öffentliche Empörung war so groß, daß die Täter, jugendliche Faschisten, zu Haftstrafen von bis zu sechseinhalb Jahren verurteilt wurden.[2] In der Kreisstadt Wolgast im Bezirk Rostock flog im August 1989 eine *SS-Division Walter Krüger* auf, die sich intensiv der „Pflege faschistischer Traditionen, insbesondere der SS" gewidmet hatte. Mitglieder der über ein Jahr bestehenden straff organisierten Gruppe waren unter anderem Lehrer und städtische Beamte.[3] Nach offiziellen Zahlen wurden im Jahre 1988 185 Vorgänge mit „rechtsradikalem Hintergrund" registriert und 44 Verfahren eingeleitet. 1989 waren es dann bis zur Öffnung der Grenzen rund 300 „Vorgänge", aus denen 144 eröffnete Verfahren resultierten.[4] Die Anzahl der faschistischen Skins wurde auf 2.000 geschätzt.

Nach der Wende 1989 machte sich die gesamte faschistische Szene der Bundesrepublik auf, ihre Propaganda der DDR-Bevölkerung nahezubringen und neue Gruppen aufzubauen. Die Wiedervereinigung erfolgte dann auch mit aller logistischer und personeller Kraft, die das westdeutsche faschistische Lager aufbringen konnte.

Die Voraussetzungen waren nicht schlecht. Neben den schon bestehenden Skin-Strukturen gab es ein nicht zu unterschätzendes Potential an nationalistisch-faschistischen Kräften in der DDR, die nach 1989 wieder offen auftreten konnten. Das bewiesen nicht zuletzt die fast 150.000 WählerInnen faschistischer Parteien bei den Bundestagswahlen im Dezember 1990 im Gebiet der ehemaligen DDR – also zu einer Zeit, in der es den faschistischen Wahlparteien noch nicht gelungen war, flächendeckend in Ostdeutschland zu agieren. Linke Ideen und Ideale waren für viele durch das Scheitern des „real existierenden sozialistischen" Staates DDR diskreditiert. Gleichzeitig konnten *Michael Kühnen*, *Schönhuber* und Frey in Teilen der Bevölkerung der fünf neuen Bundesländer auf Verhaltensmuster aufbauen, die ihrer faschistischen Ideologie entgegen kam. Die DDR-Führung hatte die preußischen Tugenden wie obrigkeitsstaatliches Denken, Disziplin, Ordnung und Sauberkeit gepflegt –

was für ein Aberwitz für einen Staat mit antifaschistischem Anspruch.

Die militanten FaschistInnen konnten in der ehemaligen DDR gerade unter Jugendlichen ein erhebliches Potential für sich gewinnen. Sie haben in Ostdeutschland proportional mehr AnhängerInnen als im Westen. Bei den faschistischen Wahlparteien ist es umgekehrt. Ihre AnhängerInnenschaft ist im Westen immer noch größer als im Osten. Diese Situation führt auch dazu, daß die taktischen Abgrenzungen zwischen *REP* und DVU einerseits und militanten FaschistInnen andererseits in Ostdeutschland eine geringere Rolle als im Westen spielen.

In den neuen Bundesländern enstanden die ersten DVU-Ortsgruppen bereits in der Zeit von 1989/90. Gleichzeitig wurde die DDR mit faschistischer Propaganda aus dem Hause Frey überschwemmt. Dieses Propagandamaterial wurde von faschistischen Skins und rechten Jugendlichen begierig aufgenommen und weiterverteilt. Wohin dies führen kann, formulierte ein 16jähriger Schüler einem *Stern*-Reporter in seinen Schreibblock. Ort: Rostock-Lichtenhagen, Ende August 1992. Der bei den Pogromen aktive Berufsschüler Ralf äußert als Motiv: ,,Ich war letztens auf einer Veranstaltung von Dr. Gerhard Frey. Wenn wir nicht 14 Milliarden für die Ausländer ausgeben müßten, könnten wir das Geld für uns verwenden.'' Zum Schluß verkündete er: ,,Ganz Mecklenburg-Vorpommern muß ausländerfrei werden. Das müssen wir jetzt durchziehen, Heim für Heim.''[5] Und er und seinesgleichen ,,zogen durch''! Zunächst loderte der Flächenbrand in Lichtenhagen auf und die politisch Verantwortlichen schauten zu. Gerhard Frey war mit seinem DVU-Gefolge zwei Monate vor dem Pogrom in der Hansestadt und hetzte gegen die angebliche ,,Asylantenflut'' und ,,Zigeunerschwemme''.[6]

Seine Hetzreden wiederholte Frey in vielen Städten Ostdeutschlands. In Bischleben bei Erfurt versammelten sich Anfang Oktober 1992 etwa 100 AnhängerInnen um den DVU-Parteivorsitzenden.[7] Der Biedermann Frey zog als geistiger Brandstifter durch die Ex-DDR und wurde verstanden. Nach Beendigung der Gründungsversammlung des sächsischen Landesverbandes der DVU am 3. Oktober 1991 in Meißen zogen 80 AnhängerInnen durch die Stadt und überfielen Flüchtlinge.[8]

1991/92 konstituierten sich die DVU-Landesverbände:

— Berlin-Brandenburg am 23. März 1991
— Thüringen am 15. Juni 1991
— Sachsen am 3. Oktober 1991
— Sachsen-Anhalt am 6. Oktober 1991
— Mecklenburg-Vorpommern am 30. August 1992

Die meisten der etwa 3.000 Mitglieder der DVU in den neuen Bundesländern (Stand Anfang 1992) gibt es mit rund 1.500 in Sachsen. Mitglieder der DVU gehörten 1991/92 mit zu den InitiatorInnen des faschistischen Wahlbündnisses *Die Nationalen*, das sich im Mai 1992 an der Berliner Kommunalwahl beteiligte. In Arnstadt/Thüringen konvertierte 1992 ein Kreistagsabgeordneter der *CDU* zur DVU.

Die Bedeutung der DVU in den neuen Bundesländern läßt sich nicht allein an der Anzahl ihrer dortigen Mitglieder ablesen. Gerade rechte Jugendliche und faschistische Skins sympathisieren mit der DVU und vor allem mit ihren Zeitungen und beziehen einen Großteil ihres Weltbildes von ihr, auch wenn sie sich meist in aktiveren, vor allem militanten faschistischen Gruppen, organisieren.

Die Finanzierungsquellen der DVU

Die DVU kann für ihre menschenverachtende Propaganda aus dem Vollen schöpfen. Finanzier ist der DVU-Vorsitzende und Multimillionär Frey mit seinen diversen Wirtschaftsunternehmen. Die Einnahmen aus den Mitgliedsbeiträgen und Spenden für die Partei DVU, der DVU e.V. und den sechs Aktionsgemeinschaften, die dem Verein angegliedert sind, dürften mehrere Millionen Mark im Jahr ausmachen. Für das Jahr 1992 gibt die Partei DVU Einnahmen in Höhe von 7,21 Millionen Mark an.[1] Seit 1987 hat die DVU mehrere Millionen durch Wahlkampfkostenrückerstattungen und Gelder für die Fraktionen in den Landtagen von Bremen und Schleswig-Holstein erhalten.

Der Mitgliedsbeitrag für die DVU (Partei) oder die DVU e.V. beträgt fünf Mark. Auf Antrag verringert sich der Beitrag aus sozialen Gründen auf drei bis eine Mark. Die Mitgliedschaft in den Aktionsgemeinschaften ist noch „günstiger", der monatliche Beitrag beläuft sich auf eine bis drei Mark. Neben den Mitgliedsbeiträgen dürften die Einnahmen aus dem Spendenaufkommen nicht unerheblich sein: 300.000 DM Spenden weist der Finanzbericht der DVU e.V. für 1984 aus. *Der Spiegel* nennt in einem Bericht vom Juli 1987 jährliche Spenden in Höhe von 400.000 DM. Der DVU-Rechenschaftsbericht von 1990 weist Spenden in Höhe von 990.000 DM aus. 1984 hatte allein die Aktionsgemeinschaft *AKON* Einnahmen von 160.000 DM, davon 70.000 DM aus Spenden.[2] Auf das Sonderkonto „S" des *Freiheitlichen Sozialwerks*, das Frey gegründet hatte, um inhaftierte Kriegsverbrecher zu unterstützen, gingen 1984 nach Angaben des *Deutschen Anzeigers* 65.000 DM Spenden ein. Beim Spendensammeln ist Frey nicht zimperlich: So rief er mehrfach dazu auf, die DVU im Testament zu bedenken, damit das „nationalfreiheitliche Lager" gestärkt werde.[3]

Nach Aussage des Journalisten *Georg Christians* ist der Fruchtsaft-Multi *Eckes* noch immer Spender für diverse Frey-Aktivitäten.[4] Der verstorbene Firmenchef und ehemalige *SS*-Mann *Peter Eckes* hatte zumindest in den 60er und 70er Jahre diverse rechte und faschistische Organisationen finanziell unterstützt.

Nachdem die DVU in den Parlamenten von Bremen und Schleswig Holstein vertreten war, erweiterten sich ihre finanziellen Möglichkeiten. Der Fraktionsetat für 1993 belief sich allein in Kiel auf 1,15 Millionen DM. Als die DVU bei den Landtagswahlen am 5. April 1992 6,3% der Stimmen erhielt, brachte ihr das nicht nur sechs Sitze im Kieler Landtag, sondern auch 663.892 DM an Wahlkampfkostenerstattung ein. In Bremen bekam die DVU-Fraktion jährlich 684.000 DM für ihre Arbeit. Hinzu kamen Diäten und Aufwandsentschädigungen. Der Einzug der FaschistInnen in den schleswig-holsteinischen Landtag brachte aber auch andere Kosten mit sich. Auf Empfehlung der Polizei wurden der DVU-Fraktion von der Parlamentsverwaltung für 10.000 DM „durchwurfhemmende Scheiben" in ihre Büroräume eingebaut.[5] In Bremen und Kiel gab es immer wieder Versuche, die für die Fraktionsarbeit bestimmten Steuergelder nach München in die DVU-Zentrale zu transferieren. Das Finanzgebaren der politischen Saubermänner und -frauen der DVU stieß allerorten auf Kritik. In einer Bilanz der Parlamentsarbeit der Bremer DVU-Fraktion titelte die *TAZ*: „Die Bremer Abzocker" und die *Kieler Nachrichten* überschrieben einen Artikel über die Kieler Fraktion mit: „Millionenwirbel um DVU-Fraktion". Die Nationalzeitung nahm am 24. September 1993 zu dem Vorwurf Stellung, die DVU würde Staatsgelder abzocken. Dazu das Blatt: „Während die alten Parteien Hunderte Millionen Mark anhäufen ... verzeichnet die DVU ein Minus von 11 Millionen Mark, das deren Vorsitzender finanziert – ein in der deutschen Parteiengeschichte dieses Staates einzigartiger Vorgang."

Eigentlich hat die DNZ recht. Bei keiner anderen Partei ist die Abhängigkeit von ihrem Vorsitzenden und seinen Wirtschaftsunternehmen so groß wie bei der DVU.

Die Ideologie der DVU

Um die weltanschaulichen Grundlinien der DVU erfassen zu können, ist es nicht möglich, auf ein ideologisches Standardwerk der Organisation zurückzugreifen, denn ein solches existiert nicht. Daher stützen wir uns auf eine Vielzahl von Quellen, vom Parteiprogramm, über die Inhalte von DNZ / DWZ, bis zu Wahlkampfpropaganda und Aussagen höherer FunktionärInnen.

Nationalismus / Rassismus

Unter dem Motto „Deutschland soll das Land der Deutschen bleiben" wendet sich die DVU gegen eine „Vermischung der Völker" und setzt sich für ein weltweites Apartheidsystem ein. Sie fordert ein Recht auf „nationale Identität" und „Liebe zur Heimat und zum deutschen Volk" als Bildungsziel für die Jugend. Einen breiten Raum nimmt die Propaganda gegen die EG ein, weil diese die „nationale Selbstbestimmung" untergrabe, stattdessen solle sich die Wirtschaft dem „nationalen Interesse" unterordnen. Darüberhinaus agitiert die DVU für eine Säuberung der Kultur, insbesondere der Medien, von ausländischen und „antideutschen" Einflüssen.

Einhergehend damit wird eine massive rassistische Hetze betrieben, deren Zielscheibe vor allem Flüchtlinge, darunter besonders Sinti und Roma, sind. Die Aggressivität dieser Hetze verdeutlicht folgendes Zitat des DVU-Abgeordneten *Weidenbach* in der Bremer Bürgerschaft: „Werfen sie die Schwindler hinaus, die Gauner, die Verbrecher multinationaler Herkunft, die Herointürken und Kokainneger, zigeunernde Plünderer und polnischen Schmuggler und Autoschieber, denn durch die Duldung züchten sie ja Fremdenfeindlichkeit."

Militarismus

Von Anfang an war die Glorifizierung des Soldatentums und der deutschen Armeen wesentlicher Teil der Propaganda in Freys Zeitungen. Mitte der 70er Jahre führte Frey eine große Kampagne für den höchstdekorierten Soldaten der Wehrmacht, den Altnazi *Ulrich Rudel*, und den *SS*-Offizier *Peiper* durch. *Peipers* Einheit war 1944 an der Erschießung wehrloser US-amerikanischer Soldaten in Malmedy beteiligt. Gedenkmünzen an diese Verbrecher, die Frey als „Vorbilder für die deutsche Jugend" bezeichnet, sind in seinem Verlag erhältlich. Das aktuelle Programm der DVU fordert denn auch: „Das Ansehen und die Ehre des deutschen Soldaten müssen in unserer Rechtsordnung besser geschützt sein ... Wir wenden uns gegen jede Entrechtung und Diskriminierung der Frontsoldaten und gegen jede Schmähung ihrer Gefallenen."

Verändert hat sich die militärpolitische Linie der DVU. Solange der Ostblock existierte, schwor die DVU auf die gemeinsame antikommunistische Allianz der *NATO*, vermutlich um sich dem rechten bürgerlichen Rand anzubiedern. Heute wird einer national eigenständigen Entwicklung der Vorzug gegeben und ehemals Verbündete, vor allem die USA, scharf angegriffen. Die deutsche Beteiligung an *UNO*-Blauhelmeinsätzen wird als „Verheizen" deutscher Soldaten für ausländische Interessen solange vehement abgelehnt, bis Deutschland einen ständigen Sitz im *UNO*-Sicherheitsrat, einschließlich Veto-Recht, erhält.

Revanchismus

Das Ziel: Wiedererrichtung „Großdeutschlands" in den Grenzen von mindestens 1937 findet seinen Ausdruck in unzähligen Artikeln über die sogenannten Ostgebiete, d.h. also Gebiete, die zu Ländern der ehemaligen Sowjetunion, zu Polen und zur ehemaligen CSFR gehören. Auf diese Gebiete wird nach wie vor Anspruch erhoben, auch wenn das Sudetenland aus taktischen Gründen im neuen Programm nicht mehr erwähnt wird. Den Anschluß der DDR sieht

Frey, wie andere FaschistInnen, nur als erste Etappe. Gegen die Verträge mit Polen und der CSFR, in denen der bestehende Grenzverlauf als endgültig anerkannt wird, läuft auch die DVU Sturm. Wie die früheren „Ostverträge" nennt sie auch diese „Verzichts- und Unterwerfungsverträge". Besonderes Interesse gilt in letzter Zeit dem sogenannten Nordostpreußen, das ist die Region um Kaliningrad, oder – wie in der Frey-Presse und anderswo gesagt wird – „Königsberg". Die Region war lange Zeit militärisches Sperrgebiet der Sowjetunion. In letzter Zeit besuchen viele FaschistInnen die Stadt, stellen Kontakte her und arbeiten daran, daß dort die sogenannten Rußlanddeutschen ein Niederlassungsrecht erhalten.

Geschichtsrevisionismus

In ihrer Propaganda ist die DVU darum bemüht, die Greuel des Nationalsozialismus zu bestreiten und den faschistischen Staat als einen ganz normalen Staat darzustellen, der wie jeder andere seine Schwächen und Stärken hatte. Nicht nur die deutsche Kriegsschuld wird in Frage gestellt, sondern auch die Massenvernichtung der Juden/Jüdinnen. Da wird dann z.B. seitenweise über den polnischen Nationalismus geschrieben, um den Überfall der faschistischen Armee als „Notwehr" darstellen zu können. Titel dieser Serie, die auch als Buch erschien und deren Autor *Gerhard Frey junior* war: „Polens verschwiegene Schuld". Oder es finden sich reißerische Überschriften wie „Starben wirklich sechs Millionen?" oder „Sechs Millionen vergaste Juden – Die Lüge des Jahrhunderts". Im Programm wird ausdrücklich daran erinnert, „daß schwere Kriegsverbrechen auch von den Alliierten begangen wurden". Und weiter: „Das Leiden des Menschen verbietet eine gegenseitige Aufrechnung, aber die Pflicht zur Wahrheit verbietet ebenso das Verschweigen dieser Leiden auch der Deutschen". Konsequenterweise werden deshalb Begriffe, die im engen Zusammenhang mit dem Faschismus stehen, vor allem auf andere angewandt. So ist von Sachsenhausen als einem „sowjetischen Konzentrationslager" die Rede und die Luftangriffe auf Deutschland werden als „alliierter Bombenholocaust" bezeichnet. Die Verleugnung faschistischer Greuel findet ihre Fortsetzung heute darin, daß faschistische Brandanschläge und Straßenterror als das Werk von „ausländischen Versicherungsbetrügern", „geistig verwirrten Asylanten" usw. dargestellt werden.

Antisemitismus:

Der Antisemitismus in der Propaganda der DVU hat viele Gesichter. Er beginnt, wo die jüdische Religionszugehörigkeit erwähnt wird, obwohl sie für das Thema des Artikels überhaupt keine Rolle spielt. Unter der Überschrift „Soll Deutschland ewig zahlen?" werden die Zahlungen angeprangert, die als Entschädigung für die Nazi-Verbrechen an Juden/Jüdinnen entrichtet wurden. Der Antisemitismus findet seine Fortsetzung z.B. in der Serie „Die SED und die Juden", mit der dem alten Bild von der „bolschewistisch-jüdischen Weltverschwörung" neue Nahrung gegeben wird. Selbstverständlich läßt es sich die DVU auch nicht nehmen, öffentliche Meinungsäußerungen von jüdischer Seite, wie dem *Zentralrat der Juden*, mit einem Kommentar in DWZ/DNZ anzugreifen. Jedoch tritt die DVU nicht völlig offen (z.B. rassentheoretisch) auf, sondern versucht, sich einen ausgewogenen Anstrich zu geben, indem sie auch „positiv" berichtet, z.B. in der langandauernden Serie „Große jüdische Deutsche – Ihr Einsatz für Volk und Vaterland" oder, wo es ins Konzept paßt, wohlwollend aus der rechten jüdischen Presse zitiert.

Ein aktuelles Beispiel für den Antisemitismus der DVU ist die Berichterstattung der DNZ in bezug auf den Brandanschlag auf die Lübecker Synagoge. Dort werden die Ereignisse beklagt, im gleichen Atemzug aber auch schon verharmlost, denn es hätte ja nur ein kleiner Raum gebrannt und es seien keine Menschen getötet worden. Daraufhin erfolgt eine weitere Bagatellisierung, indem der Anschlag mit dem nicht zu vergleichenden Massaker von Hebron verglichen wird. Beim Stellen der Schuldfrage wird dann bis zu Kaiser Nero zurückgegangen, dem angeblichen Urheber des Antisemitismus, um letzten Endes zum Schluß zu gelangen, daß die Juden an ihrer Verfolgung selbst schuld seien.

Sexismus

Wie der Rassismus basiert auch der Sexismus auf einer biologistischen Grundeinstellung, nach der Frauen und Männer biologisch (= genetisch, = unveränderlich) auf ihr Verhalten, ihre gesellschaftliche Rolle und ihre Aufgaben festgelegt sind. Eben dies wurde Mitte 1989 in einem Beitrag von *Dr. Hans J. Eysenck* in der DNZ wissenschaftlich zu belegen versucht. So sieht denn auch die DVU die Aufgabe der Frau vor allem darin, dem Volk zu dienen. Das bedeutet in erster Linie, durch eine entsprechende Anzahl von Geburten den „Bestand von Volk und Nation" zu sichern. Entsprechend befürwortet die DVU eine weitere Verschärfung des § 218. Wie in konservativen Kreisen ist auch der DVU die traditionelle Vorstellung von der Familie (heterosexuell, mit Kindern) als der Keimzelle des Staates zu eigen. Diese ideologisch und materiell zu fördern, dafür tritt die DVU ein. Andere Formen sexueller Beziehungen, des Zusammenlebens und emanzipative Lebensentwürfe werden von der DVU daher als „unnormal" angegriffen und ausgegrenzt.

Negierung von Klassengegensätzen

Wie andere faschistische Organisationen geht auch die DVU von einer (Interessens-) Einheit aller Deutschen als Nation aus. Die Klasse verschwindet hinter der „Rasse" als höchster Instanz, weswegen alle als Feind betrachtet werden, die von Klassengegensätzen sprechen oder entsprechend ihrer Existenz handeln. (Was dem Multimillionär Frey sicherlich ein sehr persönliches Bedürfnis ist.) Somit macht sich die DVU mit ihrer Volksgemeinschaftsideologie, die jede Interessensvertretung verurteilt, die sich gegen die Ungerechtigkeit des wirtschaftlichen Systems wendet und sich nicht dem „nationalen Interesse" nahtlos unterordnet, zur willigen Erfüllungsgehilfin von Kapitalinteressen. Zielscheiben sind die Gewerkschaften und die Linke. So hetzte z.B. die DWZ gegen die gewerkschaftlichen Proteste zur Streikrechtsänderung und nutzte jede „Affäre" dankbar aus, um gegen die Gewerkschaften Stimmung zu machen.

Die finanziellen Machenschaften
des Multimillionär Gerhard Frey

Frey ist nicht nur der unangefochtene Chef, sondern auch das finanzielle Rückgrat der DVU. So konnte es sich die DVU z.B. leisten, 1989 15 Millionen Mark für den Europawahlkampf und ihre sonstige Öffentlichkeitsarbeit auszugeben, aber insgesamt nur 8,4 Millionen Mark einzunehmen.[1] *Harald Neubauer*, einer der ehemaligen engen Mitarbeiter von Frey, schätzt dessen Vermögen auf ca. 500 Millionen DM. Damit ist Frey zweifellos der reichste Faschist der Bundesrepublik Deutschland. Menschenverachtende Politik und hemmungsloses Profitinteresse werden von ihm auf zynische Weise miteinander verknüpft. *Harald Neubauer* sagte, daß der Geschäftemacher Frey ,,Deutschland mit seinem Geldbeutel'' gleichsetze.[2]

Freys Vermögen setzt sich aus Familienbesitz und verschiedenen Wirtschaftsunternehmen zusammen. Während sich sein Bruder *Adalbert Frey* um den Familienbesitz, die gemeinsam geerbten Kaufhäuser kümmerte, baute Gerhard Frey seinen ,,national-freiheitlichen'' Medienkonzern auf.[3] Sein *Druckschriften- und Zeitungsverlag* (DSZ), in dem die Deutsche National-Zeitung (DNZ) und die Deutsche Wochen-Zeitung (DWZ) erscheinen, macht einen geschätzten Jahresgewinn von 8 – 10 Millionen DM.[4] Der Jahresgewinn des *Freiheitlichen Zeitungsverlages GmbH* (FZ-Verlag), kommt noch dazu. Dem *FZ-Verlag* sind ein Buchdienst, ein Reisedienst und ein NS-Devotionalienhandel angeschlossen. Der angegliederte Reisedienst *Deutsche Reisen* wurde einst vom *SS-* und *NSDAP*-Veteranen *Waldemar Schütz* ins Leben gerufen.[5] Hier werden Reisen nach ,,Deutsch-Südwestafrika'' oder ,,auf den Spuren der Goten'' angeboten. Im Buchdienst erscheinen Bücher wie zum Beispiel ,,So waren wir'' – Bildband zur Geschichte des *Bund Deutscher Mädel*'', ,,Wer war Goebbels'' von *Wilfried von Oven* oder ,,Die wahren Schuldigen am 2.Weltkrieg''. Im NS-Devotionalienhandel werden Reichskriegsflaggen, nationalistische Wandplakate, Schallplatten und CDs wie ,,Lieder die wir einst sangen'', ,,Lieder unserer Fallschirmjäger'' ,,oder ,,Deutsche Nationalhymne'' (mit allen 3 Strophen) verkauft. Des weiteren werden z.B. ,,Olympia

1936" von *Leni Riefenstahl*, „Nürnberg, im Namen des Siegers" und die alljährlich stattfindende DVU-Großveranstaltung in Passau auf Video zum Verkauf angepriesen. Genauso werden Kalender der *HIAG* und etwa 50 verschiedene Gedenkmedaillen „großer Deutscher", wie *Erich Kernmayr* oder General *Erich Ludendorff* (führender Teilnehmer des versuchten Hitlerputsches am 9. November 1923) in Gold und Silber angeboten.

Wie Frey seine Gewinne im NS-Devotionalienhandel erzielt, beschreibt ein Eingeweihter folgendermaßen: Mit „beinahe sittenwidrigen Gewinnspannen" vertreibe Frey nebenbei Medaillen „großer Deutscher", etwa von *Hitlers* Stellvertreter *Rudolf Heß* oder vom „Stuka-Helden" *Hans-Ulrich Rudel*. Die Gedenkmünzen lasse der Verleger beispielsweise in Reingold für rund 220 DM pro Stück anfertigen und setze sie dann für das Doppelte oder Dreifache ab.[6]

Zum eigenen Vorteil macht sich Frey auch Initiativen anderer rechter Organisationen zu nutze, so vor Jahren bei der Kampagne „Freiheit für Rudolf Heß". Weder der Hilfsgemeinschaft gleichen Namens noch der Familie *Heß* ist je bekannt geworden, ob Frey das für seine Aufrufe kassierte Geld tatsächlich für den vorgegebenen Zweck verwendet hat. Dem Sohn von *Rudolf Heß*, *Wolf Rüdiger Heß*, fiel auf, daß dieselbe Kontonummer auch für andere Frey-Sammlungen angegeben wurde, eine „unscharfe Trennung", die ihm mißfällt. *W. R. Heß* meint dazu: „Frey hat mit dem Namen meines Vaters erfolgreich Geld gemacht."[7] Zuweilen liest sich die DNZ auf mindestens zwei Seiten wie eine Anzeige des Versandhauses Frey und Familie. Zu den vielfältigen Mitteln, den SympathisantInnen das Geld aus der Tasche zu ziehen, zählt auch eine Bestsellerliste für Bücher. Im April 1992 rangierten auf den Plätzen 1, 4, 5 und 7 Werke von Frey und auf Platz 2 wurde *Gerhard Frey jr.* mit „Polens verschwiegene Schuld" plaziert. Und so rollt dann die Mark der Deutschnationalen in die Taschen von Frey.

Doch Frey betreibt nicht nur „NS-Geschäfte" oder geht in seinen Gazetten mit der Wohnungsnot auf Stimmenfang für die DVU, er betätigt sich auch im großen Stil auf dem Immobilienmarkt. Auf der einen Seite verfaßt Frey demagogische Pamphlete, in denen angebliche Briefe junger Familien zitiert werden, die keine Wohnung finden, weil „Scheinasylanten auf deutsche Kosten in Hotels" wohnten. „Solche Briefe", wandte sich DVU-Chef Frey ans Volk, „bekomme ich täglich". Andererseits kanzelt der selbsternannte Vorkämpfer für die Interessen der „kleinen Leute" seine zahlreichen MieterInnen ab, wenn sie es denn wagen, sich wegen Mängeln zu beschweren. Er, Frey, habe noch jeden Prozeß gewonnen, ließ er eine Mietpartei in Berlin wissen, die lediglich die dringend erforderliche Reparatur der Heizung angemahnt hatte. Solche Einschüchterung ist kein Ausnahmefall. Andere Frey-MieterInnen in Berlin, wo der DVU-Chef 400-500 Wohnungen sein eigen nennt, klagen über den schlechten Zustand ihrer Wohnungen. Ihre Reklamationen nutzen meistens nichts. Viele von ihnen besitzen nur Zeitmietverträge, müssen dafür aber Staffelmieten zahlen, die teilweise die Wuchergrenze erreichen. So steigt z.B. die Miete einer 66 Quadratmeter großen Wohnung von zur Zeit 895 DM in den nächsten sechs Jahren auf 1578 DM.[8]

Frey betreibt auch Billigsanierung, um „optimale" Gewinne aus seinen Häusern zu erzielen. Die Freysche Sanierung zeichnet sich wohl eher durch „Kaschierung" aus, wurde bitter von den MieterInnen konstatiert. „Putz drüber, Farbe drauf und alles in einfachster Ausfertigung", so ihre Darstellung. Frey profitiert doppelt von der Wohnungsnot: als Miethai und als faschistischer Rattenfänger. Doch die MieterInnen in den Frey-Häusern in Berlin haben angefangen, sich zu wehren. 1992 gründeten sie ein *Anti-Frey-Komitee*[9], das auch schnell Erfolge gegen Frey erzielte: Neben der besseren Interessenvertretung der einzelnen MieterInnen mußte Freys Vertreter in West-Berlin, *Jürgen Thiele*, von seinem „Hauswartsposten" zurücktreten. *Thiele* ist seit zehn Jahren strammer DVU-Mann[10] und hauptberuflich Lebensmittelkontrolleur im Bezirksamt Tempelhof.[11]

Über Freys miese Praktiken, den Menschen das Geld aus die Tasche zu ziehen, könnten die BewohnerInnen der Frey-Häuser Bände schreiben. Hier einige Beispiele aus Berlin[12]:

– Schillerpromenade 39: Frey kaufte das Haus 1982/83. Zuerst wurde es fast entmietet (34 Wohnungen), danach billigsaniert. Miete vor der „Renovierung" 180 DM, jetzt 700 DM.

– Erkstr. 4/5: Für eine Einzimmerwohnung mit 41 Quadratmetern schraubte er nach „Instandsetzung" die Kaltmiete von 270 DM auf 900 DM herauf. Auch hier Ein- bis Zweijahresverträge bei ständigen Mieterhöhungen. Danach liegt die Miete im Jahre 2001 bei 1400 DM, zuzüglich der ständig steigenden Nebenkosten.

– Hermannstr. 63: Das Treppenhaus zerfällt, die Mieten steigen. 1985 war das Haus entmietet. Lediglich im Hinterhaus wohnten zwei 80jährige RentnerInnen. Der Wasseranschluß war abgedreht. Die alten Menschen mußten sich ihr Wasser über vereiste Treppen aus dem Keller holen. Unten im Haus war ein Café. Frey ließ die Miete von 800 DM auf 3.500 DM erhöhen. Das bedeutete die Pleite für den Café-Besitzer.

Zu den Frey-Tricks gehören[13]:

– Grundsätzlich Ein- bis Zweijahresmietverträge bei einjähriger Kündigungsfrist durch die MieterInnen.

– Gesetzwidrige Klauseln auf den Verzicht von Mietminderung bei Bauarbeiten oder Havarie.

– Unrechtmäßige Staffelmieterhöhung von 10% jährlich.

– Regelmäßige Versuche, neue Mietverträge zu erzwingen.

– Erpresserische Briefe, Drohungen an die MieterInnen.

Bei MieterInnen, die sich wehren, ist Frey mittlerweile vorsichtig geworden. Dafür schlägt er bei sich nicht wehrenden MieterInnen brutal zu. Brutal im Sinne des „normalen", gesetzlich legitimierten kapitalistischen Marktes. Es können bei ihm durchaus auch Menschen ohne deutschen Paß Wohnungen mieten, auch Wohngemeinschaften sind in seinen Häusern möglich, zumindestens da wo der Profit stimmt. Als aber auf dem Grundstück neben Freys Parteizentrale in der Münchener Paosostraße 2 der Filmemacher *Werner Penzel* eine Roma-Familie einquartierte, rief Frey, auch Eigentümer dieses Anwesens, die Polizei: „Das Zigeunerlager muß hier weg." In diesem Fall konnte er sich aber nicht durchsetzen.[14] Die Häuser von Frey sind unter dem Namen seiner Ehefrau *Regina Frey*, *Guido Frey* oder unter seinem eigenem registriert. Neben den uns bekannten 22 Mietshäusern in Westberlin soll Frey noch mindestens 80 weitere Mietshäuser besitzen. Unter anderem in Ostberlin, München, Lübeck und in den neuen Bundesländern. Frey ist nicht der einzige faschistische Miethai, es betätigen sich auch *Carsten Pagel (Ex-Republikaner*, jetzt Vorsitzender des *Hoffmann von Fallersleben Bildungswerk)* und *Rudolf Kendzia* (ehemaliger Bundesvorsitzender der *Deutschen Liga*. Unternehmen: *Kendzia & Partner, Vermittlungs und Betreuungs-GmbH)*, verstärkt auf dem Wohnungsmarkt in Berlin.[15]

Gerhard Frey und
sein „national-freiheitlicher" Medienkonzern

Frey hat großen publizistischen Einfluß. Seit 1958 hat er den
größten faschistischen Pressekonzern in der Bundesrepublik aufgebaut. Dieser Konzern setzt sich zusammen aus dem *Druckschriften-
und Zeitungsverlag (DSZ-Verlag)* und dem Freiheitlichen Zeitungsverlag GmbH (FZ-Verlag). Frey ist Geschäftsführer beider Verlage,
zusammen mit seiner Frau *Regina* und Tochter *Michaela*. Diesen
Verlagen sind ein Buchdienst, ein Reisedienst und ein NS-Devotionalienhandel angeschlossen.

Im FZ-Verlag vertreibt Frey nationale Literatur mit dem Schwerpunkt Zweiter Weltkrieg, z.B. das Buch „Kriegsschuld. Die wahren
Schuldigen am 2. Weltkrieg" von *von Richthofen* oder „Kriegsge-
schichte der 12. SS-Panzer-Division Hitlerjugend" und Schriften
wie „Die Wahrheit über von Weizsäcker", in dem Frey dem ehemaligen Bundespräsidenten zum Vorwurf machte, daß er den 8. Mai
1945 als „Tag der Befreiung" feierte. Auf dieser Linie liegen auch
seine Personenlexika „Prominente ohne Maske" (bisher 3 Bände).
Die Lexika sind weniger als Nachschlagewerke zu verstehen, sondern vielmehr als ein Beitrag zum politischen Kampf im Sinne der

72

DVU. In ihnen werden rechtsstehende Personen gefeiert und sogenannten „Umerziehern" und „Bewältigern", gemeint sind bundesdeutsche demokratische PolitikerInnen der Nachkriegszeit, ihre Vergangenheit vorgehalten.[1] Dafür ließ Frey deren nationalsozialistische Vergangenheit im Berliner „Document Center" ausforschen.[2]

In Freys DSZ-Verlag erscheinen die Wochenzeitungen Deutsche National Zeitung (DNZ) und die Deutsche Wochen-Zeitung (DWZ), deren Gesamtauflage auf 100.000 Exemplare wöchentlich geschätzt wird.

Die DNZ erschien 1951 erstmals unter dem Titel *Deutsche Soldaten Zeitung* (DSZ) im Schild-Verlag. Zu den Gründern gehörten der General der Waffen-SS, *Paul Steiner*, der ehemalige Landrat und Kreisleiter der NSDAP von Preußisch-Holland (Ostpreußen), *Helmut Damerau*, der ehemalige Reserveoberst und Landrat von Stendal, *Heinrich von Kalben* und der ehemalige Oberst der *Waffen-SS*, *Joachim Ruoff*. Zeitweiliger Chefredakteur der *DSZ* war der ehemalige Gaupresseamtsleiter in der Gauleitung Wien der *NSDAP* und spätere Leiter der Pressestelle des Gauleiters von Saarland/Lothringen und ehemalige *SS*-Hauptsturmführer *Erich Kernmayr*. *Kernmayr, alias Erich Kern*, wechselte später zur DWZ und war bis Anfang der 90er Jahre ihr Herausgeber. Er war Herausgeber mehrerer faschistischer Zeitungen, ist einer der führenden faschistischen Publizisten in Deutschland und hat eine Vielzahl von Büchern veröffentlicht, mit denen er die Rechtfertigung von NS-Verbrechen betreibt.

Die *DSZ* verherrlichte Schlachten und Feldzüge des Zweiten Weltkriegs. Autoren sind ehemalige Generäle und Offiziere. Die *DSZ* verstand sich als publizistische Interessenvertretung der verschiedenen Soldatenbünde und trat von Anfang an für einen „antibolschewistischen Verteidigungsbeitrag" ein. Außer *Damerau* steuerte ein Tischlermeister mit Namen *Leo Giess* einen Teil des Gründungskapitals bei. Die restlichen finanziellen Mittel kamen aus der US-Verwaltung.[3] Als 1953 die amerikanische Verwaltung ihre Zahlungen einstellte, wandte sich der Verlagsleiter *Damerau* an das Bundespresseamt in Bonn. Er forderte finanzielle Unterstützung für die in finanzielle Schwierigkeiten geratene *DSZ*, da sie sonst eingestellt werden müßte und damit auch die Wehrpropaganda wegfallen würde. Um diese Remilitarisierungspropaganda, die zur Durchsetzung der Wiederbewaffnung der Bundesrepublik und der damit verbundenen Gründung der Bundeswehr beitrug, nicht zu verlieren, subventionierte fortan das *Bundespresse- und Informationsamt* den Herausgeberverlag, den *Schild-Verlag*, mit 11.000 DM monatlich. Im Oktober 1954 wurde *Damerau* durch das *Bundespresse- und Informationsamt* mitgeteilt, die *Bundesregierung* wünsche, daß er die *DSZ* für 40.000 Mark an den Kölner Verleger *Stoph* verkaufe, um mit dem Geld seine Druckschulden zu begleichen. *Damerau* lehnte dankend ab, woraufhin der Subventionsvertrag aufgekündigt wurde.[4] Nachdem die Zuschüsse wieder gestrichen worden waren, bezeichnete das Bundesverteidigungsministerium die *DSZ* als ,,Blatt für Unbelehrbare und Gamaschenknöpfe". In einer am 24. Juni 1961 vom *Bulletin des Bundespresse- und Informationsamtes* abgedruckten Stellungnahme des Ministeriums hieß es, die *DSZ* sei ein Blatt, ,,das sich bemüht, an der Stelle der verfehlten Kollektivschuld-These eine Art Kollektiv-Unschuld-These zu setzen." Die *DSZ* geriet durch die weggefallenen Subventionen in noch größere finanzielle Schwierigkeiten, so daß sie anfangs nur noch alle 14 Tage und von Januar 1955 an vorübergehend monatlich erschien.

Ende der 50er Jahre versuchte dann der damalige Verteidigungsminister *Franz-Josef Strauß*, zusammen mit *Schloß* und *Winkel* über seinen Freund, den CSU-Verleger *Hans Kapfinger*, die *DSZ* zu kaufen. Die *DSZ* wurde bei *Kapfingers Neue-Presse-Verlags-Gesellschaft* in Passau gedruckt und hatte bei ihr erhebliche Schulden.[5] Bei der konservativen *Passauer Neuen Presse* hatte Frey nach seinem Studium ein Volontariat gemacht.[6] Der *DSZ*-Chef *Damerau* wies den Passauer Verleger ab. Bei der Ablehnung blieb er auch, als der Filmkaufmann und *Kapfinger*-Freund *Wolfgang Winkel* im Auftrag von *Strauß* für die *DSZ* bis zu 150.000 DM bot. Wegen der finanziellen Misere sah sich der *DSZ*-Chef *Damerau* gezwungen, einen seiner freien Mitarbeiter, den von Hause aus schwer reichen Rechtswissenschaftler Gerhard Frey, anzupumpen. Die Schulden der DSZ erreichten bis 1958 eine so ansehnliche Höhe, daß Frey 50% der Verlagsanteile für sich beanspruchte.[7] Im gleichem Jahr gründete Frey die *Deutsche Soldaten-Zeitung Verlags-GmbH* (heute der *DSZ-Verlag*), an die der *Schild-Verlag* mit einer Kapitaleinlage beteiligt blieb, um der weiterhin von der Einstellung bedrohten *DSZ* eine neue Basis zu verschaffen. Anfang 1959 wurde die *DSZ*, die Frey von nun an als Herausgeber und Chefredakteur führte, für 70.000 DM aus dem *Schild-Verlag* gelöst und in den *DSZ-Verlag* übernommen.[8] Seitdem Frey die Fäden der *DNZ* in der Hand hielt, stieg das Anzeigenvolumen und die Auflage beträchtlich. Die Auflage kletterte von 27.500 Exemplaren im Jahr 1958 auf 60.000 Exemplaren im Jahr 1962.

Frey kaufte 1960 die restlichen 50% der *DSZ* und gab ihr ab Januar 1961 den Namen *Deutsche Soldaten-Zeitung und National-Zeitung* und stellte ihre Erscheinungsweise von halbmonatlich auf zweiwöchentlich um. 1962 wandelte Frey das Blatt in eine Wochenzeitung um und entwickelte 1963 ein neues Konzept für die Zeitung. Seit dieser Zeit heißt die *DSZ* Deutsche National-Zeitung (DNZ). Frey berief sich bei der Titelwahl ausdrücklich auf die Tradition der *National-Zeitung* des Bismarck-Reiches und formulierte als Ziel, „den nationalen Flügel in den Bundestagsparteien zu stärken und außerdem eine national-demokratische Partei ins parlamentarische Spiel zu bringen." Die DNZ nennt sich selbst das „Gewissen der Nation".[9]

Frey wollte mit seinem neuen Konzept die DNZ als Wochenzeitung für das gesamte faschistische Spektrum etablieren. In diesem Zusammenhang kaufte Frey 1963 auch die beiden Vertriebenenzeitungen *Schlesische Rundschau* und *Der Sudetendeutsche* auf. Beide Vertriebenenblätter erschienen bis zur Einstellung bzw. Überführung in die DNZ eine Zeitlang als *Schlesische bzw. Sudetendeutsche Landesausgabe* der DNZ.

Die Sanierung und thematische Erweiterung auf eine größere Zielgruppe war erfolgreich, zumal für Artikel und Interviews auch gesellschaftlich anerkannte Persönlichkeiten gewonnen wurden.[10] Desweiteren wurde die DNZ durch Werbung von bekannten Firmen gestützt. So erfuhr die DNZ eine finanzielle Sicherung und den LeserInnen wurde dadurch eine gewisse Seriosität vorgespielt. 1966 setzte Frey noch einmal nach und so flatterten den bundesdeutschen

Werbeagenturen Werbebriefe mit folgendem Inhalt ins Haus: „Deutschlands größte nationale Wochenzeitung" ist „auf ihrem Weg nach oben nicht zu bremsen ... Der sich ankündigenden Wirtschaftskrise gehen wir ohne Bangen entgegen... Unsere Auflage wird auf jeden Fall steigen, und wir sind sicher, daß wir unaufhaltsam das Rennen machen."[11]

Nach einer Untersuchung des Anzeigenteils der DNZ für die Zeit von Januar 1962 bis September 1965 machten unter anderem folgende bekannte Firmen häufig Werbung in der DNZ: *Braun AG, Asbach & Co Weinbrennerei, United Arab Airlines, C. Josef Lamy GmbH, Siemens Elektrogeräte AG, Togal-Werke, Gerh. F. Schmidt AG, Verlag Axel Springer u. Sohn, Deutsche Philips GmbH, Olympia-Werke AG* und die *Wüstenrot GmbH*. Als politisch motivierte Werbung besonders leicht erkennbar waren die Anzeigen der *United Arab Airlines*. Während der Nahost-Kriese Anfang 1965 häuften sich die Anzeigen der *United Arab Airlines*, ab der DNZ Nr. 9/1965 erschienen sie regelmäßig in jeder zweiten Ausgabe.[12] Die plötzliche massive Werbung in der DNZ dürfte wohl nicht darin begründet sein, daß die LeserInnen der DNZ ein größeres Verlangen haben, in Krisengebiete zu verreisen als andere BundesbürgerInnen, sondern wohl eher im finanziellen „Dank" für die antisemitische Berichterstattung. Am 21. Juli 1967 titelte die DNZ: „Israels Auschwitz in der Wüste" mit den beiden Unterüberschriften „Der Massenmord an den Arabern" und „Dayan auf Hitlers Spuren". Der Artikel begann auch gleich mit einer Werbung für die *United Arab Airlines* – „... tief unter uns, als die Maschine der United Arab Airlines zur Landung ansetzte ..."

Nicht berücksichtigt wurden bei dieser Untersuchung kleinere Versandhäuser, die jahrelang in fast jeder Ausgabe Anzeigen schalteten und somit die DNZ kontinuierlich unterstützten.[13] Die Auflage der DNZ steigerte sich bis Mitte der 60er Jahre auf über 100.000 Exemplare!

1964 stieg Frey durch den Kauf von 30,1% der Anteile in den Coburger Verlag der Publikation *Nation Europa* des ehemaligen SS-Sturmbannführers *Arthur Erhardt* ein.[14] Diese Anteile wurden von Frey Ende 1966 wieder abgestoßen.

Die Frey-Presse dient vor allem als bestätigende Lektüre für Menschen mit deutschnationalen Tendenzen oder zur Ergänzung rassistischer Sichtweisen durch zusätzliche Elemente faschistischer Ideologie. In der DNZ finden die LeserInnen Anerkennung und Bestätigung, die ihnen in der Gesellschaft zum Teil verweigert wird. Stil und Aufmachung der DNZ gleichen der Boulevardpresse. Auch wenn die Zeitung kein offizielles Parteiorgan der DVU ist, wird sie quasi als Mitteilungsblatt der Partei genutzt. Die einzelnen Artikel lesen sich oft wie Erläuterungen zum Programm der DVU, jedoch ist die Sprache wesentlich direkter als im Parteiprogramm. Die Berichterstattung über aktuelle Ereignisse tritt in den Hintergrund und spielt nur dann eine Rolle, wenn sich Bezüge zur NS-Zeit ergeben oder wenn sie ins politische Kalkül von Frey und der DVU paßt. Thema der DNZ ist immer wieder die Rehabilitierung des Faschismus, die Glorifizierung von NS-Verbrechern und in den letzten Jahren eine endlose Hetze gegen Flüchtlinge und die Ablehnung der EG.

Weiter stellt die DNZ immer wieder den deutschen Massenmord an Juden/Jüdinnen in Frage; so hieß es in einem Kommentar zum Beginn des Frankfurter Auschwitz-Prozesses: „Daß Westdeutschland 19 Jahre nach der bedingungslosen Kapitulation den Frankfurter Prozeß wegen Auschwitz gegen sich selbst durchführt, ist ein Beweis dafür, daß die Umerziehung im hohen Grade erfolgreich war"[15] oder in der DNZ am 3.6.1994: „Das neue ‚Auschwitz-Gesetz' – Zweifler kommen ins Gefängnis". Immer wieder wurde auch die Zahl der ermordeten JüdInnen in Zweifel gezogen, um damit den Eindruck zu erwecken, die Massenvernichtung sei eine Erfindung der Alliierten. „Diese Propagandaziffer von sechs Millionen", so Frey am 12.3.1965 in der DNZ, „diene nur dazu, „uns die Luft zum Atmen zu nehmen", und in der DNZ Nr. 9/1975 läßt er verkünden: „Nicht ein einziger Jude wurde im Gebiet des Deutschen Reiches vergast."

Die DNZ gibt vor, „ein „entscheidend wichtiges Gegengewicht zur antideutschen Meinungsindustrie" zu sein und sich der „geschichtlichen Wahrheit(sfindung)" verpflichtet zu fühlen. Ihre Enthüllungen erschöpfen sich jedoch darin, die nationalsozialistischen

Verbrechen zu relativieren und bundesdeutsche Politiker zu diffamieren.[16]

Am 2. Mai 1965 forderten 57 SchriftstellerInnen, WissenschaftlerInnen, Geistliche und JournalistInnen in einem offenen Brief, von staatlicher Seite gegen die DNZ vorzugehen. „Mit großer Sorge" beobachteten u.a. *Walter Jens*, *Ingeborg Bachmann*, *Hans Mayer*, *Theodor W. Adorno*, *Golo Mann* und *Günter Grass* die Entwicklung der Zeitung und „die von ihr verbreiteten „antisemitischen und im Wesen faschistischen Gedanken". Frey konterte mit einer „Resolution der 97" und dem zynischen Hinweis auf die nationalsozialistische Pressepolitik: „Die bitteren Erfahrungen im Dritten Reich sollten Manipulationen mit dem Recht, wie sie aus durchsichtigen Motiven gegen die National-Zeitung gefordert werden, unter allen Umständen ausschließen".

Im Verlauf seiner publizistischen Tätigkeit hat der Jurist Frey, der die rechtsstaatlichen Grenzen genau kennt, mehr als 120 Strafanträge unbeschadet überstanden. So z.B. das „Überschriftenverfahren", in dem die Staatsanwaltschaft „Volksverhetzung und Beleidigung des jüdischen Bevölkerungsteils" nachweisen wollte. In der DNZ werden die Schlagzeilen aufgrund möglicher strafrechtlicher Folgen meistens als Frage formuliert oder als Zitat gekennzeichnet, auf dessen Inhalt später im Text nicht näher eingegangen oder von dem abgerückt wird. Die Schlagzeile „Verbrecherstaat Israel will uns Moral lehren" (DNZ 10.1.69) nahm der damalige Bundesinnenminister *Ernst Benda* 1969 zum Anlaß, einen Antrag nach Artikel 18 des Grundgesetzes beim *Bundesverfassungsgericht (BVG)* zu stellen, um das Erscheinen der DNZ zu unterbinden und Frey das „Grundrecht auf freie Meinungsäußerung" abzuerkennen. Diesen Antrag wies das *BVG* 1974 zurück, weil er nicht hinreichend begründet sei. Maßgebend für das Gericht war ein Mangel an ernsthafter Gefährdung, da die von der DNZ propagierten Auffassungen „keine Resonanz mehr fänden". Das Gericht hielt es offenbar nicht für erforderlich, Freys faschistische Propagandamaschinerie zu behindern.

So konnte der Münchener Verleger seine Geschäfte ungehindert weiter ausbauen. 1971 gründete Frey den Deutschen Anzeiger (DA) als Organisationsorgan der DVU. 1986 kaufte Frey die DWZ auf. Ihre Auflage war bis Mitte der 80er Jahre auf 15.000 gesunken, die Zeitung von der Einstellung bedroht. In der DWZ vom 10.1.1986 schrieb der DWZ-Verleger *Waldemar Schütz* zum Verkauf des Blattes, daß er die „Fortführung seines Hauptlebenswerks Dr. Gerhard Frey anvertraut" habe. Das Hauptthema der DWZ war die „Kriegs-

schuldlüge". Die Zeitung wurde ursprünglich in Rosenheim von den ehemalige *NPD*-Funktionären *Waldemar Schütz* und *Adolf von Thadden* und dem Altnazi *Erich Kermayr* herausgegeben. Sie besteht seit 1959 und wurde mit Gründung der *NPD* 1964 eines ihrer beiden Parteiblätter. Bereits die ersten Nummern der „neuen" DWZ zeigten die fast völlige Identität mit der DNZ. Im Januar 1986 erhielt *Schütz* dafür auf einer DVU-Veranstaltung den „Freiheitspreis der DNZ" überreicht. Im Gegenzug bezeichnete er die Übernahme der DWZ durch Frey als „selbstlose nationale Tat".[17] 1991 ließ Frey den *DA* mit der DWZ fusionieren. Sie unterscheidet sich jetzt nur noch in der Aufmachung von der DNZ. Das Programm der DVU und die von Frey gegründeten Initiativen geben auch hier die Inhalte vor.[18]

Freys Zeitungen sind über Abonnement und den Handel zu bekommen und somit an vielen Kiosken zu finden. Die DNZ wird

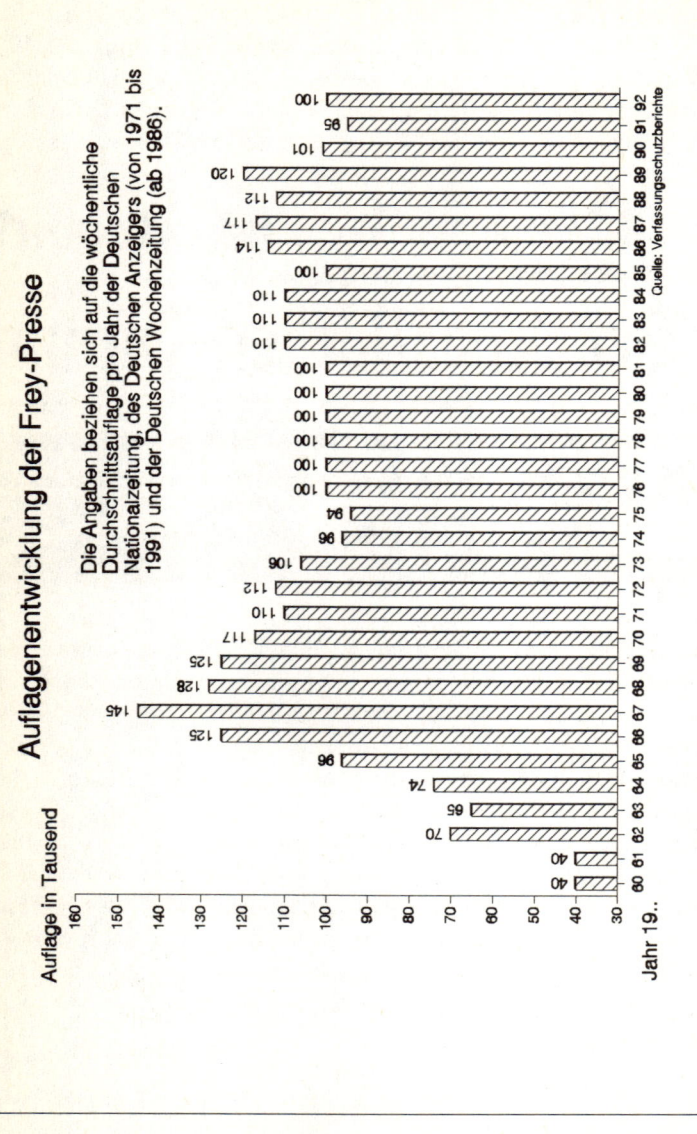

Auflagenentwicklung der Frey-Presse

Auflage in Tausend

Die Angaben beziehen sich auf die wöchentliche Durchschnittsauflage pro Jahr der Deutschen Nationalzeitung, des Deutschen Anzeigers (von 1971 bis 1991) und der Deutschen Wochenzeitung (ab 1986).

Quelle: Verfassungsschutzberichte

Jahr 19..

Jahr	Auflage
60	40
61	40
62	70
63	65
64	74
65	96
66	125
67	145
68	128
69	125
70	117
71	110
72	112
73	106
74	96
75	94
76	100
77	100
78	100
79	100
80	100
81	100
82	110
83	110
84	110
85	100
86	114
87	117
88	112
89	120
90	101
91	95
92	100

aber nicht nur in Deutschland vertrieben, sondern auch in Österreich, Italien (v.a. Südtirol), Belgien, Südafrika und Argentinien.[19]

Um die LeserInnenschaft zu vergrößern, werden Preisnachlässe angeboten oder auch schon mal Gratisexemplare verteilt. So wurde z. B. die DWZ 1989 in einer bundesweiten Propagandaaktion fast allen Alten- und Pflegeheimen der BRD kostenlos zugesandt.[20]

Die DNZ ist eine der größten Wochenzeitung der BRD und somit auch das wichtigste Propagandamittel Freys und seiner DVU. Als Beilage wird mehrmals jährlich die *Deutsche Nation* kostenlos beigelegt.

Wenn vor über 25 Jahren der damalige *SPD*-MdB *Adolf Arndt* sagte, ,,was in der Nationalzeitung stehe, sei die Sprache der potentiellen Mörder von morgen"[21], so ist aus diesem ,,morgen" inzwischen ,,heute" geworden.

Die hier genannten Zeitungen und Verlage sind nur ein kleiner Ausschnitt der weit über 100 Zeitungen und Verlage, die militante, faschistische und revanchistische Inhalte vertreten und sich auf den Erhalt und die Verbreitung dieses Gedankengutes spezialisiert haben. Mittlerweile gibt es ein großes Netz von faschistischen Zeitungen, in dem der ,,national-freiheitliche" Medienkonzern von Frey ein Teil ist. Wir wollen ein paar von diesen Zeitungen benennen, die in der BRD eine wichtige Rolle spielen. Wichtig insofern, als daß sie eine relativ große Auflage haben und über den Zeitschriftenhandel erhältlich sind oder innerhalb des gesamten rechten Spektrums als ,,sinnstiftende" Publikation zu bewerten sind.

CRITICON: Sie ist in der Grauzone zwischen nationalem Konservatismus und Faschismus angesiedelt. Das Blatt versteht sich als ein Bollwerk gegen den Liberalismus, sorgt sich um das biologische Potential ,,unseres Volkes" und will einen Schlußstrich ziehen unter die Zeit des Nationalsozialismus. Deutsche sollen endlich aus dem Schatten *Hitlers* heraustreten. Sie wurde 1970 gegründet, erscheint zweimonatlich in

der *Verlags GmbH & Co. KG Critcon*, hat eine Auflage von 8.000 Exemplaren und ist im Zeitschriftenhandel erhältlich. Herausgeber und verantwortlicher Redakteur ist *Caspar von Schrenck-Notzing* (Großaktionär bei *WMF*).[22]

NATION UND EUROPA: Sie gehört mit zu den ältesten kontinuierlich erscheinenden Publikationen der FaschistInnen. Sie war von Anfang an auf ein „Großdeutschland" ausgerichtet, dem in Europa die Führungsrolle zukommen soll. Sie verfolgt das Ziel der Einigung der zersplitterten Rechten. Chauvinistisch, antisemitisch und rassistisch angelegt, druckt das Blatt regelmäßig „Nachrichten von der Überfremdungsfront" und berichtet über faschistische Gruppierungen aus allen europäischen Ländern. Seit 1990 ist sie mit der Zeitschrift *Deutsche Monatshefte* vereinigt. *Nation und Europa* wurde 1951 von *Arthur Ehrhardt*, ehemaliger *SS-Sturmbannführer* und Chef der Bandenbekämpfung im Führerhauptquartier, gegründet. Sie erscheint mit einer Auflage von 10.000 Exemplaren monatlich in der *Verlags GmbH Nation Europa*. Herausgeber sind Peter Dehoust, Harald Neubauer und Adolf von Thadden. Seit 1992 ist *Karl Richter* der verantwortliche Redakteur.[23]

DER REPUBLIKANER: Die Publikation setzt auf alle gängigen Reizthemen. Vorrang hat in den letzten Jahren die „Ausländer und Asyldebatte". Weitere Vorlieben zeigen sich bei den Sparten: Medienmanipulation, Politskandale, Ökologie, „EG-Verschwendung"

und Kriminalität. Sie ist das Offizielle Organ der Bundespartei. *Der Republikaner* wurde 1983 gegründet und erscheint mit einer Auflage von 85.000 Exemplaren monatlich in der *REP-Verlags GmbH.* Herausgeber ist das Gründungsmitglied der Partei *Die Republikaner* Franz Schönhuber, der im Nationalsozialismus freiwilliges Mitglied der *Waffen-SS* war. Bis Januar 1990 war *Harald Neubauer (MdEP)* und ab Februar 1990 *Ralph Lorenz* Chefredakteur dieser Zeitschrift.[24]

JUNGE FREIHEIT

JUNGE FREIHEIT: Sie gilt als Sammelbecken der *Neuen Rechten*. Die *Junge Freiheit* bedient, wenn auch in geradezu populistischem Stil, inhaltliche Bedürfnisse eines an Intellektualität orientierten Publikums, vor allem in Reichweite der Universitäten. Sie versteht sich als konservative Zeitung in der Tradition des ,,Revolutionären Konservatismus'' und bekämpft ideologisch den Liberalismus. In ihr kommt zu Wort, was in der rechten Szene Rang und Namen hat, vom den *REPs* über *Burschenschaftler* bis hin zu militanten Nazis. Die politischen Schwerpunkte der *Jungen Freiheit* sind insbesondere der Geschichtsrevisionismus, Ethnopluralismus und Antisemitismus. Die *Junge Freiheit* ist seit 1991 im Zeitschriftenhandel erhältlich und übernahm 1992 die Abonnenten der eingestellten *Berliner Nachrichten*. Sie wurde 1986 gegründet und erscheint seit Januar 1994 wöchentlich mit einer selbst angegebenen Auflage von 100.000 Exemplaren im *Dieter Stein Verlag*. Diese Angabe ist aber stark zu bezweifeln, da die Macher der *Jungen Freiheit* auch schon in der Vergangenheit falsche Angaben über ihre Auflage gemacht haben, was sich nach dem Bekanntwerden ihrer AbonnentInnenliste herausstellte.[25]

Die Verbindungen des Dr. Gerhard Frey und das Umfeld der DVU

Bei den Recherchen für dieses Buch stießen wir auf gut einhundert konservative und faschistische Organisationen und einige hundert rechte und faschistische FunktionärInnen, mit denen Frey und die DVU im Laufe vieler Jahre in Kontakt standen oder immer noch stehen. Die vielfältigen Kontakte verdeutlichen in besonderem Maße das enge Beziehungsgeflecht innerhalb des gesamten faschistischen Spektrums. Als charakteristisch könnten in der Geschichte der deutschen FaschistInnen die Versuche gelten, Sammlungsbewegungen zu gründen. Einer der unermüdlichen ,,Sammler" ist Gerhard Frey. Diese Sammelwut zieht sich wie ein brauner Faden von den *Alldeutschen* vor 1918 über die Weimarer Republik bis zur *NSDAP*-Gründung 1920/21 und in die Gegenwart. Sie sammeln und spalten sich so lange, bis es einem Führer, seltener einer Führerin, aufgrund seiner/ihrer politischen Fähigkeit und nicht zuletzt der finanziellen Unterstützung durch interessierte Kreise der Wirtschaft und der Industrie gelingt, die verschiedenen Personen und Gruppen auf einen gemeinsamen Nenner zu bringen. Dies war eine wesentliche Voraussetzung für den Erfolg *Adolf Hitlers* und seiner *NSDAP*. *Hitler* und seinen AnhängerInnen gelang es, nach der Gründung der Partei, 52(!) verschiedene militante und nichtmilitante Gruppen, Parteien, völkische Verbände, nationalrevolutionäre und deutschnationale Organisationen und deren Mitglieder in die NSDAP zu integrieren. Dazu zählten so scheinbar unterschiedliche Organisationen wie: *Generalsekretariat zum Studium und zur Bekämpfung des Bolschewismus – Deutsche Arbeiterpartei/DAP – Thule-Gesellschaft – Deutschsozialistische Partei – Brigade Reinhardt – Freiheitlich-nationaler Gewerkschaftsring deutscher Arbeiter-, Angestellten- und Beamtenverbände – Deutscher Frauenausschuß zur Bekämpfung der Schuldlüge – Bund Oberland – Deutschsoziale Partei* und der *Deutsche Kampfbund,* hinzu kamen noch Dutzende von *Freikorps*.

Eine Vielzahl von Organisationen, Gruppen und Parteien vermittelt nach außen hin das Bild einer zersplitterten faschistischen Szene. Hinter den Kulissen sieht es häufig anders aus. Es werden Kontakte gepflegt, Absprachen getroffen und gemeinsame Treffen abgehalten. Die Fülle an Organisationen erinnert an einen Warenhauskatalog, aus dem sich jede/r das Passende aussuchen kann. Die Vielfalt ist durchaus Ausdruck einer Arbeitsteilung der verschiedenen faschistischen Gruppierungen. Natürlich gibt es auch eine starke Konkurrenz untereinander, aber keine, die nicht überwunden werden könnte, denn sie ist hauptsächlich auf persönliche Eitelkeiten der jeweiligen FührerIn zurückzuführen. Wir werden nun im folgenden das vielfältige Beziehungsgeflecht der DVU und Freys an einigen Beispielen aufzeigen. Dieses Beziehungsgeflecht ist beispielhaft für die bundesrepublikanische Szene.

Der Freiheitliche Rat

Im Januar 1972 unternahm Frey einen groß angelegten Sammlungsversuch. Er gründete zusammen mit *Erwin Arlt, Alfred E. Manke, Dr. Siegfried Pöhlmann* und *Prof. Berthold Rubin* den *Freiheitlichen Rat (FR)*. Dem *FR* waren die *Deutsche Volksunion*, die *Aktion Neue Rechte,* die *Aktion Oder/Neiße*, der *Deutsche Block (DB)*, die *Aktionsgemeinschaft 17. Juni*, die *Gemeinschaft Ost- und Sudetendeutscher Grundeigentümer und Geschädigter (GOG)*, der *Jugendbund Adler (JA)*, der *Stahlhelm – Kampfbund für Europa*, die *Wiking-Jugend (WJ)* und der *Arbeitskreis Volkstreuer Verbände (AVV)* angegliedert.[1]

Eine der ersten Aktivitäten des *Freiheitlichen Rates* war eine Demonstration am 30. April 1972 gegen die Ost- und Deutschlandpolitik der Bundesregierung mit 5.000 TeilnehmerInnen. Im selben Jahr verließ *Manke* mit seinem *AVV* schon wieder den *FR;* ein Jahr später folgte die *Aktion Neue Rechte*.

1978 forderte der *FR*, der als Funktionärsgremium geschaffen worden war, um die Aktivitäten der ihm angeschlossenen Gruppen zu koordinieren, eine ,,Generalamnestie für alle bis 1945 geschehenen, direkt oder indirekt politisch bedingten Delikte jeder Art zu erlassen".[2] Die ,,Freiheitlichen" hatten Sorge um ihre ,,Helden", da es noch immer theoretisch möglich war, Kriegsverbrecher vor Gericht zu stellen. So schrieben sie: „Der Freiheitliche Rat fordert die Parteien des Bundestages auf, ausländischem Druck zu widerstehen und weitere Manipulationen der Verjährungsfristen für angebliche oder tatsächliche deutsche Kriegsverbrechen aus dem Zweiten Weltkrieg nicht vorzunehmen ..." Die Sorge des *Freiheitlichen Rates* war eigentlich unbegründet. Da es kaum noch Verfahren gegen Kriegsverbrecher gab, bzw. die wenigen Verfahren so lange verschleppt wurden, bis die Angeklagten, ausgestattet mit wohlwollenden Attesten, entweder nicht verhandlungsfähig oder, wenn es denn zu einer Verurteilung kam, haftunfähig waren. Mit der „Entschließung des Freiheitlichen Rates", der von Gerhard Frey politisch und publizistisch abhängig war, ging es ihnen nicht nur um die Verhinderung von Haftstrafen für Kriegsverbrecher, sondern auch um die grundsätzliche Leugnung der Schuld am Zweiten Weltkrieg und der begangenen Verbrechen. In der Entschließung hieß es weiter:

„Aus den NS-Prozessen gewinnen antideutsche Massenmedien ständig Propaganda gegen das deutsche Volk, woraus denn immer neue Tribute resultieren ... Polizei, Staatsanwaltschaften und Gerichte sollten sich besser der steigenden Kriminalität unserer Zeit zuwenden, statt unter Aufwand ungeheurer Steuergelder einer extrem einseitigen Vergangenheitsbewältigung allein zu Lasten der Besiegten zu frönen ... Es geht uns auch darum, Schuldvorwürfe aus der NS-Zeit von kommenden Generationen fernzuhalten."

Die Entschließung wurde von 500 mehr oder weniger bekannten Persönlichkeiten des rechten und faschistischen Lagers unterzeichnet. Darunter waren zahlreiche Hochschullehrer wie *Prof. Dr. phil. Fritz-Joachim von Rintelen, Prof. Dr. Hans Kinzlmeier; Prof. Dr. jur. Fritz Münch,* Hochschullehrer für Völker- und Staatsrecht, Mitglied des bremischen Verfassungsgerichtshofs, Vizepräsident der rechtsgerichteten *Deutschen Akademie für Bildung und Kultur,* zusammen mit *Dr. Herbert Böhme* und dem NSDAP- und späteren *CDU*-Mitglied *Bolko Freiherr von Richthofen* Gründer der *Deutschen Bürgergemeinschaft,* Vorstandsmitglied der *Deutschland-Stiftung* und Autor im *Deutschland-Magazin* sowie der Nationalzeitung;[3] *Prof. Dr. Hermann Oberth,* nationalsozialistischer Raketenforscher, Träger des „Freiheitspreises der National-Zeitung", Ehrengast beim bayrischen Ministerpräsidenten *Goppel* und Referent bei diversen rechtslastigen Veranstaltungen;[4] *Prof.theol. Dr. theol. Werner Petersmann*, Leiter des theologischen Amtes der Reichsleitung der *Deutschen Christen, Mitarbeiter des Nationalsozialistischen Arbeitskreises für Ostfragen,* nach 1945 Mitglied der NPD und Mitarbeiter der Nationalzeitung, sowie Mitbegründer der *Aktion Widerstand*.[5]

In der Nationalzeitung wurden über mehrere Monate, groß aufgemacht, die Namen von „prominenten" UnterstützerInnen der „Entschließung des Freiheitlichen Rates" veröffentlicht. Zu den ErstunterzeichnerInnen des Aufrufes gehörten der Fürther Studiendirektor und *CSU*-Stadtrat *Hans-Jürgen Witzsch,* der Rechtsanwalt *Walter Eckhard*, der jahrzehntelang die *CSU* im Landtag und Bundestag vertreten hatte und der Unternehmer und Flugzeugkonstrukteur *Gerhard Fieseler*. Die *CSU*-Männer befanden sich in guter Gesellschaft, in der Gesellschaft des ehemaligen *Goebbels*-Referenten *Wilfried von Oven,* des Nazi-Oberst *Rudel* und des damaligen *Wiking-Jugend*-Führers *Wolfgang Nahrath*.[6]

Die Gründer des *FR* waren allesamt einschlägig bekannte Persönlichkeiten des extrem rechten Spektrums. Besonders schillernd war *Prof. Dr. Berthold Rubin*. Der Byzantinistik-Professor war seit 1963 Mitarbeiter der DNZ und Mitglied der *Hilfsgemeinschaft Freiheit für Rudolf Heß*. Nach Angaben der *NPD*-Zeitung *Deutsche Nachrichten* (13.3.70) hielt *Rubin* 1964 die „Taufrede" für die *NPD* und gehörte Freys *AKON* an.

1971 täuschte *Rubin* gemeinsam mit dem Rechtsanwalt *Jürgen Rieger*, mittlerweile einer der führenden bundesdeutschen Faschisten, und *Manfred Plöckinger, CDU-,* danach *NPD*-Mitglied, vier Tage vor der Landtagswahl in Schleswig-Holstein eine Entführung vor, um „den Volkszorn auf die Linken zu lenken" und die Wahl zugunsten der *CDU* zu beeinflussen. Wegen Vortäuschung einer Straftat wurde er zu sechs Monaten Haft verurteilt.[7] *Rubin* gehörte zu den Initiatoren der *CSU-Freundeskreise,* denen auch zeitweilig *Rieger* angehörte, die sich zur Aufgabe gemacht hatten, stramm rechtskonservative Politik auch außerhalb Bayerns zu etablieren. Daß die

CSU-Freundeskreise überwiegend von FaschistInnen durchsetzt waren, störte *Strauß* wenig. Im Gegenteil, er wollte mit ihrer Hilfe das faschistische WählerInnenpotential an sich binden. Umgekehrt verfolgte *Rubin* dieselbe Taktik wie Frey. Wenn sich keine erfolgreichen Wahlaussichten für offen faschistische Parteien ergaben, orientierte er auf die *CDU/CSU* und versuchte, auf die Christsozialen Einfluß zu nehmen. Der „Mitentführer" *Plöckinger* meinte: „Wir sind der Meinung, daß Franz Josef Strauß durchaus mit seinem Ausdruck, Deutschland ist ein Saustall geworden, daß dieser Ausdruck richtig ist".[8] 1975 sprach *Rubin* auf einer Tagung der *Bauernschaft* des Nazis und ehemaligen *SS*-Wachmanns von Auschwitz, *Thies Christophersen.* Er war in diversen rechten und faschistischen Organisationen Mitglied, so z.B. in der *Gesellschaft für freie Publizistik.*

Erwin Arlt, ein weiterer Mitbegründer des *Freiheitlichen Rates,* hatte schon 1962 mit Gerhard Frey versucht, die RevanchistInnen zu sammeln. Er gründete mit ihm die *Aktion Oder/Neiße (AKON)* als Kampfbund gegen die Anerkennung der Oder-Neiße-Linie als Westgrenze Polens.[9] *Arlt* wurde Vorsitzender und brachte seine *AKON* in den *FR* mit ein. An der DVU-Gründung 1971 war *Arlt* ebenfalls beteiligt.

Alfred E. Manke, ein rechter „Sammler" wie Frey, brachte den *Arbeitskreis Volkstreuer Verbände (AVV)*, den er wie den *FR* mitbegründet hatte, in den neuen Sammlungsversuch mit ein. *Manke* war 1972 Bundestagskandidat der *NPD,* ohne deren Mitglied zu sein. 1973 wurde er Vizepräsident des *Deutschen Kulturwerks Europäischen Geistes (DKEG)*, ein wichtiges faschistisches Netzwerk, das von alten NationalsozialistInnen gegründet worden war. Nach Querelen innnerhalb der *DKEG* gründete *Manke* 1979 eine Konkurrenzgruppe, die *Deutsche Kulturgemeinschaft (DKG).*[10] Beim *Deutschen Block (DB)*, der am *Freiheitlichen Rat* beteiligt war, war *Manke* in den fünfziger Jahren ebenfalls Mitglied.

Siegfried Pöhlmann war der fünfte Mitbegründer des *Freiheitlichen Rates.* Seine faschistische Karriere begann er in den 60er Jahren als *NPD*-Abgeordneter und Fraktionsvorsitzender im bayrischen Landtag (1966-1970). 1967 wurde *Pöhlmann* stellvertretender

NPD-Bundesvorsitzender. Schon bald war ihm die *NPD*-Politik zu „bürgerlich" und zu wenig aggressiv. *Pöhlmann* verließ 1972 die *NPD,* beteiligt sich am *FR* und gründet die *Aktion Neue Rechte (ANR).* Im Mitgliedsausweis der *ANR* hieß es: „... Kampf dem Kommunismus ... Kampf dem materialistischen Kapitalismus ... für eine neue Ordnung ... Gemeinschaftsinteresse geht vor Profitinteresse, Arbeit geht vor Kapital".[11] Mitglieder der *Aktion Neue Rechte* beteiligten sich auch an Anschlägen. Bei österreichischen *ANR*-Kadern wurde 1978 eine Liste gefunden auf der stand, wen sie bei Verhaftungen verständigen sollten. Neben dem *FPÖ*-Abgeordneten *Dr. Otto Scrinzi,* dem *Mut*-Schriftleiter *Bernhard C. Wintzek,* dem Nazi-Terroristen und Rechtsanwalt *Manfred Roeder*, dem Frey-Vertrauten und ehemaligen *SS*-Mann *Erich Kernmayr,* befand sich auch Gerhard Frey auf der Liste.[12]

Ende der 70er Jahre verlor der *Freiheitliche Rat* zunehmend an Bedeutung. Über die Möglichkeit von Doppelmitgliedschaften hatte Frey mittlerweile viele Mitglieder der dem *FR* angeschlossenen Organisationen an seine DVU binden können. Frey wandte sich nun der Gründung seiner Aktionsgemeinschaften zu, auf die er einen noch direkteren Einfluß hatte. Im folgenden wollen wir die Mitgliedsorganisationen des *Freiheitlichen Rates* im einzelnen vorstellen, um über den Charakter Freys langjährige Bündnispartner zu informieren.

Stahlhelm – Kampfbund für Europa

Die Zusammenarbeit zwischen der DVU und dem *Stahlhelm* beschränkte sich nicht auf den *Freiheitlichen Rat.* Es gab Doppelmitgliedschaften wie die des *Dr. med. Ernst Sellnau. Sellnau,* der im Zweiten Weltkrieg Frontarzt in Frankreich war, kandidierte 1954 für die als Auffangbecken der verbotenen *Sozialistischen Reichspartei* gegründete *Deutsche Reichspartei (DRP).* Er war in den 70er Jahren gleichzeitig Ortsvorsitzender der DVU-Lübeck und Funktionär des *Stahlhelm.* Zu den zukünftigen Aufgaben des *Stahlhelm* verkündigte *Sellnau* im Herbst 1975, daß der *Stahlhelm* zu einer *Schutz-*

staffel (SS) und einer *Sturmabteilung (SA)* werden solle und wörtlich: „Die NPD hat auch ihren Ordnerdienst, wir brauchen auch jemanden, der uns die Roten aus dem Saal schmeißt", gemeint war vor allem der Schutz von DVU-Versammlungen.[1] Wie es im Lübecker DVU-Verband, der damals ca. 50 Mitglieder hatte, aussah, mag folgender Bericht verdeutlichen:

„Sellnau erschien auf einem Treffen der DVU im SA-Hemd mit Orden und Abzeichen. Zu Beginn des Treffens wurde ein Tonband abgespielt mit faschistischen Liedern: Noch ist Deutschland nicht verloren, Die Fahne hoch, die Reihen fest geschlossen, SA maschiert ... Ein Zuspätkommender wurde mit den Worten begrüßt: Die SA ist gerade abmaschiert."[2]

Der *Stahlhelm – Kampfbund für Europa* ist ein soldatischer Traditionsverband, den es schon in der Weimarer Republik gab. Hauptthemen des Soldatenbundes sind vor allem Forderungen nach den verlorenen Ostgebieten, Ressentiments gegen Polen und die Leugnung der Kriegsschuld. Obwohl der *Stahlhelm* überwiegend aus älteren und nicht mehr sehr aktiven Menschen besteht, hat er immer noch einen leichten Mitgliederzuwachs. Aus dem Organ des Soldatenverbandes, *Der Frontsoldat*, geht hervor, daß in Brandenburg ein Landesverband gegründet wurde, die Organisation also auch in den neuen Bundesländern Fuß fassen konnte. Zu welchen Verdrehungen und plumpen Lügen die ehemaligen „Frontsoldaten" fähig sind, verdeutlicht ein Artikel in ihrem Blatt *Der Frontsoldat* (Nr.7/8 1989):

„Zum fünfzigsten Male jährt sich der Tag, an dem wir Deutschen im Reich uns genötigt sahen, unseren in große Not geratenen Landsleuten in Polen, Westpreußen und Ost-Oberschlesien zu Hilfe zu eilen. ... Außerdem muß festgestellt werden, daß die Deutschen stets um ein gutes Verhältnis zu den Polen bemüht waren, während andererseits die Polen in zunehmendem Maße Haß gegen alles Deutsche schürten, einen Haß, der bald zu unvorstellbaren Verbrechen führte. ... Gedenken wir also in diesem Jahr ganz besonders den Deutschen, die polnischem Terror zum Opfer fielen, sowie der deutschen Soldaten, die von polnischen Banden aus dem Hinterhalt erschossen wurden oder im Kampf für Deutschland und Europa gefallen sind".[3]

Die unvorstellbaren Verbrechen der Deutschen an der polnischen Bevölkerung haben einigen Millionen Menschen das Leben gekostet; fast die gesamte jüdische Bevölkerung wurde in Auschwitz vernichtet. Die *Stahlhelmer* demonstrierten 1992 gegen eine geplante Mülldeponie in Biebelsheim. Auf dem Gelände war früher ein Kriegsgefangenenlager der Amerikaner für deutsche Soldaten. Am 15. März zogen die *Stahlhelm*-Mannen mit der *Wiking Jugend* und den *Republikanern* „ins Feld" gegen die geplante Deponie. Auch zum zweiten Protestmarsch am 18. April mobilisierte der *Stahlhelm* seine Mitglieder. Die Redner hätten einer Who is who – Liste der aktiven bundesdeutschen Nazi-Szene entspringen können. Es sprachen *Otto Riehs (Deutsches Hessen), Heinz Reisz (Deutsches Hessen), Christian Worch (Nationale Liste), Friedhelm Busse (FAP), Michael Petri (Deutsche Alternative)* und natürlich ein Vertreter des *Stahlhelmbundes*.[4]

Deutscher Block und Jugendbund Adler

Der *Deutsche Block (DB)* wurde schon 1947 von den beiden Nationalsozialisten *Richard Etzel* und *Karl Meißner* in München gegründet. *Etzel* trat 1929 der *NSDAP* bei und brachte es 1934 zum *Hitlerjugend*-Oberbannführer. *Meißner* wurde 1937 Truppführer beim Reichsarbeitsdienst. Der völkisch-rassistische *DB* hatte in den ersten sechs Jahren seines Bestehens die größte Bedeutung. In mehreren bayrischen Bezirken konnte er einen Großteil der Vertriebenen unter sich sammeln und war eine durchaus bedeutende Partei.[1] Der *Deutsche Block* verlor zwar zunehmend an Bedeutung, war aber über Jahrzehnte kontinuierlicher Bestandteil des bundesrepublikanischen faschistischen Netzwerks, genauso kontinuierlich wie ihr Mitbegründer *Etzel,* der 1961 „Reichsvorsitzender" des *Deutschen Blocks* wurde. 1970 gab er seine Erfahrungen als *HJ*-Führer der bundesdeutschen Nachfolgeorganisation, der *Wiking Jugend (WJ),* weiter. *Etzel* wurde ihr erster Sprecher. 1974 sprach *Etzel* bei der *AKON* zum Thema „Zusammenarbeit im Freiheitlichen Rat" und 1976 referierte er bei der DVU.[2]

Etzel war es auch, der im Juni 1950 den *Jugendbund Adler (JA)* gründete. Der Jugendbund, der auf strikte Geschlechtertrennung in seiner Jugendarbeit achtete, stand dem *DB* nahe. In der Grundsatzerklärung des *JA* hieß es u.a.: ,,Wir werden auf Hohn und Feindschaft jeder Art stoßen. All diese Dinge aber dürfen unser Werk nicht hindern. An uns und der Jugend hinter uns liegt es, ob das Gebäude unseres Deutschlands ... wieder emporwächst in Schönheit, Sauberkeit und Freiheit. Durch unsere Arbeit muß sich das Bewußtsein, daß ein Versagen der jungen Generation unseres Volkes nicht nur dessen Untergang an sich bedeutet, sondern daß damit eines der wertvollsten Glieder der Völkergemeinschaft abstirbt, in jedes Herz brennen. Dort, wo in einem gesunden Körper ein reger Geist lebt, hat auch eine Seele Platz, die zu großen Regungen fähig ist und jene Haltung in Sauberkeit und Ehre ermöglicht, die wir in der jüngsten Vergangenheit und Gegenwart sehr schmerzlich vermißten und vermissen".[3]

Die beklagte fehlende ,,Sauberkeit und Ehre" und die fehlenden ,,großen Regungen" im Nachkriegsdeutschland sah der Jugendbund in seinen Vorbildern der *Hitlerjugend* und dem *Bund Deutscher Mädel* repräsentiert.

Wiking Jugend

Bei der 1952 gegründeten *Wiking Jugend (WJ)* handelt es sich mit 600 – 800 Mitglieder um die größte faschistische Jugendorganisation in der Bundesrepublik. Auch in den neuen Bundesländern verfügt die *WJ* über ein großes Potential. Schon 1991 waren die ,,mitteldeutschen Gaue", eingeteilt in ,,Preussen, Sachsen und Thüringen", durchorganisiert.

Die *WJ* arbeitete nicht nur mit der DVU im *Freiheitlichen Rat* zusammen, sondern ,,schützte" auch DVU-Versammlungen. Der *WJ*-,,Gauführer" in Schleswig-Holstein, *Uwe Rohwer*, beteiligte sich mit seinen ,,Wikingern" 1977 an einen Überfall auf AntifaschistInnen im Zusammenhang mit einer geplanten DVU-Veranstaltung. In einer Schrift empfahl die *WJ*-Führung ihren Mitgliedern den

Kauf der Nationalzeitung. Seit 1984 arbeitet die *WJ* verstärkt mit der *FAP* und anderen militanten NationalsozialistInnen zusammen.

Nach dem Vorbild der *Hitlerjugend* ist die Organisationsstruktur extrem hierarchisch. Bei der *WJ* herrscht Nikotin- und Alkoholverbot. 90% der Mitglieder sind unter 18 Jahren. Die Organisationseinheiten nennen sich „Horste", „Gaue" und „Bund", auf allen Ebenen gibt es Führer und Führerinnen. Die Mitglieder heißen „Pimpfe" und „Jungmädel" und bilden „Jungen-" und „Mädchenschaften". Die *Wiking Jugend* kann als rechte Pfadfinderorganisation wohl am besten beschrieben werden. Zeltlager, Wanderungen, Skilager, Fahrten zu Kriegsgräbern, Erntedank- und Sonnenwendfeiern, Volkstanz und, als einziges Zugeständnis an die heutigen Zeiten, Drachenfliegen, Windsurfen und Motorradfahren stehen auf dem Programm. Prägendes Element der Lagererziehung, sie geht mit sieben Jahren los, ist die politische Indoktrination und für die Jungen eine paramilitärische Ausbildung. Die Mädchen und jungen Frauen werden extrem patriarchal erzogen und auf ihre spätere Rolle als „Gebärerin volksgesunder und rassisch reiner Kinder" vorbereitet. Eheschließungen innerhalb der *WJ*-Mitgliederschaft sind häufig. Bei den Fahrten und Lagern tragen die *WJ*-Mitglieder Uniformen die mit denen der *HJ* und des *BDM* vergleichbar sind.

Charakteristisches Merkmal der *Wiking Jugend* ist die „Nordland-Ideologie" und ein völkischer Rassismus. In einem „Extra-Wikinger", der Organisationszeitung mit dem Titel „Deutschland muß leben!!!", ist zu lesen: „Millionen von Orientalen, Asiaten und Negern überschwemmen unser Land ... Unsere Wälder, Seen und die Luft werden dank der hemmungslosen Umweltverschmutzung ohne wirkungsvolle Gegenmaßnahmen verrecken wie unser Volk ... Abartige Plastiken und dämliches Geschmiere stellen unsere Kunst dar. Der deutsche Film ist ein trauriger Scherz. Musik gibt es zu 90% aus dem Urwald".

Als Alternative präsentiert die *WJ* ihr „Nordland": „Damit das Wesenhafte nordischen Menschentums nicht untergeht und damit das, was das germanische Europa seit Jahrtausenden geprägt hat, ist seine Bewahrung und Steigerung eine Notwendigkeit der Selbsterhaltung ... Wir sagen ja zu einem vereinten Europa unter der unabdingbaren Voraussetzung der Erhaltung der Eigenart unserer germanischen Völker. Ihre Besten hatten im Krieg der Churchill-Stalin-Roosevelt zum Schutze unseres gemeinsamen Erbes als Freiwillige der Waffen-SS gekämpft und ihr Leben gegeben ... Wenn wir heute, im Zeitalter politischen Großraumdenkens von NORDLAND sprechen, so schließen wir damit den Ring der nordenstammten Völker, der vor Jahrhunderten gesprengt wurde. NORDLAND: das ist dennoch nicht ein Weg zurück, sondern ein Weg nach vorn, aufbauend, schöpfend aus dem Urquell unserer Menschenart".

Das noch aufzubauende „Nordland" der *WJ* entspricht dem nationalsozialistischen Lebensraumkonzept für die „nordische-Rasse". In ihrem Fahrtenplan 1991 schreibt die *WJ:* „So weit unser Reich langt, so weit reicht das Recht unseres Volkes auf Einheit. Es reicht weit über Oder und Neiße. Das Deutsche Reich bleibt immer unsere Verpflichtung – Nordland heißt unsere Aufgabe. Im Reich liegt das Heil unseres Volkes, im Heil der nordischen Völker liegt die Zukunft unserer Art".

Das von der *WJ* gepriesene völkische Lebensraumkonzept bildete die ideologische Grundlage für den Vernichtungsfeldzug der deutschen Wehrmacht gegen die Menschen Osteuropas.[1]

Aktionsgemeinschaft 17. Juni

Die 1953 gegründete *Aktionsgemeinschaft* setzte sich aus Personen des faschistischen Spektrums zusammen. Einer ihrer Führer war der wegen Diebstahls mehrfach vorbestrafte „Entführer" und Frey-Sympathisant *Manfred Plöckinger*.[1] Ein anderer war der Nationalzeitungs-Schreiber und „Entführte" *Rubin*. Beide gliederten die Organisation dem *Freiheitlichen Rat* an. In einem offenen Schreiben vom 26. April 1975, von *Plöckinger* unterzeichnet, an „die Sowjetunion, die Vereinigten Staaten von Nordamerika, das Vereinigte Königreich England, die Republik Frankreich, die Volksrepublik Polen und die Volksrepublik Tschechoslowakei" wurde die Gründung der Bundesrepublik Deutschland als „Abschaffung der deutschen Souveränität" bezeichnet und der Verlust der seinerzeit zum NS-Staat gehörenden Gebiete, wie z.B. Österreich, als „Annexion" gebrandmarkt. Aus diesen Gründen forderte die *Aktionsgemeinschaft 17. Juni* „die Freigabe aller annektierten deutschen Gebiete", zu denen sie Teile Frankreichs, Polens, der ehemaligen Tschecheslowakei und Österreichs zählte. 1988 beschäftigte sich *Der Spiegel* mit dieser ominösen Aktionsgemeinschaft, mit der auch der damalige *CDU*-Fraktionsvorsitzende im Berliner Abgeordnetenhaus und Rechtsaußen *Heinrich Lummer* in Verbindung stand.[2]

Gemeinschaft Ost- und Sudetendeutscher Grundeigentümer und Geschädigter

Die *Gemeinschaft Ost- und Sudetendeutscher Grundeigentümer und Geschädigter (GOG)* wurde 1970 von ehemaligen GroßgrundbesitzerInnen, Adligen, alten und neuen Nazis und RevanchistInnen als Verein geründet. Die *GOG* gibt den *Anzeiger der Notverwaltung des deutschen Ostens* heraus. In regelmäßigen „GOG-Zirkelbriefen" geht es immer wieder um die „Kriegsschuldlüge" und um die „Greuelpropaganda der Siegermächte". Der Verein hat das Ziel, „das Deutsche Reich in den Grenzen vom 1. September 1939 wiederzuerrichten" und die Wiederinbesitznahme der alten Großgrundbesitze und Rittergüter im Osten Europas durchzusetzen. Die AktivistInnen der *GOG* gehörten der *Aktion Widerstand* an und traten nicht selten der DVU bei.[1]

Einer der wichtigsten *GOG*-Repräsentanten war der 1983 verstorbene *Bolko Freiherr von Richthofen. Richthofen,* der nach seinem Tode posthum den „Freiheitspreis der Deutschen National-Zeitung" von Frey verliehen bekam, war *CSU*- und *AKON*-Mitglied und als solcher Schreiber bei diversen *CSU*-nahen Blättern und Zeitschriften der Landsmannschaften. Das Mitglied des *Freiheitlichen Rates* war gleichzeitig Mitglied der *CDU*-nahen *Deutschland-Stiftung* und des faschistischen *Deutschen Kulturwerks Europäischen Geistes (DKEG). Richthofen* wurde nicht nur von Frey mit dem „Freiheitspreis" und von den Vertriebenen mit dem Ehrentitel „Schlesischer Außenminister" geehrt, sondern auch von der Union, die ihn 1964 zum Träger des Bundesverdienstkreuzes 1. Klasse machte.

Der Freiherr war nicht nur nach 1945 als Revanchist und Kriegs-schuldleugner aktiv. Seine Aktivitäten für ein autoritäres Großdeut-schland führte ihn schon 1918 zu den *Freikorps,* mit denen er sich an der blutigen Niederschlagung der ArbeiterInnenaufstände betei-ligte. Wie die meisten Mitglieder der *Freikorps* landete er 1933 bei der *NSDAP. Bolko Freiherr von Richthofen* wurde NS-Sonderfüh-rer, Gruppenleiter und Mitarbeiter der *Prüfstelle für NS-Schrifttum,* des *Instituts zum Studium der Judenfrage und des Ahnenerbes.* In dem von ihm herausgegebenen Sammelband ,,Bolschewistische Wissenschaft und Kulturpolitik" heißt es: ,,Was wagen die bolsche-wistischen Hetzer den Tatsachen entgegenzustellen? Daß wir in Deutschland das Schund- und Schmutzschrifttum von Juden und Ju-dengenossen aus den Büchereien entfernt und die volksfremde jüdi-sche Machtstellung an den deutschen Universitäten beseitigt haben, wird dem Nationalsozialismus als Verbrechen gegen Kultur und Wissenschaft angekreidet."[2]

Die Verbrechen der Bücherverbrennung und der Propagierung von ,,Herrenmenschen" und ,,Untermenschen" folgte die industrielle Massenvernichtung von Juden/Jüdinnen, Roma und Sinti.

Arbeitskreis Volkstreuer Verbände

Der *AVV* wurde 1965 durch *Professor Dr. Herbert Böhme* und des-sen *Deutsches Kulturwerk Europäischen Geistes (DKEG)* gegrün-det. *Böhme* war ein frühes *NSDAP-* und *SA*-Mitglied und saß ab 1933 in der obersten *SA*-Führung. Er galt im Dritten Reich als füh-render NS-Dichter. Neben der Gründung des *DKEG* und des *AVV* war *Böhme* auch Inhaber des nazistischen *Türmer-Verlages.* 1970 war er Mitbegründer der *Aktion Widerstand,* an der sich der *Arbeits-kreis Volkstreuer Verbände* beteiligte. Der *AVV* verstand sich als Dachverband für 18 revanchistische und faschistische Gruppen. Der *AVV* glaubte im Nationalismus das ,,lebensrichtige Ordnungsprinzip der Völker zu erkennen". Am *Volkstreuen Arbeitskreis* beteiligten sich u.a. der *Bund Heimattreuer Jugend,* der *Stahlhelm,* die *Freunde des guten Films,* die *Deutsche Gemeinschaft,* und die *AKON.*[1]

Frey und der Auschwitz-Leugner David Irving

Einer der bekanntesten Revisionisten und Leugner des Holocaust, der britische Amateurhistoriker *David Irving,* ist seit vielen Jahren ständiger Gast und Redner auf DVU-Veranstaltungen. Schon 1982 absolvierte *Irving* fünf Vortragsreihen für die DVU in zahlreichen deutschen Städten. Die letzte Reihe des Jahres 1982 stand unter dem Thema: ,,Der ungesühnte Holocaust – die Vertreibung der Deutschen" und war als Reaktion auf die Fernsehserie ,,Holocaust" gedacht. Frey verlieh *Irving* 1982 den ,,Europäischen Freiheitspreis der Nationalzeitung" und 1985 den ,,Hans-Ulrich-Rudel-Preis" der DVU.[1] Frey, der sich als Entdecker *Irvings* betrachtet, ließ ihn 1983, 1985 und 1986 bei zahlreichen DVU-Veranstaltungen auftreten, zum Beispiel mit dem Thema: ,,Sollen die Deutschen ewig büßen?" 1990 bis 1992 hielt der Revisionist die Hauptreferate auf der DVU-Großkundgebung in Passau.[2]

David Irving und Frey in Passau

David Irving, der auch in seriösen Verlagen wie *Bertelsmann* und *Heyne* veröffentlichte, ist mittlerweile der „Star-Redner" des gesamten faschistischen Lagers geworden. Er tritt auf Veranstaltungen der *Gesinnungsgemeinschaft der Neuen Front* des verstorbenen *Michael Kühnen* auf und läßt sich auch in der Öffentlichkeit mit bekennenden NationalsozialistInnen sehen. Während *Irving* früher immer die Position vertrat, daß *Hitler* nichts von der Völkermordpolitik gegen die Juden/Jüdinnen wußte, leugnet er mittlerweile ganz offen den Massenmord an Juden/Jüdinnen. Die bisher bedeutendste Veranstaltung der Auschwitz-Leugner fand am 21. April 1990 im Münchener Löwenbräukeller unter dem zynischen Motto „Wahrheit macht frei" statt und wurde von *Bela Ewald Althans* organisiert. Das Motto war an das nationalsozialistischen „Arbeit macht frei", das über der Eingangspforte von Auschwitz angebracht war, angelehnt. Hauptredner war *David Irving*, der vor 800 FaschistInnen, die eine breite Palette von Nazi-Organisationen repräsentierten, sprach. *Christian Worch* von der *Nationalen Liste* aus Hamburg stellte den Saalschutz. Unter den Anwesenden befand sich neben *Michael Kühnen* auch der von Frey mit einem Preis ausgezeichnete Nazi-Terrorist *Manfred Roeder*, der kurz zuvor vorzeitig aus der Haft entlassen worden war. Als ZuhörerInnen waren auch Mitglieder von *NPD* und DVU der Einladung nach München gefolgt. Der Schriftsteller *Gerd-Klaus Kaltenbrunner,* der bisher immer eine Identifikation mit dem Nationalsozialismus vermieden hatte, war ebenfalls anwesend. *Kaltenbrunner,* der sich auch mit *Helmut Kohl* schreibt, ist ständiger Autor der Zeitschrift *Mut*, die wiederum „gerne" von *Kohl* gelesen wird, und wirkt im konservativen Lager. 1986 erhielt *Kaltenbrunner* von der *CDU*-nahen *Deutschland-Stiftung* den „Konrad-Adenauer-Preis".[3]

Die nationalsozialistischen Verbrechen zu relativieren, ist Bestandteil von Freys Lebenswerk. Dort, wo möglicherweise strafrechtliche Konsequenzen zu erwarten sind, läßt er andere für sich sprechen, eben *David Irving*. Als *Irving* von bayrischen Behörden Redeverbot für die DVU-Kundgebung in Passau erhielt, unterbreitete die DVU-Zeitung *Deutscher Anzeiger* ihren LeserInnen ein plumpes Angebot: „Bestellen Sie aus Protest gegen den Irving-

Maulkorb sogleich folgende Titel." Diese Art der Verquickung von geschäftlichen und politischen Interessen hat Frey selbst in faschistischen Kreisen zu einer umstrittenen Person werden lassen.[4]

Frey und die Republikaner

Aufgrund der Konkurrenzsituation um die Vorherrschaft im faschistischen Lager kam es immer wieder zu verbalen Streitigkeiten und Abgrenzungen zwischen Frey und dem *REP*-Vorsitzenden und ehemaligen *SS*-Mann *Schönhuber*. Gerade der *REP*-Vorsitzende, der aus wahltaktischen Gründen seine Partei vom Stallgeruch des Nationalsozialismus befreien wollte, setzte auf Abgrenzung. So schlug er auch ein Angebot der abtrünnigen schleswig-holsteinischen DVU-Abgeordneten aus, zu den *REP* zu wechseln. Frey setzte nach dem Ausbleiben weiterer Wahlerfolge für die DVU auf Kooperation mit den *Republikanern* und ließ in der DNZ seine LeserInnenschaft zu einer möglichen Zusammenarbeit befragen. Die Nationalzeitung titelte am 29. April 1994: ,,Denkanstöße für Schönhuber?" und fragte: ,,Was eigentlich hat Schönhubers ständige Abgrenzerei gegenüber Rechten vom Schlage der Deutschen Volksunion gebracht? Diese Frage bewegt nicht nur immer mehr Mitglieder und Anhänger der Republikaner, sondern weite Teile des nationalbewußten Lagers." Durch die Blume wurde *Schönhuber* die Zusammenarbeit angeboten. Die DNZ schrieb weiter: ,,Mit seinem Kurs des Alleingangs ist Schönhuber nun schon 17mal bei Landtagswahlen seit 1990 an der 5-Prozent-Klausel gescheitert. Und in der veröffentlichten Meinung hat man ihn nun in jener ,rechtsextremen' Ecke, die er lange Zeit als durch Abgrenzerei vermeidbar bezeichnete. Neuerdings wird sogar mächtiges Verbotsgeschrei gegen die Republikaner erhoben ... Nun können Nackenschläge Denkanstöße sein. Ob dies auch beim Rep-Chef zutrifft?"

Auf der Ebene der Basis ist die Zusammenarbeit unkomplizierter, es kommt immer wieder zu gemeinsamen Absprachen. Die Rivalität zwischen Frey und *Schönhuber* ist auch erst neueren Datums. Als *Schönhubers SS*-Memoiren unter dem Titel ,,Ich war dabei" 1981 erschienen, ließ er sich in den Frey-Gazetten zunächst feiern und dann als „Opfer der Umerziehung" gewinnträchtig vermarkten. Allein der Versanddienst des *DSZ-Verlages* verkaufte rund 6.000 *Schönhuber*-Bücher. Daß *Schönhuber* Freys wichtigsten Mann, *Harald Neubauer,* für die *REP* abwarb, hat Frey sicherlich mißfallen. *Neubauer* gründete später (3. Oktober 1991) mit Abtrünnigen von den *REP,* der DVU und der *NPD,* darunter ihr Ex-Vorsitzender *Martin Mußgnug,* die *Deutsche Liga – Für Volk und Heimat (DL).*[1]

In seiner Zeit als Redakteur der Nationalzeitung war *Neubauer* Freys Mann fürs Grobe. Auf einer DVU-Kundgebung im November 1977 in Regensburg tönte er:

„Jeder Kommunist ist ein geistiger Verbrecher und ein potentieller Mörder. Jeder Kommunist darf nur soviel Spielraum haben wie ein Gehängter zwischen Hals und Strick ... Solange noch ein Quadratmeter deutschen Bodens unter fremder Herrschaft ist, so lange wird es im Herzen unseres Kontinents keinen Frieden geben."[2]

Einige Wochen nach Abgabe unseres Manuskriptes trafen sich die REP- und DVU-Vorsitzenden Schönhuber und Frey zu einem „Meinungsaustausch". Am 22. August 1994 vereinbarten die beiden Vorsitzenden eine engere Zusammenarbeit.

Trotz innerparteilicher Kritik die Schönhuber für sein Treffen mit Frey geerntet hat, gehen wir davon aus, daß sich die Annäherung der beiden Parteien auf Dauer stabilisieren kann. Die Basis beider Parteien will eine Zusammenarbeit. Nicht umsonst, im Gegensatz zu ihren sonstigen Gepflogenheiten, wollen beide Parteiführer eine endgültige Entscheidung über die weitere Zusammenarbeit der Parteibasis überlassen. Durch die erhoffte Zustimmung des Fußvolks will Schönhuber seinen Kritikern, allesamt Funktionäre der REP, den Wind aus den Segeln nehmen. Die Kritik an Schönhubers Schritt, z.B. von seinem Stellvertreter Schlierer, ist keinen inhaltlichen sondern taktischen Differenzen geschuldet. Schlierer gehört zu der REP-Fraktion, die langfristig mit der CDU/CSU koalitionsfähig werden möchte. Hierbei stört die offene Zusammenarbeit mit Frey.

Die Republikaner stecken in einem Dilemma: Sie brauchen einerseits die Unterstützung des gesamten faschistischen Spektrums

Meinungsaustausch zwischen Franz Schönhuber und Dr. Gerhard Frey

Alarmiert durch Nachrichten, daß nun auch die CDU auf die Linie der doppelten Staatsbürgerschaft einschwenkt, das Abstammungsprinzip aufweichen will und somit Deutschland als Land der Deutschen in Frage gestellt wird, trafen die Vorsitzenden der DVU und der Republikaner, Dr. Gerhard Frey und Franz Schönhuber, zu einem Meinungsaustausch zusammen.

Franz Schönhuber und Dr. Frey wenden sich mit aller Schärfe gegen die zunehmende Kriminalisierung und Terrorisierung der demokratischen Rechten. Sie weisen hierauf gerichtete rechtswidrige Machenschaften, etwa des bayerischen Innenministers Dr. Beckstein sowie der SPD-Innenminister Schnoor und Dr. Birzele, auf das entschiedenste zurück.

In einer Zeit, in der Gespräche zwischen Gregor Gysi und Edzard Reuter als normal registriert, Ex-Kommunisten von den Medien hochgepäppelt werden und die rote Volksfront die Bundesrepublik umzukrempeln droht, wollen die beiden Parteivorsitzenden ein Zeichen setzen.

Beide Vorsitzende sind sich darin einig, daß der linken Volksfront eine rechte Abwehrkraft entgegengesetzt werden muß, zu der die CDU/CSU mit Exponenten wie Süßmuth, Geißler, Blüm, Pflüger und Glück weder willens noch in der Lage ist.

Einig waren sich die etablierten Parteien in der Anwendung des Prinzips divide et impera uns gegenüber. Deshalb wollen die beiden Parteivorsitzenden unter Beachtung bestehender und verbindlicher Parteibeschlüsse ihren Parteien empfehlen, Auseinandersetzungen einzustellen und zu einem Verhältnis zu gelangen, das insbesondere bei Wahlen eine Selbstblockade verhindert.

Dr. Frey und Franz Schönhuber verurteilen bedingungslos jede Mißachtung der Rechtsordnung - insbesondere die immer mehr um sich greifende Gewalt - als Mittel der politischen Auseinandersetzung. Sie warnen weiter vor den auf der sogenannten rechten Szene herumvagabundierenden Kleinstgruppierungen, Ligen und Vereinigungen, die nach bestehenden Erkenntnissen nichts anderes als die trojanischen Esel der sogenannten Verfassungsschutzämter darstellen.

Über die zukünftigen Formen des Verhältnisses der beiden Parteien entscheiden jedoch nicht die Vorsitzenden. Dies ist Sache der jeweiligen Parteibasis und wird bei den kommenden Parteitagen zur Diskussion gestellt und entschieden werden.

Wenn es wie jetzt um entscheidende Weichenstellungen für unser Land geht, muß es in Kauf genommen werden, daß die Gegner jeglicher Form des Patriotismus auf diesen Meinungsaustausch mit Unterstellungen und Verdrehungen reagieren werden. Die CSU sei in diesem Zusammenhang daran erinnert, daß ihrer früheren Parteispitze die engen Beziehungen zwischen führenden CSU-Politikern wie dem einstigen Innenminister Dr. Seidl sowie dem Kultusminister Professor Maunz und Dr. Frey durchaus bekannt waren.

(Franz Schönhuber)   (Dr. Gerhard Frey)

und können andererseits auf ihre bürgerlich-konservative Note nicht verzichten. Die Vorstandsebene der REP besteht weitgehend aus Selbständigen, Beamten und höheren Angestellten. Allein zu den Landtagswahlen in Bayern kandidieren auf dem REP-Listen 19 Berufssoldaten und Polizeibeamte. Hinzukommen LehrerInnen, Richter und Angestellte des öffentlichen Dienstes, die sich in der Öffentlichkeit von den offensichtlichen Nazis abheben müssen. Auf der vorhergehenden Seite drucken wir den gemeinsamen Text von Schönhuber und Frey ab.

Frey und die Waffen-SS

Mit der *Hilfsgemeinschaft auf Gegenseitigkeit der ehemaligen Angehörigen der Waffen-SS (HIAG)* verbindet Frey und seine DVU ein herzliches Verhältnis. Die *HIAG* war 1951 gegründet worden, um vordergründig den Verbleib von ehemaligen *SS*-Männern, Versorgungsfragen und soziale Probleme zu klären. Eigentlicher Schwerpunkt der Arbeit war aber sehr schnell die Pflege der *SS*-Tradition. Gepriesen wurden die ,,soldatischen Leistungen" der *Waffen-SS*. Auch Frey gehört zu den Sympathisanten dieser *SS*-Formation und vertreibt Kriegs- und *SS*-verherrlichende Bücher wie ,,Kriegstagebuch Götz von Berlichingen – Originaldokumente der 17. Panzer-Grenadier-Division der Waffen-SS". Die ehemaligen *Waffen-SS*-Männer waren von Beginn an Leser der frühen *Deutschen Soldaten Zeitung*, der heutigen DNZ. In den noch lebenden Männern der rund 900.000 ehemaligen Angehörigen der *Waffen-SS* sieht Frey Vorbilder für die Gesellschaft.

Zum Charakter der *Waffen-SS* erklärte der Internationale Militärgerichtshof in Nürnberg am 30. September 1946 im Prozeß gegen die Hauptkriegsverbrecher:

– SS-Einheiten waren tätige Teilnehmer an den Schritten, die zum Angriffskrieg führten.
– Die SS war sogar in noch größerem Umfang Teilnehmer bei der Begehung von Kriegsverbrechen gegen die Menschlichkeit.
– Es ist erwiesen, daß die Erschießung von unbewaffneten Kriegs-

gefangenen in einigen Waffen-SS-Divisionen allgemeiner Brauch war.

- Unter dem Vorwand der Partisanenbekämpfung rotteten SS-Einheiten Juden und von der SS als politisch unerwünscht angesehene Leute aus.
- Seit 1934 standen die Konzentrationslager unter der Bewachung und Verwaltung der SS.
- Die Ausrottung der Juden wurde unter der Leitung der SS-Zentralstellen durchgeführt. Die tatsächliche Durchführung erfolgte durch SS-Formationen. Die Einsatzgruppen führten Massenabschlachtungen der Juden aus.
- SS-Polizeieinheiten waren ebenfalls beteiligt. So zum Beispiel wurde das Massaker der Juden im Warschauer Ghetto unter der Anleitung von SS-Brigadeführer und Generalmajor der Polizei Stroop angerichtet.
- Einheiten der Waffen-SS nahmen direkt an der Tötung von Kriegsgefangenen und an Greultaten in den besetzten Gebieten teil.
- Es ist unmöglich, auch nur einen Teil der SS auszunehmen, der nicht an diesen verbrecherischen Handlungen teilnahm."

Das Nürnberger Kriegsverbrechertribunal kam zu dem Schluß, daß die *SS* insgesamt eine verbrecherische Organisation war. Es war schon unglaublich, daß sich ein Traditionsverband der *SS*, die *HIAG*, 1951 in der Bundesrepublik gründen konnte, allerdings nicht verwunderlich, da ehemalige *SS*-Mitglieder durchaus Karriere in der Bundesrepublik machen konnten. So war der ehemalige Präsident der *Bundesvereinigung der deutschen Arbeitgeberverbände (BDA), Hanns Martin Schleyer*, Mitglied der *SS* (Mitgliedsnummer 227014) und trug die schwarze Uniform.[1] Der *Schleyer*-Freund *Strauß*, der 1937 Mitglied des *Nationalsozialistischen Kraftfahrtkorps (NSKK)* und später „Offizier für wehrgeistige Führung" wurde (zugelassen wurden ausdrücklich nur „bedingungslose, kämpferische, fanatische Nationalsozialisten"), ließ 1959 als Bundesverteidigungsminister der *HIAG* eine besondere Würdigung zuteil werden: „Wie ich persönlich über die Leistungen der an der Front eingesetzten Verbände der Waffen-SS denke, wird ihnen bekannt sein.

Sie sind selbstverständlich in meiner Hochachtung vor den deutschen Soldaten der letzten Weltkriege eingeschlossen."[2]

Einer der späteren Nachfolger von *Strauß*, der ehemalige *NATO*-Generalsekretär *Manfred Wörner (CDU)*, nahm im März 1975 in Stuttgart als Redner zum Thema „Wie sicher ist die Bundeswehr?" an einem *HIAG*-Treffen teil.[3] *Wörner* setzte sich auch für die Teilnahme des Nazi-Oberst *Rudel* an einem Treffen des „Immelmann-Geschwaders" in einer Bundeswehrkaserne ein.[4]

Ein weiterer hochrangiger Politiker, der die Verbrechen der *Waffen-SS* leugnete, war das *CSU*-Mitglied des Bundestages *Hans „Johnny" Klein. Klein,* der 1979 Mitglied des rechten *Brüsewitz-Zentrums* wurde, Mitglied des *Sudetendeutschen Rates* war und im Bundesvorstand der *Sudetendeutschen Landsmannschaft* tätig ist, trat durch seine Sorge um eine Versöhnung mit den toten *SS*-Männern hervor: „Die Waffen-SS war doch eine kämpfende Truppe, keine Verbrecher. Die glaubten, ihr Vaterland verteidigen zu müssen. Das alles wurde der jüngeren Generation nicht vermittelt. Und das alles hat dazu geführt, daß wir unversöhnt mit den Toten leben. Das verträgt ein Volk nur schwer."[5] *„Johnny" Klein*, wurde 1989 Pressesprecher der Bundesregierung.

Die *HIAG* hatte sogar einen Mann im Bundestag. *Hans Wissebach* war 1937 als Freiwilliger der *SS*-Einheit *Leibstandarte Adolf Hitler* beigetreten. Das *CDU*-Mitglied *Wissebach* war von 1969 bis 1980 mit Unterbrechung Mitglied des Bundestages. Einige Zeit war *Wissebach* Schriftleiter des *HIAG*-Organs *Der Freiwillige.*

Einem dieser „soldatischen Vorbilder" von Rechtskonservativen und DVU-AnhängerInnen, dem ehemaligen *SS*-Mann und Hotelier *Buchheister*, wurde am 19. Januar 1986 auf einer Großveranstaltung der DVU im Münchener Löwenbräukeller eine besondere Ehre zuteil. Er erhielt aus der Hand von Frey einen Scheck über 20.000 DM. Das Geld hatte die DVU für die Sanierung von *Buchheisters* Hotel Krone gesammelt. *Buchheisters* Hotel in Nesselwang war das bevorzugte Quartier der *HIAG* und durch AntifaschistInnen beschädigt worden. Die DVU hatte *Buchheister* schon im August 1985 40.000 DM gespendet, damit er weiterhin sein Hotel den „Kameraden der Waffen-SS" zur Verfügung stellen konnte.[6] Mittlerweile hat sich der bundesweite Dachverband der *HIAG* aufgelöst, einzelne Verbände bestehen weiterfort.

Konservative und DVU vereint im Antikommunismus

Daß sich der Traditionsverband einer verbrecherischen Organisation wie der *SS* 1951 in der Bundesrepublik konstituieren konnte, ist eine Tatsache. Daß faschistische Organisationen wie die DVU die *HIAG* und damit die alten *SS*-Männer hofieren und unterstützen, liegt an der politischen Nähe dieser Organisationen. Warum wird aber die *HIAG* durch Unions-Kreise unterstützt? Es tauchen in unserem Buch immer wieder Namen von *CDU/CSU*-PolitikerInnen auf, die eine gewisse Nähe zur DVU und ihrem Chef Frey vermuten lassen. Eine Nähe zur DVU muß man den ehemaligen *CSU*-Größen *Maunz* und *Seidl* nicht mehr unterstellen – sie haben Frey und sein Partei-/Zeitungsimperium aktiv unterstützt. Wie praktisch mag es für Frey gewesen sein, einen Berater wie *Seidl* zu haben, der gleichzeitig in seiner aktiven Dienstzeit als oberster bayrischer Verfassungsschützer und Innenminister für die Überwachung der DVU zuständig war. Daß *Seidl* kein Ausrutscher war, verdeutlicht die freundschaftliche Beziehung zwischen Frey und dem ersten Präsidenten des *Bundesnachrichtendienstes (BND)* Gehlen. Für die KennerInnen der Materie ist es nichts Neues, wenn wir behaupten, daß es seit Bestehen der Bundesrepublik eine durchlässige Braunzone zwischen dem bürgerlich-konservativen und dem faschistischen Lager gab und gibt. Zu diesem Thema sind gerade in den 70er und 80er Jahren viele nützliche und informative Bücher erschienen. In unseren Literaturhinweisen führen wir einige auf.

Worin bestehen nun die Gemeinsamkeiten dieser Braunzone, was sind die gemeinsamen Nenner von *CSU*- und DVU-PolitikerInnen?

Wichtigster Bestandteil der Gemeinsamkeit ist der Antikommunismus. Um Mißverständnisen vorzubeugen: Unter Antikommunismus verstehen wir nicht die Ablehnung eines kommunistischen Gesellschaftsmodells, sondern jene Blutlinie, die schon *Carl von Os-*

sietzky in der *Weltbühne* in den 20er und 30er Jahren beklagte. Wir meinen einen Antikommunismus, der sich als Staatsdoktrin oder als ideologischer Kampfbegriff gegen alles fortschrittliche, aufklärerische und emanzipative wendet, egal ob es unter dem Vorzeichen von Demokratie, Sozialismus oder Kommunismus steht; einen Antikommunismus, dem alle Mittel und Wege im Kampf gegen den vermeintlichen oder tatsächlichen Kommunismus recht sind; einen Antikommunismus, wie er in dem Ausspruch von *Josef Bachmann* nach seinem Attentat auf *Rudi Dutschke* zum Ausdruck kommt: „Ich hasse Kommunisten, ich wollte ihn töten, weil ich glaubte, er ist ein Kommunist."

1945 lag Deutschland militärisch, politisch und wirtschaftlich geschlagen am Boden. Doch schon nach kurzer Zeit saßen die alten *Hitler*-Generale, die Diplomaten des Außenministers *Ribbentrop*, die Blut-Richter, *Sicherheitsdienst-* und *Gestapo*-Schergen wieder in Amt und Würden. Die *Hitler*-Finanziers wie *Abs*, *Flick*, *Krupp* und *Mannesmann* konnten schon nach kurzer Zeit ihre Geschäfte wieder aufnehmen. Der Kalte Krieg zwischen den östlichen und westlichen Staaten vertiefte die Gegensätze zwischen den Blöcken und aus den ehemaligen Verbündeten gegen Nazi-Deutschland wurden Gegner. Westdeutschland wurde Bündnispartner gegen die Sowjetunion. Schon die NationalsozialistInnen hatten ihren Überfall auf die Sowjetunion, der 20 Millionen Sowjet-BürgerInnen das Leben kostete, als Kampf gegen den Bolschewismus (Kommunismus) gerechtfertigt und entsprechend ideologisch vorbereitet. Die Erfahrungen, die die Nazis bei ihrem Vernichtungskrieg gegen die Völker Osteuropas gesammelt hatten, waren wieder von Interesse. So konnte der nationalsozialistische Chef-Geheimdienstler *Reinhard Gehlen* (*Fremde Heere Ost* im Oberkommando des Heeres) und spätere Frey-Freund den *Bundesnachrichtendienst* (*BND*) aufbauen. Seine MitarbeiterInnen waren dieselben wie in der NS-Zeit. Die USA brauchte in ihrem Kampf gegen den „Weltkommunismus" einen starken Bündnispartner. So durfte Westdeutschland wieder aufrüsten.

Zuvor mußte der durch zwei verlorene Weltkriege arg gelittene Wehrwille der deutschen Bevölkerung gestärkt werden. Hiervon profitierte aufgrund finanzieller Zuwendungen von staatlicher Stelle auch die *Deutsche Soldaten-Zeitung*, die Frey später aufkaufte. Der Wehrwille wurde aber auch durch den Aufbau des Feindbildes Kommunismus und durch das repressive Vorgehen gegen die damals starke Volksbewegung gegen die Remilitarisierung vorangetrieben. Der staatliche Antikommunismus, dessen Höhepunkt die Verfolgung von zehntausenden tatsächlichen und vermeintlichen KommunistInnen und das Verbot der *KPD* am 17. August 1956 war, konnte in der Bevölkerung auf noch aus der NS-Zeit stammende Weltbilder zurückgreifen. Zu Recht schrieb der Publizist *Erich Kuby* in den 60er Jahren, ,,in den Augen zu vieler Bürger" wurde ,,der Judenstern durch den Sowjetstern ersetzt". Bundeskanzler Adenauer erklärte in der *Stuttgarter Zeitung* am 22. März 1952 die Sowjetunion zum Todfeind der Westdeutschen und die Wiederaufrüstung zur notwendigen Vorbereitung einer Neuordnung Osteuropas. Der erste Verteidigungsminister nach dem Kriege, *Strauß* erklärte 1956: ,,Es gibt nur noch den ,Fall Rot'", es komme darauf an, ,,das Reich der Sowjetunion von der Landkarte zu streichen."[1] Und der spätere Bundestagspräsident *Kai-Uwe von Hassel* formulierte 1961: ,,Unsere Gebietsforderungen gehen bis weit hinter die Oder-Neiße-Linie. Wir wollen die alten deutschen Herrschaftsgebiete wiederhaben. Das Jahr 2000 darf nicht zum 83. Jahr der Oktoberrevolution in der Welt werden."[2]

Eine besonder perfide Methode des Antikommunismus war es, faschistische Aktionen wie Hakenkreuzschmierereien den KommunistInnen zuzuordnen. Obwohl nie Beweise erbracht werden konnten und die TäterInnen wahrscheinlich zur faschistischen Szene gehörten, behauptete *Franz Josef Strauß* in *Kurt Ziesels Deutschland-Magazin* noch am 1. August 1979: ,,Das System, nach dem hier vorgegangen wird, ist ebenso einfach wie brutal: Der KGB oder andere kommunistische Geheimdienste veranlassen – wie inzwischen unwiderlegbar bewiesen ist – Hakenkreuz-Schmierereien auf jüdischen Friedhöfen bei uns. DKP und SED schulen Subversanten, die rechtsradikale Mini-Organisationen gründen und mit stupiden neonazistischen Sprüchen für weithin sichtbares öffentliches Ärgernis sorgen."

In die gleiche Kerbe schlug Gerhard Frey in seiner Nationalzeitung: ,,Und es gibt einige tausend Agenten, die von antideutschen Geheimdiensten angesetzt werden und die Aufgabe haben, Hakenkreuze zu schmieren oder Judenfriedhöfe zu verwüsten oder wahnwitzige Parolen von sich zu geben, um Deutschland zu belasten."

Der Gleichklang der Argumente ist wenig verblüffend, da zu dieser Zeit in den Frey-Blättern eine uneingeschränkte Sympathie für *Strauß* zum Ausdruck gebracht wurde. Die Kalte Kriegs-Propaganda zeigte ihre Wirkung vor allem bei eher schlichteren Gemütern. So brachte eine infektiöse Angina bei Angehörigen eines Mindener Pionierbataillons Oberleutnant *Buchhorn* zu der Überzeugung: ,,Ich halte es für kommunistische Sabotage ... ich halte es für eine gezielte Infektion. Ich kann es nur nicht beweisen".

Als Weihnachten 1959 Schmierereien an der Kölner Synagoge weltweites Aufsehen erregten, behaupteten faschistische und konservative Kreise, inspiriert von Berichten des *Bundesnachrichtendienstes (BND)*, diese seien ,,das Werk von Ostagenten". Auch die *Deutsche Soldaten-Zeitung*, wo Frey zu dieser Zeit Chefredakteur war und einen 50%-Anteil hielt, kolportierte die vom *BND*-Chef *Gehlen* inszenierte Agentenstory. 19 Jahre später wurden die ,,Ostagenten" aus berufenem Munde rehabilitiert und, wenn auch mehr als dezent, auf die wahren Verursacher der antisemitischen Schmiererei hingewiesen. Der ehemalige Chef des *Bundesamtes für Verfassungsschutz*, *Günther Nollau*, veröffentlichte 1978 sein Buch: ,,Das Amt – 50 Jahre Zeuge der Geschichte". Er schrieb: ,,Ein schlagendes Beispiel lieferten die Hakenkreuz-Schmierereien in Köln, die sich Ende 1959 zutrugen. Damals wurde die Kölner Synagoge mit Hakenkreuzen und dem Spruch bemalt: ,Deutsche fordern: Juden raus'. Unser Amt untersuchte den Fall. Noch eher wir fertig waren, behauptete Gehlens Organisation, die Hakenkreuze seien von der illegalen KPD geschmiert worden. Die polizeilichen Ermittlungen ergaben nichts, was geeignet war, diese Information zu bestätigen. Meine Organisation hatte in der KPD Dutzende von geheimen Vertrauensleuten. Ich ließ alle befragen. Keiner kannte Anweisungen der Partei, Hakenkreuze zu malen ... Wer hierzulande Kommunisten als Täter hinstellt, findet offensichtlich allemal Glauben, zumal wenn er dann nicht zu erklären braucht, warum es in unserem Lande, wenn auch vereinzelt, noch nazistische Spinner gibt."

Auch wenn *Nollau* mit den „vereinzelt nazistischen Spinnern" Unrecht hat, trifft er doch den Kern.

Angesichts der in Parteien und Verbänden, mitunter auch in Gewerkschaften und Kirchen, herrschenden antikommunistischen Hysterie boten sich ehemalige NationalsozialistInnen und solche, die durch die „Gnade der späten Geburt" bis 1945 zu jung waren, um der *NSDAP* anzugehören, der politischen und wirtschaftlichen Elite als militärische und politische OrganisatorInnen im Kampf gegen den Kommunismus an. Ihre Angebote wurden angenommen.

Frey und der letzte persönliche Referent Goebbels

Frey pflegte sein Leben lang Kontakte zu ehemaligen Größen des nationalsozialistischen Terror-Regimes. Namen wie *Herbert Böhme*, *SA*-Obersturmführer und führender NS-Dichter; *Richard Etzel*, *HJ*-Oberbannführer; *Walter Brandner*, *SS*-Obersturmführer; *Erich Kernmayr*, *SS*-Sturmbannführer und Gauamtspresseleiter sowie Nazi-Oberst *Rudel* stehen beispielhaft für eine nach 1945 andauernde faschistische Haltung und waren Wegbegleiter Freys. Einer der (wie das Frey-Vorbild *Rudel*) nach 1945 in Argentinien lebte, war *Wilfried von Oven. Oven* war kein *Gestapo*-Mann und nicht in der *SS*. Aber er war auch nach 1945 ein fanatischer Nationalsozialist. Seine Spezialität war die Propaganda. Angefangen hatte er als Kriegsberichterstatter der Wehrmacht und Freiwilliger der *Legion Condor*, wo er *Rudel* kennenlernte. Schon früh tauchte sein Name auf dem Buchmarkt auf: „Schluß mit Polen", „Panzer am Balkan – Erlebnisbuch der Panzergruppe von Kleist". Seine Feder verherrlichte die Eroberungs- und Vernichtungskriege des Dritten Reiches. *Ovens* Talent wurde auch höheren Ortes entdeckt, 1944 wurde er persönlicher Referent *Josef Goebbels*.[1]

Nach Kriegsende tauchte er mit dem falschen Namen *Willi Oehm* in Schleswig-Holstein unter und diente als Dolmetscher und Kartenschreiber bei der englischen Besatzungsmacht. Abends kramte er dann wieder sein Kriegstagebuch hervor und schrieb seine Memoiren. Er hielt sich für berufen, der Nachwelt mitzuteilen, daß die Nazis den „Endsieg" hätten erreichen können, wenn nicht soviel Mittelmäßigkeit und Stümperei im Staatsapparat geherrscht hätten.[2] Seine Memoiren wurden zuerst 1949 in Argentinien unter dem bezeichnenden Titel „Mit Goebbels bis zum Ende" veröffentlicht. *Oven* profitierte von *Adenauers* Amnestie-Gesetz, nach dem allen untergetauchten Nazis Straffreiheit zugesichert wurde, sofern sie bis zum 31. März 1950 ihren Falschnamen aufgaben.[3] „Entnazifiziert" fing *Oven* bei der *Spiegel*-Redaktion in Hannover an und ging von dort für den *Spiegel* als Korrespondent nach Südamerika. In Argentinien lebend kündigte er beim *Spiegel*, um sich mit *Rudel* an diversen nazistischen Zeitungen zu beteiligen. So gründete er die damals auch in der Bundesrepublik erhältliche Zeitung *La Plata Ruf*. *Wilfried von Oven* war, wie *Rudel* und andere Nazi-Größen, gerngesehener Gast im Hause des argentinischen Diktators *Peron*. Er verkehrte zudem mit dem paraguayischen Diktator *Stroessner*.

Als 1964 der Bundespräsident *Heinrich Lübke*, der ja bekanntlich am Bau von Konzentrationslagern beteiligt war, sich zu einem Staatsbesuch in Argentinien aufhielt, wurde sein Besuch mit einem Festessen beendet. Eingeladen war auch von *Oven*[4], der an der festlich gedeckten Tafel neben „alten Kameraden" saß, wie dem deutschen Botschafter *Dr. Ernst-Günther Mohr* (*NSDAP*-Mitgliedsnummer 3500174), mitverantwortlich für die Einleitung der Judendeportationen (1939-41), und dem deutschen Spitzenbankier *Hermann Josef Abs*, der im Nationalsozialismus 40 Aufsichtsratsmandate u.a. bei der *Philipp Holzmann AG*, *Rudolph Karstadt AG* und der *Rheinisch-Westfälischen Elektrizitätswerke AG* innehatte. Die schmutzige Rolle der *Deutschen Bank* bei der Kriegsfinanzierung führte nach dem Krieg dazu, daß *Abs* in Jugoslawien in Abwesenheit als Kriegsverbrecher zu 15 Jahren Zwangsarbeit verurteilt wurde.[5] Nicht eingeladen war *Adolf Eichmann*, der zur selben Zeit in Argentinien weilte und mit *von Oven* befreundet war. *Oven* zählte zu den engen Vertrauten des in Argentinien abgetauchten Massenmörders.[6] Der *SS*-Obersturmbannführer *Adolf Eichmann* war während des Zweiten Weltkrieges Leiter des Judenreferats im Amt V *(Gestapo)* des Reichssicherheitshauptamtes. Er war verantwortlich für die Deportationen der Juden/Jüdinnen im Rahmen der „Endlösung", deren Ziel die vollständige Vernichtung des „europäischen Judentums" war. Am 11. Mai 1960 entführte ihn der israelische Geheimdienst aus Argentinien, um ihm den Prozeß zu machen. *Eichmann* wurde für seine Verbrechen gegen das jüdische Volk und gegen die Menschlichkeit zum Tode verurteilt. Die Hinrichtung fand am 1. Juni 1962 im Gefängnis von Ramleh bei Tel Aviv statt.[7]

Im April 1977 erschien ein Schreiben mit dem Briefkopf des *La Plata Ruf* und *von Ovens* Unterschrift auf der Titelseite der Nationalzeitung. Er war gerichtet „an die verehrten Leser des La Plata Ruf in Südamerika und in aller Welt". Diese Ausgabe der Nationalzeitung wurde allen bisherigen AbonnentInnen des *La Plata Ruf* zugeschickt und *Oven* empfahl seinen LeserInnen, wegen der Aufgabe seiner Zeitung ersatzweise die DNZ zu abonnieren: „Ich stehe mit ihrem Herausgeber, Herrn Dr. Gerhard Frey, seit langem in freunschaftlicher Verbindung und Zusammenarbeit. Sie werden in seinem Blatt nicht nur unsere politische Linie, sondern laufend auch, v. O.-Artikel finden."[8] *Oven* hielt Wort und schrieb ab 1977 regelmäßig für die Nationalzeitung. Am 17.6.1977 schrieb er in der DNZ mit dem Vokabular der Herrenmenschen, das er von *Goebbels* gelernt hatte: „Wir alle kennen die verheerenden Auswirkungen der Pillenpropaganda: Die hochkultivierten weißen Nationen schrumpfen zusammen und ihre immer weniger werdenden Angehörigen tragen mit einem immer größer werdenden Teil ihres Sozialproduktes in Form der sogenannten Entwicklungshilfe dazu bei, daß die Schwarzen in Afrika und andere Unterentwickelte immer mehr Kinder in die Welt setzen können. Frecher wurde nie einer zur Führung berufenen Elite ein selbstmörderischer Schwindel aufgenötigt."

Am 22. September 1977 traf sich *Oven* in seiner Eigenschaft als Korrespondent der Nationalzeitung mit dem *CSU*-Vorsitzenden *Strauß* im VIP-Raum des Flughafen von Buenos Aires.[9] In einem Brief an einen Berufskollegen berichtete er: „Ich sprach mit ihm und zwei oder drei Herren seiner Begleitung, deren Namen ich als unwichtig vergessen habe. Wir sprachen über den Strauß-Besuch in Chile und die dabei gesammelten Eindrücke und Erfahrungen, die als positiv bezeichnet wurden. Da ich mit Strauß und seinen Begleitern in meiner Eigenschaft als Korrespondent der ‚Deutschen National-Zeitung‘ (München) sprach, wurde nur allgemein festgestellt, daß wir nicht immer derselben Meinung sind.“[10]

Strauß war mit einer Veröffentlichung des Gesprächs in der DNZ einverstanden. Da er für den Besuch der chilenischen Militärdiktatur in der Öffentlichkeit stark kritisiert wurde, titelte Freys-Blatt einige Zeit später: „Dauerfeuer auf Strauß“. Bei dem Treffen ließ *Oven* sich ein Buch mit einer „herzlichen Widmung“ von *Strauß* signieren. Es war das Buch „Herausforderung und Antwort“, das der Autor *Franz Josef Strauß* 1968 im Stuttgarter *Seewald-Verlag* veröffentlicht hatte. Der Verleger *Seewald*, ein ehemaliger Generalstabsoffizier der Naziwehrmacht, brachte mehrere *Strauß*-Bücher heraus. Das Buch enthielt *Strauß’* Überlegungen zur „kommunistischen Gefahr“. Ein Jahr nach dem Erscheinen des Buches druckte der Verlag *Losada* in Buenos Aires eine spanische Textfassung, für die er sowohl die Vertriebsrechte in ganz Lateinamerika als auch Spanien erwarb. Die Mühe der Übersetzung hatte sich kein Geringerer als *Wilfried von Oven* gemacht.[11]

Zur Zeit der Erstveröffentlichung 1968 war *Strauß* gerade Finanzminister unter Bundeskanzler *Kiesinger*, der sozusagen ein Kollege des *Wilfried von Oven* gewesen war. Das *NSDAP*-Mitglied *Kiesinger* (Partei-Nr. 2633930) war im NS-Außenministerium für die gesamte faschistische Auslandsrundfunk-Propaganda verantwortlich. Als Vertrauensmann von *Goebbels* war er häufig in dessen Ministerium zu sehen. *Oven* war auch *CSU*-Kreisen schon länger zu Diensten, etwa als ständiger Argentinienkorrespondent des *CSU*-Blattes *Münchner Merkur*.[12] Ein haßerfüllter Antikommunismus war der ideologische Nenner zwischen *Strauß* und *Oven*. Auf einer DVU-Veranstaltung 1977 in München tönte von *Oven*: „... um den Marxismus loszuwerden, muß man vorübergehend die Demokratie aufgeben. Hinterher kann man sie ja wieder einführen.“[13] Neben seiner Tätigkeit für die Nationalzeitung und als Redner bei DVU-Veranstaltungen war *Oven* auch jahrelang „Hauptschriftleiter“ der Vierteljahresschrift *Deutschland in Geschichte und Gegenwart*, die im faschistischen *Grabert Verlag* erschien.[14]

Die prominenten Freunde Freys

Gerhard Frey ist ein durch und durch diskreter Mann. Freunde und Ratgeber pflegt er nicht an die große Glocke zu hängen, zumal wenn es sich um bekannte Persönlichkeiten des politischen Lebens handelt, die von der Öffentlichkeit nicht in politischer Nähe zu Frey vermutet werden. Nach dem Tode seiner Freunde und Ratgeber brach Frey das Schweigen und bekannte sich öffentlich zu ihnen. Warum auch nicht, wo es sich doch meist um hochrangige Persönlichkeiten handelte in deren seriös-bürgerlichen Schein sich Frey zumindest nachträglich sonnen möchte. Schadenfreude ist zumeist auch dabei, wenn einer der Freunde nach seinem Ableben von Frey in der Nationalzeitung geoutet wird und ein Aufschrei der Empörung durch die bürgerlichen Parteien und Medien geht. Der Aufschrei soll einen Bruch zwischen der persönlichen Biographie „des Freundes" und der Freundschaft mit dem bekannten Faschisten suggerieren – einen Bruch, den es bei den bisher bekannten Freundschaften nie gegeben hat.

Auch ohne die Freundschaft zu Frey sprächen die Biographien „der Freunde" Bände. Bände, die ein rücksichtsloses, reaktionäres Weltbild offenbaren, das gerade in Bayern, der Heimat von Frey, seinem faschistischem Imperium und seiner meisten Freunde durch die *CSU* gehegt und gepflegt wird. Dieses reaktionäre Weltbild ist die Basis für die Freundschaft mit Frey, ist die Basis für den Schutz, der Frey durch bayrische Behörden zuteil wird und ist die Basis der juristischen Erfolge des „Prozeßhansels" Frey, die er gerade vor Münchener Gerichten hat. Da die meisten Frey-Freunde aus den Reihen der *CSU* kamen, und es für die öffentliche Meinung noch immer von Belang ist, ob eine/r einen demokratischen oder faschistischen Mantel umgehängt hat, auch wenn manchmal beide schwer zu unterscheiden sind, wird in Bayern immer dann gezittert, wenn eine *CSU*-Größe das Zeitliche segnet. Outet Frey oder outet er nicht – wir dürfen auf den nächsten Frey-Freund gespannt sein.

Es sollten aber auch nicht die *CSU*-Größen vergessen werden, die mit Freys Konkurrenz anbändelten, wie der Ex-Ministerpräsident *Max Streibl*, der sich zu einem „privaten" Gespräch mit dem

REP-Vorsitzenden *Schönhuber* getroffen hatte.[1] Oder der *CSU*-Politiker *Peter Gauweiler*, der im Mai 1994, zusammen mit dem nationalliberalen und *Bund Freier Bürger*-Gründer *Manfred Brunner*, in dessen *BFB* auch ausgewiesene FaschistInnen mitmachen, und dem smarten aber dadurch nicht weniger faschistoiden österreichischen *FPÖ*-Chef *Jörg Haider*, eine Veranstaltung in Bayern durchführte.

Frey und der Geheimdienst-Chef Reinhard Gehlen

Reinhard Gehlen, der ehemalige Chef des *Bundesnachrichtendienstes (BND)*, war einer der Frey-Freunde. Nach dem Tode *Gehlens* veröffentlichte die Nationalzeitung in ihrer Ausgabe vom 22. Juni 1979 Ausschnitte aus dem persönlich-freundschaftlichen Briefwechsel zwischen Gerhard Frey und *Reinhard Gehlen*. *Gehlen* schrieb:

,,Sie wissen ja, daß ich parteipolitisch nicht Stellung nehmen kann, da ich in der Vergangenheit stets dem großen Ganzen dienen mußte und auch jetzt mich am wirkungsvollsten äußern kann, wenn ich diese parteipolitische Neutralität zumindest formal in Anspruch nehmen kann". Was *Gehlen* unter ,,dem großen Ganzen dienen" verstand, hatte er 1959 bei der Hakenkreuzschmiererei an der Kölner Synagoge bewiesen: Verschleierung der rechten Hintergründe und Provokation gegen links. Dieser Tatbestand, der ja von *Gehlens* Geheimdienstkollegen *Günther Nollau* in seinem Buch ,,Das Amt" aufgedeckt wurde, veranlaßte *Gehlen* zu einem weiteren Brief an seinen Freund Frey, der ebenfalls in der Nationalzeitung veröffentlicht wurde. Bezogen auf *Nollau* formulierte er: ,, ... verwunderlich, was für merkwürdige Leute in der Zeit nach dem Kriege zum Teil in leitende Stellen bei deutschen Behörden es zu etwas gebracht haben ... Mit Empfehlung an ihre Frau und besten Grüßen an Sie, auch von meiner Frau, bin ich ihr Reinhard Gehlen".

Die Gemeinsamkeiten zu *Gehlen* beschrieb Frey in seinem, im eigenen *FZ-Verlag* erschienenen Buch ,,Prominente ohne Maske". Neben Lobhudeleien über den angeblich legendären Geheimdienstgeneral schrieb Frey: ,,Der engagierte Antikommunist und Freund von National-Zeitungs-Herausgeber Dr. Frey warnte vor roter Subversion und sah in Brandts Ostpolitik die alte Moskauer Westpolitik".[1] Wer war nun der „legendäre Geheimdienstgeneral"? ·

Am 28. April 1945, zehn Tage vor der Kapitulation Nazi-Deutschlands, verließ ein Mann das Hauptquartier der Stabsabteilung *Fremde Heere Ost*, um den Amerikanern einen Handel anzubieten: Wenn er die Möglichkeit zur Fortsetzung seiner Arbeit erhalte, werde er den USA sein gesamtes Agentennetz in der Sowjetunion zur Verfügung stellen. Die Amerikaner willigten ein und der Wehrmachtsgeneral *Reinhard Gehlen* wurde Chef des ersten Geheimdienstes in Westdeutschland – des späteren *Bundesnachrichtendienstes*. Mit einem Budget von sechs Millionen Dollar installierte *Gehlen* seine bewährte Organisation auf einem stacheldrahtumzäunten Gelände der früheren Rudolf-Heß-Siedlung in München Pullach. Nach und nach fanden sich in Pullach die alten Angehörigen der *SS*, des *Sicherheitsdienstes* und die Generalstabsexperten der Ostspionage-Organisation *Hitlers* zusammen. Nicht wenige von ihnen standen auf den Fahndungslisten der Alliierten, und es kam ihnen zugute, daß sie nun nach sich selbst fahnden konnten. Wer erstmal wieder MitarbeiterIn der *Organisation Gehlen* war, war in Sicherheit, er oder sie stand unter dem Schutz von *Gehlen* und *Gehlen* hatte von der amerikanischen Regierung freie Hand.

Arthur Macy Cox, ehemaliger *CIA*-Agent, schilderte *Reinhard Gehlen* als einen Prototyp des Schreibtischtäters und führte weiter über ihn aus: „Gehlen hatte enormen Einfluß im Krieg. Er war einer der Hauptplaner der Operation Barbarossa, der Nazi-Invasion in der Sowjetunion. Er war Hitlers Geheimdienstchef für die Ostfront. Er war also ein unerhört einflußreicher Mann im Krieg und mitverantwortlich für den Tod von Millionen sowjetischer Bürger. Er wurde nicht vor den Nürnberger Prozeß gebracht, was meiner Meinung nach bemerkenswert ist".[2]

Die nationalsozialistischen Verbrechen waren für die amerikanische Regierung dann nicht mehr von Belang, wenn sich die TäterInnen dem „antikommunistischen Kampf" unter westlicher Kontrolle anschlossen. Das fiel den meisten nicht schwer. Aus der Organisation *Fremde Heere Ost* wurde die Organisation *Gehlen* und aus ihr entstand der *Bundesnachrichtendienst*; die gleichen Ziele, die gleichen MitarbeiterInnen und der gleiche Chef. Der Osten wurde ausspioniert nach den Regeln der Spionage, die sich nicht dadurch änderten, daß sie nicht mehr im Sold des Nationalsozialismus, sondern der westlichen Demokratien standen.

Der *BND* unter *Gehlen* sammelte nicht nur Informationen aus dem Osten, um die Bundesrepublik vor der „kommunistischen Gefahr" zu schützen, sondern unterstützte aktiv und weltweit antikommunistische und faschistische Regimes und Organisationen. Die nach dem Zweiten Weltkrieg unter wesentlicher Beteiligung der US-Geheimdienste gegründete *World Anti-Communist League (WACL)* war eine dieser vom *BND* unterstützten Organisationen. In der Gründungsphase des *WACL* war sie eine nicht unwichtige Kraft im internationalen Drogenschmuggel im Fernen Osten, um so das internationale faschistische Netzwerk finanzieren zu helfen. 1977 wurde der laotische Präsident der *WACL*, Prinz *Chao Sopsaisana*, in Paris verhaftet, weil die Polizei 60 Kilogramm Heroin in seinem Handgepäck entdeckt hatte. Seine diplomatische Immunität garantierte ihm eine schnelle Rückkehr in seine Heimat.

Vielfältig und eng sind die Kontakte der *WACL* zu europäischen faschistischen und konservativen Organisationen, ebenso wie zu entsprechenden lateinamerikanischen Diktaturen. Auch Frey wurden Kontakte zur antikommunistischen Weltliga nachgesagt. Fest steht, daß der *WACL* über ausgezeichnete Kontakte zur *Aktion Neue Rechte* verfügte, die ja Mitglied in Freys *Freiheitlichen Rat* war. Glaubt mensch den Worten von *Frederic Laurent*, dem ehemaligen Kontrolleur des französischen Auslandsspionagedienstes, dann hatte der *WACL* auch Kontakte zu Bonner Parteien. Zu wem genau? *Laurent* behauptete: „Zu Kreisen der CSU".

So nahm z.B. der ehemalige Bundestagsabgeordnete und außenpolitische Experte der *CSU*, *Hans Graf Huyn*, 1978 in Washington an einem Kongreß der *World Anti-Communist League* teil. Wie der *WACL* arbeitet, wurde am 29. April 1977 bekannt, als der liberale *Latin-America Political Report* offenbarte, daß der Repräsentant der *WACL* in Paraguay 3,5 Millionen Dollar von der lateinamerikanischen Sektion der *WACL* erhalten hatte, um kroatische Terroraktivitäten zu finanzieren. „Das schloß die Bezahlung der Mörder des Botschafters von Uruguay ein (was leider ein Mißverständnis war) und des jugoslawischen Botschafters in Schweden, was kein Mißverständnis mehr war."[3]

Gehlen verhalf mit seiner Organisation nach 1945 ehemaligen Nazi-Größen zu Geld und beruflicher Tätigkeit. So zum Beispiel *Otto Skorzeny*, den er als Ausbilder des ägyptischen Sicherheitsdienstes vermittelte. *Skorzeny* war ehemaliger Chef der „SS-Untergrundarmee" und als Sabotagespezialist im *Reichssicherheitshauptamt (RSHA)* in *Hitlers* Diensten. Er befreite mit einem Spezialkommando *Mussolini* aus italienischer Haft und befehligte eine *SS*-Eliteeinheit, die in amerikanischen und englischen Uniformen hinter den Linien der Alliierten amerikanische Soldaten ermordete. Noch einige Tage vor Kriegsende stellte *Gehlen* zusammen mit *Skorzeny* sogenannte Wehrwolfgruppen auf, die den faschistischen Terror bis zur letzten Sekunde weiterführen sollten. Derweil bereiteten sich beide schon auf die Nachkriegszeit vor. Mit der militärischen Niederlage des deutschen Faschismus setzte eine massive Fluchtbewegung von Nazigrößen ein. Organisiert von der *ODESSA (Organisation der ehemaligen SS-Angehörigen)* unter *Otto Skorzeny*, gelang es den meisten hochkarätigen Nazis, mit Unterstützung des Vatikans und westlicher Geheimdienste ins sichere Ausland zu entkommen. Skorzeny, der nach dem Zweiten Weltkrieg auch für *Krupp* und den österreichischen Stahlkonzern *Voest* arbeitete und sich im Dunstkreis des internationalen Waffenhandels und Söldnertums bewegte, war bis zu seinem Tode im Jahre 1975 aktiv für die faschistische Internationale.[4]

Reinhard *Gehlen*, der 1969 in den Ruhestand ging, schwätzte derweil mit seinem Freund Frey über angebliche „antideutsche" Bestrebungen. In der Nationalzeitung vom 17. April 1992 plauderte Frey noch ein wenig über seinen Freund: „General Gehlen, mein alter Freund, der Jahrzehnte hindurch maßgebende Geheimdienste, zuletzt den Bundesnachrichtendienst, erfolgreich leitete, hat mir mehr als einmal ein interessantes System antideutscher Geheimdienste anschaulich geschildert."

Frey und der Innenminister Seidl

Der Jurist *Dr. Alfred Seidl* wurde Ende 1993 von Frey als Berater geoutet. Seitdem veröffentlichte die Nationalzeitung häppchenweise Briefe von *Seidl* an Frey. In einem Brief vom 7. Juli 1988 äußerte sich *Seidl* positiv über ein geschichtsrevisionistische Werk *Berthold Rubins*: „Sehr geehrter Herr Dr. Frey, Sie haben sich mit der Herausgabe des Buches von Prof. Dr. Rubin – Ist Deutschland allein schuld – ein großes Verdienst erworben". Ein „großes Verdienst" das Frey an *Seidl* in seinem Buch „Prominente ohne Maske" zurückgab. Frey schrieb über den „bayrischen Politiker und hervorragenden Juristen":

„Seit 1940 ist Dr. S. als Rechtsanwalt tätig. Berühmt wurde er im Nürnberger Prozeß u.a. als Verteidiger von Rudolf Heß. Mehrfach brachte er die Ankläger durch Dokumente, die die Mitschuld der Sieger an Unmenschlichkeiten im 2. Weltkrieg bewiesen, in Verlegenheit. Unermüdlich setzte sich S. für die Freilassung von Rudolf Heß ein und stritt in zahlreichen Büchern und Zeitungsbeiträgen für die historische Gerechtigkeit."[1]

Seidl mußte sich 1946, nach seinem Plädoyer für *Heß*, von dem Vorsitzenden Richter des Nürnberger Tribunals gegen die Hauptkriegsverbrecher vorwerfen lassen, er hätte Nazipropaganda betrieben. *Seidl* setzte sich bis zum Tode von *Heß*, der sich am 17. August 1987 in alliierter Haft in Berlin-Spandau erhängte, für ihn ein. Er war auch Mitglied im *Hilfskomitee Freiheit für Rudolf Heß*.[2] Am 29. April 1994 erschien ein großer Bericht in der DNZ über den angeblichen Friedensboten *Rudolf Heß*, der den Engländern 1941 einen Separatfrieden anbieten wollte, um den Rücken für den Vernichtungskrieg gegen die Sowjetunion freizuhaben. In dem Artikel wurde darauf hingewiesen, daß Seidl *Frey* „bei unzähligen Prozessen wertvolle Rechtshilfe leistete". Neben dem passenden Angebot einer Heß-Medaille in Gold oder Silber berichtete die Nationalzeitung in derselben Ausgabe von den Bemühungen *Seidls*, *Heß* freizubekommen.

Die DNZ schrieb u.a., daß „... die britische Premierministerin Thatcher im Dezember 1979 die Unverfrorenheit besaß, Dr. Seidl mitzuteilen: Für die britische Regierung besteht kein Zweifel an der Rechtmäßigkeit der Strafe, die Herr Heß abbüßt".

Neben seiner beratenden Tätigkeit für Frey und seinem Engagement für den Kriegsverbrecher *Heß* war *Seidl* auch Mitglied der *Abendländischen Akademie (AA)*. Die Akademie, ein Hort reaktionärer *CSU*-Mitglieder, wie *Freiherr von der Heydte* und der ehemalige Bundesjustizminister und Freund der Todesstrafe *Richard Jaeger*, veröffentlichte ihr antidemokratisches Selbstverständnis in ihrem ,,AA-Aktionsmanifest". Dort hieß es: ,,Als Träger der Regierungsverantwortung kann man nicht gleichzeitig Gott in seinem Gewissen für sein Handeln verantwortlich sein und die Gesetze aus der Hand Dritter empfangen oder, wie es in der parlamentarischen Demokratie üblich ist, sogar noch vom Vertrauen des Parlaments abhängig sein ... Die Abendländische Akademie erblickt im modernen Vielparteienstaat ... einen Ausdruck neuzeitlicher Willkür."[3]

Einen Gegenentwurf zu der ,,Willkür eines Vielparteienstaates" entwarf der Sohn des letzten österreichischen Kaisers *Otto von Habsburg*, er schlug eine Ein-Mann-Diktatur vor. Da der Vorschlag des *CSU*-Europaabgeordneten *Habsburg*, der Mitglied diverser revanchistischer und stramm antikommunistischer Vereinigungen war, in demokratischen Kreisen auf helle Empörung stieß, sprang *Alfred Seidl* ihm zur Seite. Er erklärte 1978 vor dem bayrischen Landtag: Diese Überlegungen hätten gerade zum Ziel, die Verfassung zu erhalten. Wer jedoch zum Schutze der freiheitlich-demokratischen Grundordnung Maßnahmen empfehle, die mit dem Grundgesetz nicht im Einklang stünden, sei noch kein Verfassungsfeind.[4] *Habsburg* war nicht nur Parteikollege von *Seidl* und wie der ehemalige Rechtsanwalt von *Heß* Mitglied des *Hilfskomitees Freiheit für Rudolf Heß*, beide hatten auch einen gemeinsamen politischen Freund – Gerhard Frey. So schrieb *Habsburg* diverse Beiträge für die Nationalzeitung[5]; im Gegenzug setzte sich Frey vehement für die Europakandidatur (1979) des Kaisersohns ein, für die er als österreichischer Staatsbürger erstmal eingebürgert werden mußte.

1978 und 1979 war *Seidl* bayrischer Innenminister und damit oberster Dienstherr der Polizei und des *Verfassungsschutzes*. Zu seinen Aufgaben gehörte die Überwachung der faschistischen Aktivitäten der DVU und der Zeitungen Freys. Mensch braucht keine große Phantasie, um sich über den Charakter der „Überwachung" des Frey-Beraters über das Frey-Imperium im klaren zu sein. Der bayrische *SPD*-Bundestagsabgeordnete *Dr. Alfons Bayerl* bemerkte am 17. Mai 1978 zu diesem Thema: „Die CSU und viele ihrer Spitzenrepräsentanten verharmlosen aus parteitaktischen Gründen leichtfertig die Probleme des Rechtsradikalismus und Neonazismus. Motiv dafür sind hauptsächlich zwei Gründe: einmal der Versuch, auf nationaler wie internationaler Ebene die Rechten aller Schattierungen um Strauß zu sammeln ... zum anderen ergab sich großzügiges Verhalten gegenüber Rechtsradikalen ... da man seit Jahren systematisch versuchte, die SPD mit dem Linksradikalismus (Freiheit oder Sozialismus), ja sogar mit dem Terrorismus in Verbindung zu bringen ... So lange der CSU-Vorsitzende Strauß sich in Europa an die Spitze einer rechten Sammlungsbewegung setzt, wobei ihm auch Rechtsextremisten offenbar willkommen sind, und CSU-Bundestagsabgeordnete mit Neonazis gemeinsam auftreten, darf der bayrische Innenminister die Tatsachen nicht so sehen wie sie sind, selbst wenn er wollte. Die Frage ist nur: Will er?"

Daß *Seidl* nicht wollte, ergab sich nicht nur aus der Verbindung zu Frey. Er war auch für die Überwachung der in Franken beheimateten *Wehrsportgruppe Hoffmann* zuständig. Obwohl die Wehrsportgruppe mit *Verfassungsschutz*-Spitzeln besetzt war und *Hoffmann* und seine Leute mit scharfen Waffen trainierten, teilte *Seidl* auf Anfrage des bayrischen *SPD*-Landtagsabgeordneten *Helmut Geys* im Mai 1977 mit: „... von den Sicherheitsorganen seit ihrer Gründung im Jahre 1974 aufmerksam beobachtet. Es haben sich bisher keine ausreichenden Anhaltspunkte für die Einleitung eines Verbotsverfahrens nach dem Vereinsgesetz ergeben ... Insbesondere gibt es keine Beweise, daß der von Hoffmann betriebene Wehrsport eine Übung für den späteren Kampf gegen die bestehende freiheitlich-demokratische Grundordnung darstellt."[6]

Durch seine Haltung und Unterlassungen war *Seidl* indirekt mitverantwortlich für den Tod von 16 Menschen, die von Mitgliedern der *Wehrsportgruppe Hoffmann* ermordet wurden.

Auch nach seiner aktiven Zeit als Innenminister ließ *Seidl* seine guten Beziehungen für Frey spielen. In einem Brief vom 21. Juli 1987, Ende 1993 in der Nationalzeitung veröffentlicht, schrieb er an Frey: ,,In Beantwortung ihres Schreibens vom 20.07.1987 darf ich ihnen mitteilen, daß ich selbstverständlich nach wie vor bereit bin, mich in den von ihnen angeschnittenen Fragen zu verwenden. Ich bin sicher, daß die Polizei auch an ihrer Veranstaltung in der Passauer Nibelungenhalle am 15. August 1987 massiv vertreten sein wird. Sollten Ihnen Tatsachen bekannt werden, die für die Einsatzleitung der Polizei bei dieser Veranstaltung von Bedeutung sein könnten, dann darf ich Sie bitten, mich unverzüglich zu verständigen."

Frey und der Grundgesetz-Kommentator Maunz

Am 24. September 1993 ließ die Nationalzeitung eine Bombe platzen. Sie outete den am 10. September 1993 verstorbenen emeritierten Rechtsprofessor *Theodor Maunz* als jahrzehntelangen Berater Freys und Autor der Nationalzeitung.

Es dauerte noch vierzehn Tage, bis die Bombe ihre volle Sprengkraft erreichte. Erst dem ARD-Fernsehmagazin *Panorama* blieb es vorbehalten, in ihrer Sendung vom 7. Oktober die ,,Sensation" in eine breite Öffentlichkeit zu tragen. In der DNZ vom 24. September hatte Frey den Schleier gelüftet: Unter der Überschrift ,,Deutschland verlor seinen größten Rechtsgelehrten. Dr. Frey seinen wunderbaren Wegbegleiter" waren in der faschistischen Postille acht handschriftliche Briefe abgelichtet, die dokumentierten, daß *Maunz* Gutachten für Frey gefertigt hatte. Die Themen reichten von parteirechtlichen Fragen bis zum Asylrecht und zum Vertrag von Maastricht. Am 8. Oktober enthüllte die Nationalzeitung dann, daß *Maunz* in ,,vielen Hunderten" von Aufsätzen auch als Autor ohne Namensangabe für das Blatt tätig geworden ist. An der Echtheit der Dokumente bestanden keine Zweifel. Die Enthüllung löste kurzzeitig eine Krise in PolitikerInnen- und JuristInnen-Kreisen aus.

Immerhin galt der 1901 in Dachau geborene *Maunz* als namhaftester Staatsrechtler der Nachkriegszeit, als Wissenschaftler, der auch die Urteilspraxis des *Bundesverfassungsgerichts* beeinflußte. Sein Studienbuch *Deutsches Staatsrecht* ist ein Klassiker, der Grundgesetz-Kommentar *Maunz-Dürig-Herzog* ein Standardwerk. Der heutige Bundespräsident *Roman Herzog* war Schüler und Assistent von *Maunz* und Co-Autor des Grundgesetz-Kommentars. Da die Wahl des neuen Bundespräsidenten bevorstand, war natürlich die Frage, wie das *CDU*-Mitglied und damalige Präsident des *Bundesverfassungsgerichts Herzog* zu den Enthüllungen stand. *Herzog* zeigte sich vor laufenden Fernsehkameras ,,wütend", distanzierte sich von den Kontakten zu Frey und wurde Bundespräsident. Ein weiterer Co-Autor des *Maunz-Dürig-Herzog* Grundgesetz-Kommentars, der *CDU*-Politiker *Rupert Scholz*, der als Hochschuljurist und Bundesminister Karriere machte, fand die Enthüllungen zwar ,,etwas erschreckend", meinte aber, *Maunz* sei ,,absoluter Demokrat gewesen"; er habe nur schwer nein sagen können und sei vermutlich von Frey ,,mißbraucht" worden. Ob allerdings *Scholz*, der auch der neurechten Zeitschrift *MUT* ein Interview gab[1] und in der Frage von weltweiten Bundeswehreinsätzen zu den absoluten Scharfmachern der Union gehört, ein neutrales Urteil abgeben kann, muß bezweifelt werden. Sein neutrales Urteilsvermögen hat mit Sicherheit auch dadurch Schaden erlitten, daß er zumindest in der Frage des Umgangs mit Flüchtlingen *REP*-Programmatik vertritt. Die von den *Republikanern* Mitte der 80er Jahre aufgestellte Forderung nach Schnellrichtern an den Grenzen wurde vom Verfassungsrechtler *Scholz* am 16.11.1991 in der *Bild-Zeitung* aufgegriffen. Er meinte, zur Abwehr von ,,Scheinasylanten" seien ,,Grenzrichter" erforderlich, die schon an der Grenze ohne Einspruchmöglichkeit der Betroffenen die Abschiebung der AsylbewerberInnen anordnen können.

Die Deutung von *Scholz*, *Maunz* hätte sich von Frey mißbrauchen lassen, scheint absurd. *Maunz* beriet Frey und die DVU häufig in parteitaktischer Hinsicht, ob es nun um die umstrittene Beförderung von Wahlkampfmaterial durch die Post oder die organisatorische Gliederung der Kreisverbände ging. Es ist schwer vorstellbar, daß der *CSU*-Politiker *Maunz*, der bis 1964 bayrischer Kultusminister und vorher nationalsozialistischer Staatsrechtler unter *Hitler* war, naive Vorstellungen über die Ziele des faschistischen Verlegers

Frey hatte. Die Anrede, die *Maunz* in seinen Briefen verwendete, war: „Sehr verehrter, lieber Herr Doktor Frey!" Das zeugt von einem freundschaftlichen Verhältnis. Aus den in der DNZ veröffentlichten Unterlagen geht auch hervor, daß *Maunz* immer wieder Aufsätze für Freys Zeitungen schrieb. Zwischen ihm und Frey gab es offenbar regelmäßige Treffen, denn es heißt in einem Brief: „Ich werde mir daher erlauben, das von Ihnen genannte Buch am kommenden Montag zur gewohnten Stunde im Verlag in Empfang zu nehmen." (Hervorhebung d. Verf.)

In Gerhard Freys Opus „Prominente ohne Maske" heißt es über *Maunz*: „... auch als Ruheständler ist der an Sachkompetenz nicht zu überbietende Doyen der deutschen Staatsrechtslehre weiter am Ball: Sein Wort zu aktuellen Problemen des Faches hat nicht an Gewicht verloren."[2] Seit dem 24. September 1993 wissen wir, daß das Vorbild vieler JuristInnen vor allem für Frey und die DVU am Ball blieb.

Während des Nationalsozialismus war *Dr. Theodor Maunz* Professor für Öffentliches Recht in Freiburg/Br. In dieser Zeit entwickelte er sich zu einem führenden Vertreter des faschistischen Verwaltungs- und Polizeirechts. Im Jahre 1934 legte er ein Bekenntnis zum Nazi-Staat und zur faschistischen Rechtsauffassung ab. In seiner Schrift „Neue Grundlagen des Verwaltungsrechts" führte *Maunz* aus, „daß das neue Staatsdenken mit einem solchen Anspruch auftritt, daß es nicht sagt, das jeweilige Staatsdenken sei für die Ermessungsentschei-

Dr. Theodor Maunz

dung maßgebend, sondern nur das nationalsozialistische Staatsdenken".[3] In derselben Schrift schrieb er, daß es gegen den Führer kein Recht geben könne. Er brachte damit zum Ausdruck, daß *Hitlers*

Befehle automatisch Gesetzeskraft hatten. Weiter hieß es bei *Maunz*: ,,Nicht der Staat setzt die Gesamtheit des Rechtes, sondern die völkische Lebensordnung wächst aus Blut und Boden hervor."

In vielen weiteren Schriften und in seinen Vorlesungen nach seiner Berufung 1937 auf den Freiburger Lehrstuhl diente er sich den nationalsozialistischen Herren an. Auch das Nazi-Regime schuf sich eine gesetzliche Grundlage für sein mörderisches Handwerk. Nicht umsonst konnte der ehemalige Militärrichter und Ministerpräsident von Baden-Württemberg, *Filbinger*, nachdem bekannt wurde, daß er noch kurz vor der Kapitulation Nazi-Deutschlands Wehrmachtssoldaten, die desertieren wollten, zum Tode verurteilte und sogar noch nach der Kapitulation Gefängnisstrafen verhängte, seine Taten mit den bemerkenswerten Worten rechtfertigen: ,,Was damals Recht war, kann heute nicht Unrecht sein."

Im Jahre 1937 legte *Maunz* weiter dar: ,,Der Grundsatz der Rechtmäßigkeit der Verwaltung geht aber weiterhin von einem völlig neuen Gesetzesbegriff aus. Gesetz ist geformter Plan des Führers und damit Ausdruck der völkischen Lebensordnung. Der geformte Plan des Führers ist oberstes Rechtsgebot."[4]

Maunz beteiligte sich als führender Verwaltungsrechtler auch an der antisemitischen Politik der NationalsozialistInnen. Im Oktober 1936 in Berlin, hielt er eines der Hauptreferate der Tagung des *Rechtswahrerbundes*. Der Titel seines Referates: ,,Das Judentum im Verwaltungsrecht." *Maunz* machte sich in seinem Vortrag vor allem Gedanken über die ,,verhängnisvolle Neigung jüdischer Verwaltungsrechtler zur liberalistischen Rechtsstaatsdoktrin".[5]

Seine Haltung gegen einen ,,zu liberalen Rechtsstaat" brachte *Maunz* auch zum Ausdruck, indem er für die ,,Entmannung von asozial Gemeinschädlichen" und für die ,,unzertrennliche Gemeinschaft" von *SS* und Polizei im ,,Kampf zur Eindämmung eines schlechten Erbstromes innerhalb des deutschen Volkes" die Feder wetzte. Ein wichtiger Schwerpunkt in der juristischen Arbeit *Maunz'* war die rechtliche Stellung der Polizei und *Gestapo*. Der Kern seiner Arbeiten war immer derselbe: Die Polizei und *Gestapo* darf mit ihren GegnerInnen machen, was sie will, jegliche rechtliche Beschränkungen wurden den faschistischen Terrorinstitutionen von den „furchtbaren Juristen", wie *Maunz* einer war, abgenommen.

Zur *Gestapo* schrieb *Maunz* 1937: „Eine gesetzliche Aufzählung der Mittel, die der politischen Polizei für ihre vorbeugende Tätigkeit zur Verfügung stehen, ist nicht erfolgt. Neben dem Auftrag, alle staatsgefährdenden Bestrebungen zu bekämpfen und ihnen zuvorzukommen, bedarf es keiner besonderen Ermächtigung, alle zu diesem Zweck erforderlichen Mittel anzuwenden ... für die politische Polizei des nationalsozialistischen Staates hat es keinen Sinn, in der bisherigen Weise Auftrag und Ermächtigung zu trennen."[6]

Auch für die zehntausendfach angewandte Methode der NationalsozialistInnen, ihre politischen GegnerInnen in „Schutzhaft" zu nehmen und in Konzentrationslager zu sperren, fand *Theodor Maunz* eine juristische Rechtfertigung. Im Jahre 1943 äußerte Maunz: „Die geheime Staatspolizei hat ihrem Wesen nach die Aufgabe, alle staatsgefährdenden Bestrebungen zu erforschen und zu bekämpfen. Eines der Kampfmittel ist der Entzug der Freiheit ... Gerichte können die Schutzhaftbefehle, ihre Erfordernisse und Wirkungen, ihren Inhalt und ihre Rechtmäßigkeit nicht zum Gegenstand ihrer Prüfung machen."[7]

Maunz wurde nach 1945 nicht abgewickelt. Er mußte nicht in den Vorruhestand und hatte sich auch nicht vor irgendwem wegen seiner Schriften, die in so hervoragendem Maße der faschistischen Terrorherrschaft juristische Legitimität verliehen hatten, zu rechtfertigen. *Maunz* wechselte nur die Fahne, wurde Demokrat und *CSU*-Mitglied. Von 1946 an war er im badischen und bayrischen Verwaltungsdienst tätig. 1952 wurde er wieder Professor für Öffentliches Recht, jetzt in München. 1957 wurde *Maunz* Kultusminister von Bayern. 1958 begann er in Partnerschaft mit *Günter Dürig* mit seinem Kommentar zum Grundgesetz. Im Verlauf der Zeit hieß das Werk dann *Maunz-Dürig-Herzog-Scholz*.

1964 mußte *Maunz* als Kultusminister zurücktreten. Über seinen Rücktritt berichtete die *FDP*-Politikerin *Hildegard Hamm-Brücher* in einem Leserinbrief an die *Süddeutsche Zeitung* vom 2. März 1994: „Als liberale Landtagsabgeordnete hatte ich mit dem damaligen Kultusminister Maunz wiederholt heftige kulturpolitische Kontroversen, unter anderem über seine konfessionell bestimmten Berufungen, seine schützende Hand über einen, wegen seiner braunen Vergangenheit schwer belasteten Lehrer usw., vor allem aber wegen seiner unwahren Auskünfte (um nicht zu sagen ‚Lügen') im Parlament. Seine braune Vergangenheit kannte ich nur vom Hörensagen, bis ich Mitte Juni 1964 aus einem Artikel in der Neuen Juristischen Wochenschrift das ganze Ausmaß seiner Verstrickungen erfuhr ... Abschließend forderte ich den Ministerpräsidenten auf, diese Vorwürfe umgehend zu prüfen und daraus Konsequenzen zu ziehen: 'Für mich gibt es keine Zweifel, daß Herr Prof. Maunz als bayrischer Kultusminister untragbar ist'. Nun, er mußte schließlich tatsächlich zurücktreten und wurde mit dröhnenden Ovationen seitens der CSU-Fraktion im bayrischen Landtag und mit zahlreichen Ehrenerklärungen verabschiedet."

Eine Veröffentlichung von *Konrad Redeker* in der angesehenen *Neuen Juristischen Wochenschrift*[8] über die „Bewältigung der Vergangenheit als Aufgabe der Justiz", in der er auch aus Arbeiten *Maunz'* im Nationalsozialismus zitierte und Beweismaterial, das die Friedrich-Schiller-Universität in Jena (DDR) am 9. Juli 1964 vorlegte, waren Auslöser des Rücktritts. Seine braune Vergangenheit war nun öffentlich bekannt. Das öffentliche Interesse an *Maunz'* Vergangenheit war aber nur von kurzer Dauer. Schon im Sommersemester 1965 konnte er seine Lehrtätigkeit in München wieder aufnehmen. Der Professor war ein allseits beliebter Mann, auch bei seinen StudentInnen und SchülerInnen. Niemanden schien es zu stören, daß *Maunz* sich nie von seiner braunen Vergangenheit distanzierte. Er habe ja nur „geltendes Recht" gelehrt und beschrieben, war die einzige, karge Rechtfertigung seiner NS-Tätigkeit.

Diese Sichtweise von *Maunz* schienen viele seiner juristischen KollegInnen zu teilen. In Artikeln und Festschriften zu seiner Person spielte seine Vergangenheit, mit Ausnahme des Jahres 1964, keine Rolle. In einer Laudatio von *Peter Lerche* in der Festschrift des Verlags *C.H. Beck*, „Juristen im Portrait" (1988), kam die NS-Vergangenheit von *Maunz* in einem einzigen kunstvoll verhüllten Satz vor. Seine Unterstützung der Nazi-Terrorherrschaft hatte *Maunz* schon 1961 nichts anhaben können, als sich in West-Berlin ein ehemaliger *SS*-Mann auf ihn berief. Der Jurist, der vor Gericht stand, weil er als Mitglied eines Einsatzkommandos zusammen mit anderen *SS*-Männern Tausende von Juden/Jüdinnen erschossen hatte, brachte zu seiner Entlastung den *Maunz*-Grundsatz, daß ein Führerbefehl als oberstes Gesetz zu befolgen sei, vor. Er berief sich wie viele andere NS-TäterInnen vergebens auf *Maunz*.[9]

Die Kommentierung des Grundgesetzes war für *Maunz* nach 1945 eine Lebensaufgabe. Sein Grundgesetz-Kommentar, ein Loseblattwerk in der siebten Auflage mit bald 8.000 Seiten für 320 DM, hatte großen Einfluß auf die Rechtssprechung des Bundesverfassungsgerichts. Noch heute blättern einige tausend JuristInnen täglich in diesem Werk. Seiner Lebensaufgabe widmete er sich auch 1974 in einem Beitrag für die Nationalzeitung (Nr. 23) unter dem Titel: „Es lebe das Grundgesetz!" *Maunz* schrieb u.a.: „Durch die Verfälschung des Begriffs ‚Demokratisierung' als neues ‚Lebensgefühl' der Gesellschaft suchten Brandt und seine Anhänger die freiheitliche Demokratie, wie sie das Grundgesetz verbindlich festlegt, zu unterlaufen. Angeblich soll durch ein ‚Mehr an Demokratie' ein ‚Aufbau der Herrschaft' bewirkt werden. In Wahrheit wird dadurch die Ordnung des Grundgesetzes aufgelöst und die Anarchie vorbereitet."

Wie schon in seinem Vortrag von 1936 macht sich *Maunz* Sorgen um eine zu liberalistische Rechtssprechung in einem zu liberalen Staat. Nur sind es nicht mehr „die Juden", sondern die SozialdemokratInnen, die diese „verhängnisvolle Neigung" haben. In der Nationalzeitung Nr. 27 desselben Jahres schrieb *Maunz* zum selben Thema: „‚Demokratisierung', wie sie die Wehner-Clique versteht, nämlich als Alleinherrschaft der linken Parteien, wäre der Tod der freiheitlichen Demokratie. In dieses System paßt es durchaus, daß auch das freie Mandat der Volksvertreter bekämpft wird und durch Weisungen der Parteifunktionäre, das sogenannte imperative Mandat, ersetzt werden soll."

Die Kernaussage seiner 1974 in der DNZ veröffentlichten Artikel war die Behauptung, die *SPD*-Regierungspolitik gefährde das Grundgesetz. *Maunz* stellte in der DNZ Nr. 18 die absurde Behauptung auf, die *SPD* plane eine Bodenreform nach DDR-Muster. Nicht weniger absurd war seine Behauptung in der Nr. 27, die *SPD* plane einen kalten Staatsstreich mit dem Ziel, eine Räterepublik einzuführen.

Der mittlerweile zweitwichtigste Autor im *Maunz-Dürig, Roman Herzog*, befand zwei *Maunz*-Artikel, die er in der Nationalzeitung gelesen hatte, für harmlos, doch „das Entscheidende ist für mich nicht der Inhalt, sondern der Erscheinungsort".[10] *Herzog*, der bei *Maunz* studierte, promovierte und habilitierte, verstand die Welt nicht mehr. „Es ist unbegreiflich – mit dieser zwielichtigen Figur zwanzig Jahre ohne ersichtlichen Anlaß!"[11] Unbekannt blieb, ob es *Herzog* ebenso „unbegreiflich" fand, daß sich die Nationalzeitung 1982 für seinen Amtsantritt beim Bundesverfassungsgericht in Karlsruhe engagierte. Das Nazi-Blatt konnte sich „an der Spitze des höchsten deutschen Gerichts keinen geeigneteren Fachmann als Prof. Herzog" vorstellen. Der Fachmann revanchierte sich, indem er unverzüglich festlegte, daß das Deutsche Reich in den Grenzen von 1937 juristisch noch immer fortbestehe und deshalb eine Anerkennung der Oder-Neiße-Linie als polnischer Westgrenze abzulehnen sei.[12]

Der jetzige Bundespräsident *Herzog* hatte nie einen Anstoß daran genommen, daß für *Maunz* der Wille des Führers oberstes Gebot war und er den Krieg und die Konzentrationslager rechtfertigte. „Im übrigen", so sprach der akademische Lehrer *Maunz* zu seinem Schüler *Herzog*, „gilt in unserem Beruf der Grundsatz: die Meinung des Gegners gering zu achten". Der eifrige Schüler: „Ich habe mich danach gerichtet und bin nicht schlecht damit gefahren." *Herzog* legte dies Geständnis in der Festschrift zu *Maunz'* 80. Geburtstag 1981 ab. Der Bundespräsident war ein gefügiger Assistent seines Lehrvaters *Maunz*: „Solange er Minister war, war es verständlicherweise nicht einfach, ihn – und sei es auch nur telefonisch – zu erreichen. Aber es gab fast jeden Tag eine Zeitnische, zu der es möglich war, zwischen 7.40 Uhr und 7.45 Uhr – um 7.40 Uhr war er mit dem Frühstück fertig und um 7.45 Uhr holte ihn der Cheffahrer Fischer ins Ministerium ab."

Diese täglichen fünf Minuten reichten, um in einigen hundert Telefongesprächen den angehenden Juristen aufzubauen. Auch *Herzog* achtete den „Gegner gering", was er von 1981 an als Stuttgarter Innenminister unter Beweis stellte. Wie *Maunz* war *Herzog* „kein Anhänger des Nachtwächterstaates". Ihm vor allem haben es die DemonstrantInnen von Mutlangen zu verdanken, daß sie noch ein Jahrzehnt nach ihren Blockaden gegen Raketendepots juristisch verfolgt werden. *Herzog* war es auch, der sich den Einsatz seiner PolizistInnen von DemonstrantInnen bezahlen lassen wollte. Sein Motto war stets: „Polizeieinsatz stärkt den Rechtsstaat". Den Rechtsstaat wollte *Roman Herzog* auch Anfang der achtziger Jahre stärken, als er als Innenminister eine verheiratete indonesische Studentin, die ein Kind erwartete, ausweisen ließ. Grund: unerlaubter Familiennachzug per Uterus.

Seinen Ausführungen in dem gemeinsam mit *Maunz* herausgegebenen Grundgesetz-Kommentar hatten es die Nazis zu danken, daß sie ziemlich unbehelligt Organisationen zum Wiederaufbau der *NSDAP* bilden konnten – entgegen Artikel 103 Grundgesetz, der festlegt, daß die zur „Befreiung des deutschen Volkes vom Nationalsozialismus und Militarismus" erlassenen Rechtsvorschriften nicht abgeschafft werden dürfen. *Herzog* fand einen besonders eleganten Dreh. Weil das Grundgesetz „allen totalitären Welt- und Staatsauffassungen ablehnend-kämpferisch" gegenüberstehe, gebe es in ihm keinen Platz für eine „Sondervorschrift nach rechts" – und schon lag der Grundgesetz-Artikel 139 im Papierkorb.[13]

Frey und sein russischer Verbündeter Schirinowski

Gejohle, Applaus, Radetzkymarsch: In Mühlhausen (Thüringen) im August 1992 hatte die Deutsche Volksunion den rechten Rand ins Haus des Handwerks geladen. Die Veranstaltung stand unter dem Motto: „Deutsche und Russen – Feinde für immer?".

Der Bundesvorsitzende der DVU Gerhard Frey marschierte ein, um die Verbrüderung mit dem neuen russischen Verbündeten *Wladimir Wolfowitsch Schirinowski* öffentlich zu besiegeln. Der Vorsitzende der *Liberal-Demokratischen Partei Rußlands (LDP)* hatte 1991 als Präsidentschaftskandidat 5,8 Prozent der Stimmen geholt.

Als Gastgeschenk brachte *Schirinowski* seinen „neuen Freunden"
die Zusage mit, wenn er die Regierung stelle, Ostpreußen wieder
Deutschland zu überlassen. Der *LDP*-Vorsitzende warb vorab auch
für seine Art, Politik zu machen: „Unsere Art des Regierens wird
erst einmal hart aussehen nach außen hin." *Schirinowki* versprach:
„Wenn die rechten Parteien in Rußland an die Macht kommen, werden sie einen großen Einfluß haben und Unterstützung für die rechten Parteien in Europa anbieten." Die Volksseele kochte im Saal, als
er ein zukünftiges „starkes Deutschland" heraufbeschwor, in dem
„Ordnung" herrschen werde, so wie er in Rußland für „Ordnung"
sorgen werde. Die kurzgeschorenen blonden Jungs aus Halle und
anderswo, mit dem Abenteuerblick und Bierschaum um den Lippen,
reckten anerkennend die Daumen in die Höhe.[1]

Nach diesem einzigartigen Freundschaftstaumel erläuterte Gerhard Frey eines seiner Feindbilder: „Wir lassen uns das als Deutsche nicht bieten, uns vom französischen Zwerg am Nasenring
durch die Weltgeschichte führen zu lassen." Schließlich sei es *Mit-
terrand* gewesen, der die Wiedervereinigung habe verhindern wollen. Frey verwahrte sich energisch gegen die „Auflösung der deutschen Nationalität in der EG". Und demagogisch rief er den andäch-
tig lauschenden ZuhörerInnen zu: „Wir lassen es nicht zu, daß unser Vaterland europäisiert wird. Sind wir denn Idioten?" Freys rhe-
thorische Frage wurde prompt und ernstgemeint aus dem Publikum
beantwortet: „Ja, wir sinds." In Einklang mit *Schirinowski* versprach Frey, daß die Oder-Neiße-Linie als Grenze keinen Bestand
haben werde. Zur Durchsetzung seines Versprechens brachte Frey
die Bundeswehr ins Spiel. Der DVU-Vorsitzende redete sich so in
Fahrt, daß aus der Bundeswehr auf einmal die „Wehrmacht" wurde,
die er in Gedanken (wieder) gegen Polen aufmarschieren ließ.[2]

Der Veranstaltung in Mühlhausen folgte noch eine weitere mit
dem *LDP*-Vorsitzenden *Schirinowski*. So trat er am 2. Oktober 1993
als Hauptredner der DVU-Großkundgebung in Passau auf. Sein
Thema: „Deutsche und Russen – Freunde für immer".

Frey, der zum „Schulterschluß der beiden größten Völker des
Abendlandes, der Russen und der Deutschen" aufrief, um sich „der
asiatischen Gefahr" zu erwehren, hat mit *Schirinowski* einen starken

Bündnispartner gewonnen. Die *LDP*, die mit ihrem Namen Etiket-tenschwindel betreibt, da sie weder liberal noch demokratisch ist, wurde bei den Parlamentswahlen in Rußland Ende 1993 stärkste Partei.

„Ein Deutschland, in dem Neger, Araber und Türken über das Schicksal Deutschlands entscheiden dürfen, ist kein europäisches Land mehr." *Wladimir Schirinowski* nimmt in faschistischen Publi-kationen kein Blatt vor dem Mund. Neben Interviews für die Natio-nalzeitung ließ er sich im Sommer 1992 auch von *Nation und Euro-pa* befragen. Wie schon Frey sprach sich der *LDP*-Chef ebenfalls für eine deutsch-russische Allianz zur „Verteidigung des weißen Europas" aus, das er in „tödlicher Gefahr" wähnt.[3] In der *Nation und Europa* führte er weiter aus: „Der Islam steht nicht erst vor den Toren, er marschiert bereits durch die Städte Europas, er überrollt das christliche Europa." Die Hauptrolle in dem „Abwehrkampf" komme dabei den Russen und Deutschen zu: „Die Festung weißes Europa steht oder fällt mit unseren beiden Völkern." Um für den

Schirinowski und Frey

„Abwehrkampf" besser gerüstet zu sein, sprach er sich für eine „Diktatur" in Rußland aus. So wie sich Frey für ein „starkes Deutschland" ausspricht, will sein zur Zeit wichtigster Bündnispartner ein „starkes Rußland". Ein Rußland mindestens in den Grenzen des zaristischen Reiches von 1917. Polen würde *Schirinowski* am liebsten von der Landkarte streichen; so befürwortete er folgerichtig eine „gemeinsame deutsch-russische Grenze".[4]

Nach dem *LDP*-Wahlsieg wurde *Schirinowski* in seinen öffentlichen Äußerungen vorsichtiger. In vielerlei Hinsicht von Frey unterstützt und beraten, kehrte er nun häufiger den zukünftigen Staatsmann heraus. So formulierte der *LDP*-Chef gegenüber der Nationalzeitung: „Die sogenannte Oder-Neiße-Linie ist nicht das letzte Wort der Geschichte." Auch „das Königsberger Gebiet darf kein Zankapfel zwischen Deutschland und Rußland sein. Wir werden eine Formel finden, die Deutschland voll zufriedenstellt".

Voll zufrieden dürfte Gerhard Frey mit seinem neuen Bündnispartner *Schirinowski* sein. Es darf vermutet werden, daß Frey der *LDP* in ihrer Anfangsphase auch mit harter D-Mark zur Seite stand und sich nun als Gegenleistung an der Seite des mittlerweile populären russischen Faschisten sonnen darf. Auch wenn *Schirinowski* in den bundesdeutschen Medien eine negative Popularität genießt (Russen-Hitler), profitiert Frey von der Medienwirksamkeit *Schirinowskis* und seinen intensiven und freundschaftlichen Beziehungen zu ihm. Frey war es auch, der dem russischen Populisten unmittelbar nach dessen Wahlsieg bei den Parlamentswahlen gratulierte und jubilierend telegraphierte, daß sich „unseren gemeinsamen Hoffnungen" erfüllt haben. Im zum Frey-Imperium gehörende *FZ-Verlag* erschien im Sommer 1994 auch ein Buch von *Schirinowski*: „Schirinowski – Was ich wirklich will – Der am heftigsten umstrittene Politiker der Welt in Selbstzeugnissen und Bildern".

Die Re-Germanisierung Ostpreußens

Das alte Ostpreußen des Deutschen Reiches ist seit einigen Jahren verstärkt Thema des Frey-Imperiums. Die *FZ-Reisen* bieten Reisen ins „Königsberger Land" an und im Frey-Sortiment befindet sich seit Frühjahr 1993 eine Königsberg-Medaille in Gold für „Ostpreußen-Liebhaber" zum Preis von 388 DM. Die Nationalzeitung: „Ostpreußen ist heute mehrfach geteilt. Das ostpreußische Memelland steht unter litauischer, Nordostpreußen mit der Hauptstadt Königsberg unter russischer Verwaltung, der Süden ist polnisch besetzt."[1]

In einer mehrfach geschalteten Eigenanzeige, die auch als Flugblatt vertrieben wurde, war unter dem Motto „Ostpreußens große Chance" bei DVU-Chef Frey zu lesen:

„Das russisch besetzte Nordostpreußen ist dünn besiedelt. Der Regierungspräsident von Königsberg wünscht die Ansiedlung von 200 000 Rußlanddeutschen sowie eine enge deutsch-russische Gemeinschaft beim Wiederaufbau Ostpreußens. Bonn aber überhört hartnäckig alle Signale einer Erneuerung der alten deutsch-russischen Freundschaft in Ostpreußen und nimmt Rücksicht auf die bankrotte polnische Wirtschaft und die Begehrlichkeit Warschaus auch auf Königsberg. Jetzt sollten sich alle Patrioten in dem Bestreben vereinen, Ostpreußens neue deutsche Chancen zu verwirklichen."[2] Der Geschäftsmann Frey koppelte die Anzeige natürlich mit dem Appell, der DVU-eigenen *Aktion-Oder/Neiße* beizutreten.

Seit dem Zerfall der Sowjetunion entwickelte sich die Region um die russische Exklave Kaliningrad zu einem zentralen Schwerpunkt der Propagandaaktivitäten bundesdeutscher FaschistInnen jeglicher Richtung. Ewiggestrige und Möchtegern-Ostpreußen bereisen die Region. In rechten Kreisen ist mittlerweile wieder ein Königsberg-Stadtplan aus dem Jahre 1938 erhältlich. Gefördert und propagiert wird von bundesdeutschen Nazis die gezielte Ansiedlung von Deutschstämmigen aus der GUS im nordöstlichen Ostpreußen um Kaliningrad. Auch der enge Verbündete Freys, *Wladimir Schirinowski*, sprach sich für eine nachhaltige Ansiedlung Rußlanddeutscher im ehemaligen Nordostpreußen aus. Gelände wird aufgekauft, der Aufbau von Handwerksbetrieben unterstützt, Häuser werden renoviert, Lebensmittel, Bücher, Kleidung, Saatmaterial und Landwirtschaftsmaschinen aus der Bundesrepublik herangeschafft. Ziel der Aktivitäten ist die Re-Germanisierung einer Region, die bis Januar 1991 militärisches Sperrgebiet war. Deutsche „Fach- und Lehrkräfte" mit rechter Weltanschauung unterweisen Rußlanddeutsche in deutscher Kultur und Sprache. Laut *Hugo Wormsbecher*, Vorsitzender des Verbandes der Rußlanddeutschen, sind allein 1992 9.000 deutschstämmige Russen nach Kaliningrad, unter dem Namen Königsberg ehemals Hauptstadt der deutschen Provinz Ostpreußen, eingewandert.[3]

Durch die gezielte Siedlungspolitik in Teilen Osteuropas und das enge Bündnis mit *Schirinowski* erhofft sich die DVU langfristig ein vergrößertes Deutschland und dadurch ein günstigeres politisches Klima. Nach ihren Vorstellungen soll ein Deutschland in den Grenzen von 1937 den europäischen Kontinent beherrschen. So lehnt die DVU auch einen europäischen Bundesstaat ab und favorisiert einen europäischen Staatenbund, inklusive osteuropäischer Staaten, unter deutscher Herrschaft mit Berlin als Zentrum Europas. Der ehemalige Frey-Mitarbeiter und Europaabgeordnete *Neubauer* meinte hierzu: „Auch die deutsche Rechte war in erster Linie stets deutsch, nicht europäisch ... Nationales Blut ist eben doch dicker als europäisches Wasser." Das „nationale Blut" oder Abstammungsprinzip soll eine Politik der offenen Einmischung in andere Staaten ermöglichen. Mit Wolga-Deutschen, SchlesierInnen, Sudetendeutschen, Elsaß-Deutschen und Rußland-Deutschen läßt sich Politik machen. Schon die NationalsozialistInnen begründeten ihren Überfall auf die Tschechoslowakei mit einer angeblichen Unterdrückung der deutschen Minderheit.

Freys Vorstellungen eines neuen/alten Großdeutschland kommen zwei Faktoren entgegen: der Zerfall und die Zersplitterung Osteuropas (Balkanisierung) und die Tatsache, daß er sich auf die Politik der Bundesregierung beziehen kann. Auch die *CDU/CSU/FDP*-Regierung wendet in ihrer Politik das Abstammungsprinzip an und unterstützt die Ansiedlung Rußlanddeutscher in „Königsberg". So läßt die Bundesregierung seit 1990 jedes Jahr ca. 34 Millionen DM dem

Verein für das Deutschtum im Ausland (VDA) zukommen, um über ihn in den Nachfolgestaaten der Sowjetunion Projekte für Rußlanddeutsche zu organisieren. Den *VDA* gab es schon in den 20er Jahren. Die FaschistInnen organisierten nach dem Ersten Weltkrieg mit diesem Verein eine Bewegung für den „Anschluß an das Reich" in den damaligen osteuropäischen Staaten. Der Verein wurde nach dem Ende des Zweiten Weltkriegs von den Alliierten wegen seiner Verbindungen zu faschistischen Greueltaten verboten und erst 1955 neugegründet. Faschistische Zeitschriften wie *Nation und Europa* werben heute für den *VDA*. Im *VDA*, der Anfang 1994 ins Gerede kam, weil er Gelder veruntreut haben soll, sind 16.000 Mitglieder organisiert; das Spektrum reicht von *CDU/CSU*-Abgeordneten über Staatssekretäre bis hin zu Mitgliedern faschistischer Organisationen. Im Vorstand des *VDA* saß Staatssekretär *Waffenschmidt*, der praktischerweise für die Verteilung der staatlichen Gelder an die Rußlanddeutschen zuständig ist, Bundestagsvizepräsident *Hans Klein* gehört dem Verwaltungsrat an. Das *VDA*-Vorstandsmitglied *Rolf Sauerzapf* empfahl der Mitgliederschaft schon mal das „Handwörterbuch des Grenz- und Auslandsdeutschen" zur Lektüre, das 1933 in Breslau erschienen ist, die deutschen Minderheiten der Welt auflistet und dabei vor Antisemitismus strotzt. *Sauerzapf* ist auch Mitglied der klerikal-faschistischen *Evangelischen Notgemeinschaft Deutschlands* und war Referent beim aufs engste mit dem organisierten Faschismus verbundenen *Hilfskomitee Südliches Afrika*.[4]

Die Gemeinsamkeiten von Bundesregierung und Frey haben einen praktischen und theoretischen Hintergrund. Die Bundesregierung gibt vor, daß sie den Rußlanddeutschen vor allem vor Ort helfen müsse, sonst würden zwei Millionen Menschen in die Bundesrepublik kommen, und dafür sei sie zu klein. Mit dieser Begründung schafft sich die Bundesregierung mehrere Vorwände und Ausreden: Sie würde einen Anstieg der Arbeitslosigkeit verhindern und den Deutschen in Rußland würde geholfen. Gleichzeitig werden die Rußlanddeutschen als eine zukünftige Kolonie in Kaliningrad betrachtet. Daß es angeblich nicht möglich ist, zwei Millionen Rußlanddeutsche aufzunehmen, nährt die faschistische Theorie vom „Volk ohne Raum". Der faschistische Politiker *Hans Rustemeyer* nahm den Ball schon auf und forderte in der Zeitschrift *Europa Vorn* ein „Einwanderungsverbot", da Deutschland überbevölkert sei und setzte sich für „ethnische Inseln" zum Beispiel in „Königsberg" ein. Die Nationalzeitung berichtete über die Reise eines Bremer DVU-Landtagsabgeordneten nach „Königsberg": „Spielt das Königsberger Gebiet für Deutschland bald wieder eine wichtige Rolle? Wird Königsberg zum Vorort einer neuen Hanse und Sitz bedeutender Wirtschaftseinrichtungen und zum Träger weit ausgelegter Landesrekultivierung? ... Und was ist von russischen Bürgern in Königsberg zu hören?, Die Deutschen? Ja, sie sind willkommen, denn so geht es nicht weiter."

Welche meint, das seien nur Träumereien „Ewiggestriger", die irrt. Die konservative *Welt* hatte im April 1993 die „Königsbergfrage" mit den Kurilen-Inseln vor Japan verglichen. Dieser *Welt*-Artikel wurde in der faschistischen Zeitschrift *Deutsche Rundschau* kommentarlos nachgedruckt. Der *Welt*-Autor *Jochen Thies* schrieb u.a.: „Sollte Rußland sich in diesen Territorialfragen auch nur um Millimeter bewegen, etwa eine Kurilen-Insel an Japan zurückgeben und im Gegenzug dafür ein Menge Geld erhalten, wäre die Königsberg-Debatte in Deutschland über Nacht da. Denn der Landstrich ist durch die Auflösung der Sowjetunion heute eine Insel ohne Landverbindung nach Rußland, mit viel zu vielen russischen Soldaten und einer bunt zusammengewürfelten Bevölkerung."

Im April 1993 besuchte Frey den Parteitag der *Liberal-Demokratischen Partei Rußlands* und machte noch einmal deutlich, welche europäische Bündnispolitik die FaschistInnen verfolgen: „Uns Deutschen steht natürlicherweise die russische Seele viel näher als die amerikanische Lebensart, the american way of life. Wir sehen eine Seelenverwandschaft von Russen und Deutschen ... Rußland birgt ungeheure Bodenschätze und wird, wenn erst die gegenwärtige Krise überwunden ist, einer der größten Märkte der Zukunft sein ... Kaum jemand in Rußland wird seine Politik auf einen anderen Nachbarn im Westen als Deutschland aufbauen wollen. Beispielsweise Polen und Litauen sind sicher keine Faktoren, auf deren Zuverläßigkeit und Stabilität man bauen könnte. Auch daher mein Appell an Sie, liebe Freunde: Nehmen Sie massive deutsche Unterstützung beim gemeinsamen Aufbau und Ausbau Nordostpreußens in Anspruch und machen Sie hier den ersten großen Versuch nach dem II. Weltkrieg, an die einstige enge Verbundenheit unserer Völker und an die deutsche Geschichte Ostpreußens anzuknüpfen. Wenn beispielsweise viele Deutsche aus Rußland, aus Kasachstan und der Ukraine den Weg nach Königsberg finden, so dient deren Arbeit und Opfer und Leistung Deutschen und Russen zugleich. Nordostpreußen darf niemals zum Zankapfel zwischen Rußland und Deutschland werden, sondern hier ist die Brücke, die uns wieder zusammenführt ... Rußland hat Deutschland und ganz Europa vor der Schreckensherrschaft Napoleons I. gerettet ... Die deutschen Interessen in Mitteleuropa und die russischen Interessen in Osteuropa laufen parallel. Und wir brauchen wirklich keine Vermittlung von Politikern aus anderen Erdteilen."[5]

Frey polemisierte offenkundig gegen ein europäisches Bündnis mit den USA, England und Frankreich. Faktisch hat sich schon ein Bündnis von deutschen FaschistInnen und russischen ReaktionärInnen gebildet, das sich gegen Polen und Litauen wenden wird. Die Politik Freys zielt darauf ab, osteuropäische Staaten und Gebiete zu zerlegen und stückweise einem immer größer werdenden Deutschen Reich einzuverleiben. So wundert es auch nicht, wenn deutsche Faschisten in Jugoslawien an der Seite der kroatischen *Ustascha* kämpfen. Die Nationalsozialisten haben es vorgemacht; erst durch Krieg käme die Frey-Strategie voll zur Geltung.[6]

DVU und militante faschistische Bewegung

Die DVU ist selbst nicht dem militanten Spektrum zuzuordnen. Darunter fassen wir den Teil der faschistischen Bewegung, der seine Ziele unter Anwendung direkter Gewalt verfolgt und insbesondere die Strömung, die sich zum Nationalsozialismus bekennt, sowohl politisch wie militärisch organisiert ist und für die Wiederzulassung der *NSDAP* kämpft. Jedoch beherbergt die DVU durchaus ein militantes Potential in den eigenen Reihen und unterhält vielfältige Beziehungen zu diesem Teil der faschistischen Bewegung, aus denen in der Vergangenheit kaum ein Geheimnis gemacht wurde.

Es gab im Gegenteil sogar öffentliche Solidaritätsbekundungen mit militanten Faschisten. Heute dagegen ist die DVU dazu übergegangen, diese Verbindungen im Verborgenen zu pflegen und in der Öffentlichkeit abzustreiten.

Ausdruck dessen ist ein Unvereinbarkeitsbeschluß, der am 22.11.92 auf dem Bundesparteitag der DVU verabschiedet wurde und u.a. gegenüber folgenden Organisationen, Parteien und Personen gilt: *Freiheitliche Deutsche Arbeiterpartei (FAP)*, *Nationalistische Front (NF)*, *Nationale Liste (NL)*, *Nationale Offensive (NO)*, *Gesinnungsgemeinschaft der Neuen Front (GdNF)*, *Deutsche Alternative (DA)*, *Deutsch-Nationale Partei (DNP)*, *Deutsche Liga für Volk und Heimat (DL)*, *Roeder*, *Busse*, *Reisz*, *Pape*, *Althans*, *Worch* und zu Skins.

Dieser Unvereinbarkeitsbeschluß bezieht sich auf Doppelmitgliedschaften und die Unterstützung von Publikationen, „die sich in erklärter Gegnerschaft zur DVU befinden". Von einem Verbot der Zusammenarbeit mit den genannten Gruppen ist jedoch nicht die Rede.

Desweiteren modifizierte die DVU 1993 ihr Wahlprogramm. Dafür dürften zwei Gründe ausschlaggebend sein. Der erste resultiert aus den Morden von Solingen und Mölln, dort erhielt die DVU bei der Landtagswahl 1992 knapp 10% der Stimmen. Nach diesen Anschlägen geriet die Bundesregierung durch Druck des Auslandes und von Teilen der Bevölkerung in Zugzwang. Die DVU will nicht in den Sog von gesellschaftlicher Ächtung und Parteiverboten kommen. Hier trifft sich die DVU mit der militant-faschistischen *NL* aus Hamburg, die sich aus taktischen Gründen auch von den Morden in Solingen distanziert. Zweitens versucht die DVU, neue WählerInnenschichten für sich zu gewinnen. Mit ihrer alten Zielgruppe, den „NS-Nostalgikern", ist sie an Grenzen gestoßen.

Doch lassen wir einen Augenzeugen sprechen. Irgendwo in der BRD im Jahre 1993 in einem Hinterzimmer einer Gaststätte auf einer Kreisversammlung der DVU. Anwesend sind 50 Personen, überwiegend Männer, der größere Teil ist zwischen 40 und 60 Jahren alt. Aber auch einige faschistische Skins sind anwesend, ein Mitglied der *WJ* und drei Jünglinge, die die Jugendarbeit der DVU leiten, hinzu kommt noch ein unerkannt anwesender Antifaschist, dem wir unsere Erkenntnisse verdanken. Auf der Versammlung werden die Aktivitäten des nächsten Jahres besprochen. Der Versammlungsleiter wird nach den Unvereinbarkeitsbeschlüssen gefragt. Er spricht von der politischen Notwendigkeit der Beschlüsse und davon, daß die „ausgeschlossenen" Gruppen „sowieso der DVU schaden". Ein DVU-Mitglied empört sich und spricht von der Gemeinsamkeit im nationalen Lager. Ein älterer, etwas schwerhöriger „Herr" schreit aus der letzten Reihe, das mit den Unvereinbarkeitsbeschlüssen sei doch wohl nur für die Öffentlichkeit bestimmt und nicht ernst gemeint. Der Versammlungsleiter lächelt unschuldig und die Versammlung bricht in schallendes Gelächter aus, die Skins klopfen sich auf ihre Schenkel. Nach dem sechsten Bier kommt es zu Verbrüderungsszenen.

Das Geschilderte verdeutlicht die „Auswirkungen" des Unvereinbarkeitsbeschlusses: zumindest gegenüber der Gruppe der Skins wird die formal beschlossene Ausgrenzung nicht vollzogen. Auch darüberhinaus sind uns keine Fälle von Ausschlüssen bekannt geworden, ausgenommen öffentlich benannte DVU-Mitglieder, die an Morden beteiligt waren.

Die Verbindungen Freys und der DVU zum militanten faschistischen Spektrum haben eine lange Geschichte, schon in den 70er Jahren gab es ausgedehnte Kontakte der DVU zum terroristischen Nazi-Spektrum, das, wie der Chef der *NSDAP/AO Gary Lauck* durch die Übersendung von Glückwünschen[1], die Gründung der DVU begrüßte. Frey selbst gehörte als finanzieller Unterstützer der *Wehrsportgruppe Hoffmann* dem dazugehörigen Freundeskreis an und bezahlte für *Hoffmann* 1976 eine Geldstrafe von 8.000 DM. Im Gegenzug kam die *WSG Hoffmann* zum „Schutz" von DVU-Versammlungen zum Einsatz, wobei z.B. in Hamburg 1977 mehrere GegendemonstrantInnen so stark verletzt wurden, daß sie in umliegenden Krankenhäusern behandelt werden mußten.[2] Zur Information: Von 1974 bis zum Verbot 1980 war die *WSG Hoffmann* die größte und wichtigste Organisation zur paramilitärischen Ausbildung faschistischer Kader. Aus ihren Reihen wurden auch Mordanschläge verübt, darunter der von *Gundolf Köhler* verübte Bombenanschlag auf das Münchener Oktoberfest 1980, bei dem 13 Menschen getötet und 200 zum Teil schwer verletzt wurden, oder der Mord an dem jüdischen Verlegerehepaar *Levin*.

„Schutzaufgaben" für die DVU wurden ebenso von anderen Organisationen wie der *Wiking Jugend* oder *Kühnens ANS* durchgeführt. Eine der Schlüsselfiguren war *Uwe Rohwer*, der sowohl Mitglied der *ANS*, eine der *NSDAP/AO* untergeordnete Gruppe, als auch „Gauführer" der *WJ* in Schleswig-Holstein gewesen ist. Er erhielt 1976 den „Ehrenpreis der Nationalzeitung für politisch Verfolgte", bevor er drei Jahre später aufgrund seiner terroristischen Tätigkeiten zu neun Jahren Haft verurteilt wurde.[3] *Rohwer* und andere Nazis führten einen Bankraub durch und überfielen Soldaten auf einem Truppenübungsplatz, mißhandelten sie und raubten drei Maschinenpistolen.

Zweite Schlüsselfigur in diesem Zusammenhang war *Harald Neubauer*, 1973 Landesbeauftragter der DVU in Hamburg, 1975-83 verantwortlicher Redakteur des *Deutschen Anzeigers* und Redakteur der Nationalzeitung. Er galt jahrelang als rechte Hand Freys und war laut *Kühnen* Anfang bis Mitte der 70er Jahre Funktionär der *NSDAP/AO*, und zwar in Schleswig-Holstein, wodurch die Verbindung zu *Rohwer* auf der Hand liegt.[4]

Diese Verbindungen zum *Kühnen*-Flügel, heute als Gesinnungsgemeinschaft der Neuen Front (GdNF) bekannt, ein Organisationsnetzwerk unter Leitung der *NSDAP/AO*, reichen bis in die heutige

Zeit. Bekannte *GdNF*-Funktionäre waren Mitglieder der DVU, wie der zum Führungskreis der Organisation gehörende *Winfried Arnulf Priem*[5] oder *Roland Tabbert*, der 1987 noch Wahlkampfkoordinator der DVU war, danach Vorsitzender der *Antizionistischen Aktion* (Vorfeldorganisation der *GdNF*) wurde und während des Golfkriegs maßgeblich an der dann doch gescheiterten Vermittlung faschistischer Söldnertruppen an den Irak beteiligt war.[6] Ein weiteres Beispiel ist *Frank Hübner*, der sich schon in seiner DVU-Zeit in *Kühnens Nationaler Sammlung* engagierte und später zum Chef der *DA* aufstieg.[7] Auch *Michael Petri*, ebenfalls *GdNF*-Kader, begann seine Karriere bei der DVU. Mit 14 Jahren trat er 1986 in die Partei ein, brachte es 1988 zum Ortsverbandsleiter und wurde 1989 Vorsitzender des DVU-Kreisverbandes Main-Taunus. Im gleichen Jahr lernte er *Kühnen* kennen, wurde Landesbeauftragter und 1992 Landesvorsitzender der *DA* Rheinland-Pfalz. Nach dem Verbot der *DA* beteiligte er sich kurzzeitig an der Leitung der *Aktionspartei Nationalrevolutionärer Kameraden*, bevor er im Juli 1993 die Organisation *Deutsche Nationalisten* gründete und deren Bundesvorsitzender wurde.[8] 1989 gründete die *GdNF* mit der *Arbeitsgemeinschaft Schwarz-Weiss-Rot* eine eigene Gruppe innerhalb der DVU.[9]

Auch gegenüber der militant nationalsozialistischen *Freiheitlichen Deutschen Arbeiterpartei (FAP)* hatte die DVU keine Berührungsängste. So verteilten AnhängerInnen der *FAP* 1986 auf der DVU-Jahresversammlung in München, sozusagen im „Familienkreis", ganz offen ihr Werbematerial, die *FAP*-Nachrichten, ohne daß DVU-Ordner einschritten.[10] In letzter Zeit ist das Verhältnis zwischen DVU und *FAP* allerdings getrübt. Auf der alljährlich stattfindenden DVU-Großveranstaltung in Passau am 2.10.93 ließ Frey *FAP*-Mitglieder von bayerischen Sondereinsatzpolizisten aus dem Saal entfernen, da diese Flugblätter verteilt hatten, in denen ihm vorgeworfen wurde, er würde sich durch seine faschistische Arbeit persönlich bereichern.

Interessant sind auch die Bündnisse oder bündnisähnliche Verbindungen der DVU, die bis in das militante Spektrum hineinreichen. Dazu gehört der in Köln ansässige *Volksbund Deutscher Ring (VDR)*, ein gutes Beispiel für die enge Zusammenarbeit scheinbar konkurrierender und/oder verfeindeter Gruppierungen. Im 1963 gegründeten *VDR* arbeiten u.a. VertreterInnen folgender Organisationen zusammen: *NPD, Deutsche Liga, FAP, WJ, Filmclub 49, Burschenschaft Germania* und DVU. Als Gäste des *VDR* wurden eingeladen (und erschienen) Exponenten der Vertriebenenverbände, des Bundeswehrverbandes sowie anderer militärischer Organisationen und der stellvertretende Fraktionsvorsitzende der *CDU* im Kölner Stadtrat, *Adolf Hellmich*. Nach außen beschäftigt sich der *VDR* vor allem mit der Durchführung von „Kulturfahrten" und der Herausgabe eines monatlich erscheinenden Heftchens.[11]

Ein weiteres Beispiel ist das Wahlbündnis *Die Nationalen*, das im Mai 1992 in Berlin zu den Kommunalwahlen antrat. Dieses Bündnis, von DVU-Mitgliedern mitinitiiert, umfaßte ein breites Spektrum von *DSU, NPD, DL* bis hin zur *Nationalen Alternative (GdNF, NSDAP/AO)*, die einen Großteil der führenden FunktionärInnen stellte.[12]

Nach diesem Blick auf die Verbindungen der DVU zum organisierten militanten Spektrum soll die folgende Auswahl von Beispielen aus den letzten Jahren die Existenz des militanten Potentials innerhalb der DVU verdeutlichen:

– Im Februar 1990 wird bei einem DVU-Sympathisanten in Mittelfranken ein Waffenlager mit über hundert Waffen ausgehoben.[13]
– Im Februar 1991 kommt es im Anschluß an die DVU Großkundgebung in Passau zu Angriffen auf eine Konzertveranstaltung und mehrere Einzelpersonen durch DVU-AnhängerInnen.[14]
– Am 16. Juni 1991 tötet der Skin und DVU-Sympathisant *Mario R.* den 34jährigen Angolaner *Agostinho*. *Mario R.* war für die DVU als „Ordner" aktiv.[15]
– 3.10.1991: An diesem Tag gründet sich der sächsische Landesverband der DVU. 80 anwesende Skinheads überfallen nach der DVU-Veranstaltung ein MigrantInnenheim in Meißen.[16]
– 1992: DVU-Mitglieder beteiligen sich an dem Pogrom von Rostock. „Zwei Monate vor dem Pogrom taucht die DVU samt Frey in der Hansestadt auf. Dort hetzten sie gegen die ‚Asylantenflut' und die ‚Zigeunerschwemme'. DVU-Mitglieder mischten in der *Bürgerinitiative Lichtenhagen* mit, die Ende August in der

Ostsee-Zeitung die RostockerInnen aufforderte, das ‚Asylanten-problem selbst in die Hand zu nehmen'. Sie riefen zu einer öffentlichen Kundgebung vor der Mecklenburger Zentralen Aufnahmestelle für Flüchtlinge in Rostock-Lichtenhagen auf, aus der sich dann das Pogrom entwickelte. Es waren DVU-Mitglieder, die am Morgen des ersten Tages die Logistik für die Kundgebung bereitgestellt hatten."[17]

– April 1992: Die Zeitung *Ekstra Bladet* meldet unter Berufung auf Aussagen des *PDN*-Führers *Albert Larsen* (*Partiet De Nationale*, militante faschistische Gruppe in Dänemark), daß sich DVU-Anhänger bereit erklärt hätten, ihre Erfahrungen im Straßenkampf an dänische Faschisten weiterzugeben.

– Dezember 1992: Im sogenannten Elbterrassen-Prozeß (Überfall auf eine Gaststätte bei Magdeburg) wird das DVU-Mitglied *Dirk Manske* zu drei Jahren Freiheitsentzug verurteilt. Der 23jährige Antifaschist *Thorsten Lamprecht* wurde bei dem Überfall zu Tode geprügelt.[18]

– 1993: Einer der mutmaßlichen Mörder von Solingen, *Markus Gartmann*, ist Mitglied der DVU.[19]

– April 1993: Das DVU-Mitglied *Frank Schmidt* sagt im Prozeß vor dem Schweriner Landgericht aus, daß bei der DVU „Gruppen zur Ausländerjagd" ausgebildet worden seien. In dem Prozeß gegen 13 junge FaschistInnen geht es um Brandanschläge gegen Flüchtlingsheime, die von dem Hagenower *NPD*-Kreischef *Klasen* und dem Vizechef der Schleswig-Holsteinischen *NPD*, *Förster*, angestiftet wurden.[20]

– Im Juni 1993 beginnt der Prozeß gegen die DVU-Mitglieder *Michael Hüfner* und *Daniel Steinbiß* in Norderstedt bei Hamburg. Sie haben drei Brandanschläge u.a. gegen das Haus einer afghanischen Familie verübt und Holzkreuze mit *Ku-Klux-Klan* Parolen vor Häusern „ausländischer" Menschen aufgestellt. Sie werden zu zwei Jahren Haft auf Bewährung und zur Zahlung von je 500 DM Geldbuße verurteilt.[21]

Neben diesen zum Teil mörderischen Aktivitäten der Basis gibt es aber auch unter den höheren Rängen Funktionäre, die selbst eine militante Vergangenheit haben. Zu ihnen gehören *Heinrich Gerlach* und *Bernd Dröse*, die in den 70er Jahren als Nazi-Schläger, hochrangige *JN/NPD* Funktionäre und führende Köpfe der *Harting Bande* bekannt waren. Diese *Harting Bande* betrieb im größeren Umfang paramilitärische Ausbildung von jugendlichen FaschistInnen. *Bernd Dröse* hatte darüberhinaus enge Kontakte zur *Hansa Bande* bzw. zur *ANS* und zu *Kühnen* persönlich. Es kam zu gemeinsamen Auftritten und zu einem Überfall auf eine Bürgerinitiative in Hamburg.[22] Heute ist *Bernd Dröse* ein enger Mitarbeiter Freys und Bundespressesprecher der DVU. *Heinrich Gerlach* wurde 1992 Referatsleiter in der DVU Landtagsfraktion Schleswig-Holstein. Seine tatsächliche Funktion war vermutlich eher die eines Aufpassers und Berichterstatters für die Münchener Parteizentrale. Dafür spricht auch, daß er im Mai 1993, als der Konflikt zwischen Landtagsfraktion und Zentrale eskalierte, in einer Nacht- und Nebelaktion in den Landesvorstand der DVU Schleswig-Holstein befördert wurde, dem er immer noch angehört.

Die genannten Beispiele verdeutlichen, daß die Abgrenzung der DVU zum militanten Teil der faschistischen Bewegung eine rein taktische und die Kontinuität der Verquickung der beiden faschistischen Flügel ungebrochen ist. Weiterhin ist davon auszugehen, daß die DVU aufgrund ihrer Propagandatätigkeit auch in Zukunft für einen Teil des militanten Potentials, vor allem für NeueinsteigerInnen in die organisierte Szene, attraktiv bleiben und diesem eine Heimat bieten wird – auch wenn in diesem Fall die DVU eher die Funktion eines Durchlauferhitzers erfüllt.

Die DVU ist eine faschistische Partei. Die Anwendung von Terror als politisches Durchsetzungsmittel ist mit dem Faschismus untrennbar verbunden und wird mit dem „Recht des Stärkeren" ideologisch gerechtfertigt. Die heute wichtigste Funktion der DVU in diesem Zusammenhang ist es, dem Terror propagandistisch den Boden zu bereiten, aber je stärker die gesamte faschistische Bewegung werden wird, desto mehr wird die DVU auf eine direkte Zusammenarbeit mit dem militanten Flügel angewiesen sein, um sich innerhalb der Bewegung politisch nicht gänzlich zu isolieren.

Wie organisiert ist die Nazi-Szene?

Innerhalb der heutigen faschistischen Bewegung unterscheiden wir drei Hauptströmungen, die sich nach außen hin zum Teil anfeinden, mit ihren unterschiedlichen Konzepten jedoch gegenseitig ergänzen und gemeinsame, auch organisatorische, Schnittpunkte haben: Da wäre die *Neue Rechte*, die über die intellektuelle Debatte eine kulturelle Vorherrschaft anstrebt, mit staatlichen, wirtschaftlichen und wissenschaftlichen Eliten als Zielgruppe. Die zweite Strömung ist die der faschistischen Wahlparteien, wie DVU und *REP*, die sich öffentlich zur Demokratie bekennen und auf parlamentarischem Weg Einfluß gewinnen möchten. Und da wäre die letzte Strömung, die sich offen zum Nationalsozialismus bekennt und den Hauptteil der militanten Bewegung ausmacht.

Gerade für uninformierte BetrachterInnen ist der Organisationsgrad dieses politischen Spektrums schwer durchschaubar, zumal der *Verfassungsschutz* und andere Behörden offenbar nicht gewillt sind, diese Fragen sachlich korrekt zu behandeln. Die Schwierigkeit bei der Analyse ergibt sich aus der Vielschichtigkeit der Organisationen, da es die Nazis im Hintergrund noch nicht für opportun halten, eine gemeinsame Organisation zu gründen. Die entscheidenden Kontakte werden von Personengruppen, Vereinen und verdeckt arbeitenden Organisationen geknüpft, die ihrerseits auf verschiedene offen auftretende Organisationen Einfluß nehmen. Dieses Netzwerk im Hintergrund hat Geschichte, denn nach dem verlorenen Zweiten Weltkrieg verschwand ein Großteil der Kriegsverbrecher über die vom Alt-Nazi *Otto Skorzeny* gegründete *ODESSA (Organisation der ehemaligen SS-Angehörigen)*. Diese baute die sogenannte Rattenlinie auf, eine Fluchtroute, die die Nazi-Kriegsverbrecher über den Vatikan nach Südamerika oder in den Nahen Osten lotste.

Auch die geraubten Millionen der *SS* verschwanden aus Deutschland. Nach Erkenntnissen US-amerikanischer Untersuchungen wurde dieses Kapital in ca. 750 Firmen angelegt, die nach dem Krieg im Ausland gegründet worden sind. 58 Firmen entstanden in Portugal unter dem Diktator *Salazar*, 112 in *Franco*-Spanien, 35 in der Türkei, 98 in Argentinien, 214 in der Schweiz und der Rest vor allem in den Diktaturen Lateinamerikas, wohin sich der Großteil der Alt-Nazis zurückgezogen hatte.

Nach der Niederlage: Ein Netz wird geknüpft

Die in Europa verbliebenen Nazis machten sich sofort nach dem Krieg daran, neue Strukturen aufzubauen. Klarheit bestand über die Tatsache, daß die direkte Erinnerung an den Terror des dutzendjährigen Reiches verblassen mußte, bevor erneut eine Massenbasis geschaffen werden konnte. Ein damals gegründetes Projekt ist die noch heute erscheinende Zeitschrift *Nation Europa*, die auf Beschluß der sogenannten Malmö-Konferenz 1951 (Teilnehmer aus England, Schweden, Deutschland, Belgien) entstanden ist. Auch die alten *Waffen-SSler* gründeten ihre Traditionsverbände, wie die *HIAG (Hilfsorganisation der ehemaligen Angehörigen der Waffen-SS)*, der sogar Gemeinnützigkeit bescheinigt wurde. Innerhalb der *HIAG* gab es Zirkel, die politisch an der Reorganisation der NS-Struktur arbeiteten.

Zu behaupten, daß der NS-Bewegung zwar eine schwere Niederlage beigefügt wurde, sie jedoch nicht vom Erdboden verschwunden ist, ist eigentlich eine Banalität und hat nichts mit einer Verschwörungstheorie zu tun. Nach unserem Erkenntnisstand sind vor allem ehemalige *Waffen-SSler* weiterhin aktiv gewesen, wie z.B. der bereits erwähnte ,,Mussolini-Befreier'' *Skorzeny* oder sein Kompagnon, der Österreicher *Herbert Schweiger*. Durch Vereinigungen wie die *Deutsche Kulturgemeinschaft Europäischen Geistes (DKEG)* wurden die organisatorischen Verbindungen aufrecht erhalten und das gesammelte Organisationswissen an die nachfolgenden Generationen weitergegeben. Anfangs, als die gesellschaftliche Situation für neue Nazis noch nicht reif war, hielten vor allem Einzelpersonen über derartige Netzwerke den Kontakt zueinander aufrecht. Im Laufe des Erstarkens der NS-Bewegung wurden daraus organisatorische Kontakte, die von den Alt-Nazis vermittelt wurden. In diesem Sinne ist es falsch, von Neonazis zu reden, da es sich lediglich um ein Wiedererstarken handelte, jedoch um nichts Neues oder gar Anderes.

Das Netzwerk wird verbreitert

Ein wichtiges Netz stellt die illegale *NSDAP/AO* dar, die 1973 als Initiative aus der Taufe gehoben wurde. Bei einem zweiten Gründungstreffen in Wiesbaden 1975 verfügte sie bereits über 16 regionale Unterorganisationen, eine Zeitung für die USA und Großbritannien und den *NS-Kampfruf* für Deutschland. Der Versand des *NSDAP/AO* Materials erfolgt bis heute aus den USA, die Führung der Zellen und Zirkel liegt jedoch in der Bundesrepublik und Österreich. Neben geschlossenen Verbänden gehört bis heute eine große Zahl von Einzelpersonen zu den Mitgliedern des Netzwerkes. Sie haben die Aufgabe, die Politik ihrer Organisationen im Sinne der Untergrundpartei zu beeinflussen. Schon 1977 umfaßte die *NSDAP/AO* wichtige Mitglieder der *FAP*, *DVU*, *JN*, *NPD*, *WJ* und alte *Waffen-SSler*.

Am Aufbau des Netzwerkes beteiligte sich in nicht unerheblichem Umfang der *Verfassungsschutz*. Der damals eingesetzte *Verfassungsschützer Werner Lock* schätzte die Anzahl seiner KollegInnen innerhalb der Führungetage auf 10%, eine ähnlich hohe Dichte wird für heute angenommen. Trotz der daraus resultierenden Erkentnisse sorgt der *Verfassungsschutz* offenbar nach wie vor dafür, daß das Netzwerk unbeobachtet operieren kann, indem die Struktur der Organisation gänzlich verschwiegen wird.

Gefundene Unterlagen ermöglichen einen Einblick in die Arbeitsweise der *NSDAP/AO*: AnwärterInnen müssen sich anfangs durch kleinere Aufgaben, wozu auch Brandanschläge, Kurierdienste usw. zählen, beweisen, bevor sie zu AktivistInnen ernannt werden. Die AktivistInnen haben ein umfangreiches Programm zu absolvieren, bevor sie in den Kreis der FunktionärInnen aufgenommen werden oder später in den Kreis der Leitung. Nur die Leitung hat Anbindung zu den geheimen Zirkeln. Die Zirkel oder Zellen werden von einem Kader geleitet, der wiederum seine Befehle von der regionalen Leitung erhält, diese wiederum von der nächst höher geordneten Stelle usw. Normale Mitglieder der Nazi-Parteien haben zu dieser Ebene keinen Zutritt.

Schon ein flüchtiger Blick auf die Parteien- und Gruppenstruktur legt nahe, daß im wesentlichen arbeitsteilig vorgegangen wird. *Wiking Jugend* und *Junge Nationaldemokraten* sind für die Ausbildung zukünftiger Kader zuständig, die *NF*-Nachfolgeorganisationen oder die *GdNF* sind ausgesprochene Kaderorganisationen mit unterschiedlichem Konzept. Die *NF* versucht eine Elite auszubilden, die, trotz inhaltlicher Unterschiede (von allen Organisationen bezieht sich die *NF* am deutlichsten auf den *Strasser*-Flügel der *NSDAP*), vom Anspruch her am ehesten mit der ehemaligen *Waffen-SS* zu vergleichen ist. Die *GdNF* koordiniert die Kader, die in sogenannten Massenorganisationen (z.B. *Deutsche Alternative*) aktiv sein sollen und orientiert sich damit am historischen Konzept der *SA*. *NPD*, *Deutsche Liga*, *FAP* und ähnliches sind Organisationen, die von NS-Kadern geleitet werden und neue Leute rekrutieren.

Wichtig ist die Feststellung, daß das Netzwerk im Hintergrund nicht überall gleich gut organisiert ist. Da gibt es regional große Unterschiede, je nachdem wer wie lange und mit wem zusammenarbeitet. Besonders im Osten der Republik ist das Kadernetz heute noch sehr schwach ausgebildet, mit Ausnahme von Cottbus, wo eine ähnlich Arbeitsteilung wie im Westen zu beobachten ist.

Es fehlen Kader

Der Fall der Mauer 1989 war das endgültige Zeichen für die Nazis, daß die Neuordnung Europas auf der Tagesordnung steht. Gerade die rassistische Flüchtlingspolitik der Bundesregierung spielte der neuen Generation tausende AnhängerInnen zu, die jedoch erst zu NS-Kadern aufgebaut werden müssen. In diesem großen Zulauf in kürzester Zeit liegt auch augenblicklich die entscheidende Schwäche der NS-Bewegung, wie einer der einflußreichsten deutschen Nazis, der Rechtsanwalt *Jürgen Rieger*, unlängst in einem Interview betonte: „Wenn wir genügend Untercorpsführer hätten, könnten wir

Zehntausende marschieren lassen." Diese Einschätzung wird gegenwärtig von vielen Kadern der NS-Bewegung aus verschiedenen Parteien geteilt. Um den Mangel an Führungskräften zu beseitigen, wird an verschiedenen Konzepten gearbeitet. Im Vordergrund steht dabei die Schulung junger Kader durch Bildungswerke wie das *Hoffmann von Fallersleben Bildungswerk*, Berlin, oder durch die in der *Deutschen Kulturgemeinschaft* zusammengeschlossenen Vereine.

Hohes Ansehen, vor allem unter den alten *SS*lern, genießen die Nachfolgeorganisationen der *Nationalistischen Front*, da ihr Organisationskonzept eine jahrelange Schulung vorsieht, bevor sie als gefestigte Gruppen auftreten. Teilweise arbeiten diese Gruppen jahrelang im Verborgenen, bis dieser Zustand erreicht wird.

Die Antworten auf Verbote

Vor allem die Bonner *Initiative Für Gesamtdeutschland*, eine strömungsübergreifende Vernetzung von *REP* bis *FAP*, hat den Plan, das bestehende Nazi-Spektrum, einschließlich *REP* und DVU, quer zu den Parteienstrukturen in Zellen zu organisieren und durch „kulturelle Schulung" zu erziehen, so daß Parteienverbote wirkungslos bleiben würden. Auch die *FAP*-Bonn hat sich nach eigenen Angaben schon umorganisiert und ist dabei, sich in einer Zellenstruktur neu zu formieren, um nach einem Verbot weiterarbeiten zu können. Die Nachfolgeorganisationen der *NF* haben diesen Schritt bereits vollzogen. Nach den Verboten haben sich regional verschiedene Bündnisse der bestehenden Gruppierungen entwickelt, die gerade für die Mitglieder der verbotenen Parteien ein neues Betätigungsfeld bieten. Meistens nennen sie sich *Deutsche Freundeskreise*: Dort sind *FAP,* Mitglieder der *GdNF*, *NPD* oder *JN, Deutsche Liga* oder die *WJ* zusammengeschlossen. Ein weiterer Schritt in diese Richtung ist das von der Nazi-Presse gelobte Konzept der Gründung der *Nationalen* als Wählergemeinschaft, in denen die Parteien ihre Eigenständigkeit vorerst behalten sollen.

Dieses Kapitel entstand auf Grundlage folgender Artikel, die uns von der Redaktion des Antifa-Info Berlin freundlicherweise zur Neubear-

Das NS-Netz (an Beispielen)

Denkfabriken und Schulung
Thule-Seminar, DKG, Staatsbriefe Lesekreise

Militärische Ausbildung
"Wehrsport"-Organisationen, Söldner

Medien
Nation + Europa, Mailboxen, Nationale Info-Telefone

Politische Stoßrichtung der NS-Gruppen:
- Ausländer Raus-Kampagne
- Nationale Identität (Revisionismus)
- Osteuropa-Kolonialisierung
- Kriegspropaganda
- Anti-Antifa

verschiedene regionale oder lokale Bündnisse (z.B. Deutsche 'Freundeskreise, Anti-Antifa, Aufmärsche, Veranstaltungen, Schulungen, Konzerte)

	NSDAP/AO		ehem. Mitglieder Waffen-SS	
	GdNF	JN	NF-Nachfolge	Wiking-Jugend
Kaderorganisationen				
von NS-Kadern geleitete Organisationen	z.B. NL, VAPO, ANS-NL, NO+DA (verb.), DW, DN / Deutsche Liga / Die Bürger	NPD	Direkte Aktion-Mitteldeutschland, Jungsturm etc.	FAP
			HNG	
von NS-Kadern beeinflußte Organisationen	DVU / REP / Burschenschafter	Vertriebenenverbände / Lebensschützer	Nazi-Skinheads (Fanzines, Konzerte, Plattenlabel) / Nazi-Hool-Gruppen, Fanzines	

Grafik: Antifaschistisches INFO-Blatt

beitung überlassen wurden: ,,Wie organisiert ist die Nazi-Szene?"
[Antifa-Info Nr.25] und ,,Getrennt marschieren – vereint schlagen,
Die Ausweitung der illegalen NSDAP" [Antifa-Info Nr.27])

Provinzkämpfe:
Die DVU-Großkundgebung in Passau

1978 tauchte Gerhard Frey das erste Mal mit seinem Gefolge in Passau auf. Genügte ihm damals noch ein Wirtshaussaal in der Passauer Peschlterrasse, die bis heute als bevorzugtes Veranstaltungslokal für kleinere Treffen der *NPD* und reaktionärer Burschen- und Landsmannschaften gilt, mußte ab 1982 die Nibelungenhalle herhalten, um der DVU den entsprechenden Rahmen für ihre Propagandashows zu bieten.

Einen passenderen Ort als Passau konnte die DVU fast nicht finden: Nicht nur, daß sie hier in einem Bau tagen konnte, den der damalige NS-Oberbürgermeister und Kreisleiter *Max Moosbauer* als „größten Kult- und Zweckbau der bayerischen Ostmark" zum Zwecke von „Volksversammlungen großen Stils, Kundgebungen, Tagungen und Großaufführungen" hatte erbauen lassen, auch die politische Lage in der Stadt schien hervorragend geeignet, öffentliche Großveranstaltungen faschistischen Stils und Inhalts durchführen zu können, ohne nennenswerten Widerstand erwarten zu müssen:

– Da war die *Passauer Neue Presse (PNP)* als Monopolzeitung im süd-ost-bayerischen Raum, bei der bis Ende der 60er Jahre die National-Zeitung gedruckt worden war und deren Verleger, *Dr. Hans Kapfinger,* nicht nur mit *Franz-Josef Strauß* auf Du war, sondern auch mit *Erich Kernmayr,* dem ehemaligen Mitglied der *SS-Division Das Reich* und damaligem Chefredakteur der *Deutschen Soldaten-Zeitung,* freundschaftliche Kontakte pflegte (was durchaus handfeste politische Konsequenzen hatte, wie sich in der gemeinschaftlichen Gründung der *Christlichen Nationalen Union* durch *Strauß, Kernmayr* und *Kapfinger*, ebenfalls Ende der 60er Jahre, zeigte).

Bis weit in die 80er Jahre hinein konnte die DVU mit ganzseitigen Anzeigen in der *PNP* für ihre alljährliche Kundgebung werben. Erst Ende der 80er, als die DVU als Partei auftrat und nicht mehr, wie in den Jahren zuvor, aufforderte, *CSU* zu wählen, sondern als ultrarechte Konkurrenz auftrat, ging die *PNP* auf Distanz. Allerdings nicht ohne zu betonen, daß der politische Feind natürlich weiterhin links zu suchen sei.

– Da war der umfassende Einfluß der katholischen Kirche, die mit ihrem moralischen Zeigefinger die Passauer Bevölkerung nicht nur zum sonntäglichen Kirchgang aufforderte, sondern massiv Propaganda für die Partei mit dem „C" im Namen betrieb, und auch sonst eifrig bemüht war, jedes laue Lüftchen im Passauer Kleinstadtmief hinwegzufegen, indem sie auch das kleinste Aufmucken gegen Obrigkeit und Staat als „unchristlich" verwarf.

– Da war die Betonfraktion im Stadtrat, in dem die *CSU* lange Jahre mit absoluter Mehrheit schalten und walten konnte, wie es den Herren genehm war.

– Und da war letzten Endes eine Polizeiführung und eine Justiz, die bis heute den Schutz der DVU und ihrer Veranstaltungen in Passau als ihr alleiniges Ziel erkennt. Da wurden und werden DVU-GegnerInnen mit aberwitzigen Prozessen überzogen, DemonstrantInnen windelweich geprügelt und gleichzeitig beide Augen zugedrückt, wenn DVU-lerInnen mit zum Hitlergruß gereckten Händen gröhlend durch die Straßen ziehen, um das Jugendzentrum anzugreifen.

In einem derartig „gut abgefederten" Rahmen ließ sich leicht gegen alles hetzen, was als „undeutsch" ausgemacht wurde. Daß sich unter diesen schwierigen Umständen Protest oder gar Gegenwehr nur sehr langsam und schleppend entwickelte, ist somit nicht schwer zu verstehen: Es kam zwar von Anfang an zu mehr oder weniger großen Demonstrationen und Protestaktionen gegen die Veranstaltung, aber bis 1987 konnte nie von ernsteren Störungen der Veranstaltung gesprochen werden. In diesem Jahr kam es erstmals zu größeren Auseinandersetzungen vor und um die Halle, und zum erstenmal bekamen die DVU-lerInnen handfest zu spüren, daß sie in Passau nicht von allen mit offenen Armen empfangen wurden.

Und nochmal von vorn?

Nach einem neuerlichen Einbruch antifaschistischer Aktivitäten und einigen Jahren, die mit kleineren Demonstrationen und zahlreichen Um- und Neustrukturierungen in der Passauer Antifa-Szene vergingen, wurde schließlich 1992 mit einer bundesweiten Mobilisierung versucht, dem Treffen der DVU endlich massiv entgegenzutreten.

Unter dem Motto „DVU angreifen – Kein ruhiges Hinterland" wurde über ein halbes Jahr lang versucht, mit Veranstaltungen in vielen Städten, einem eigenen Video und einem im Herbst 1991 veröffentlichten Diskussionspapier, den Widerstand gegen die DVU-Veranstaltung zu verbessern.

Nachdem ein Blockadeversuch der Nibelungenhalle am Morgen des 14.3.92 scheiterte und mehrere hundert AntifaschistInnen von den bayerischen Unterstützungssonderkommandos (kurz: USK) unter zahlreichen Knüppeleinsätzen quer durch die Stadt getrieben wurden, kam es im Laufe des Tages während weiterer Blockadeversuche der Zufahrtsstraßen zur Halle immer wieder zu Auseinandersetzungen zwischen DemonstrantInnen und DVU-lerInnen. Nicht nur die ansässigen Banken, Sex-Shops und andere Großgeschäfte hatten an diesem Tag Schäden zu beklagen, auch viele DVU-lerInnen kamen in Kontakt mit der entschlossenen Gegenwehr der anwesenden Antifas und einige von ihnen mußten mit dem Zug nach Hause fahren, da ihre Fahrzeuge gezielt beschädigt wurden.

Ein Schritt vorwärts – einer zurück?

Nach diesem Tag schien es kurzzeitig so, daß sich auch bürgerliche Kreise mit dem Gedanken einer konsequenteren Widerstandsform anfreunden könnten – so wurde nach dem 14.3.92 in der sonst so rechtskonservativen *PNP* über die Möglichkeit einer Blockade der Nibelungenhalle im nächsten Jahr spekuliert, die von „Personen des öffentlichen Lebens" (vom Bischof bis zum Oberbürgermeister) getragen werden sollte. Doch bei diesen Spekulationen blieb es: Die Idee einer breit getragenen Blockade ging in der hysterischen Panikmache unter, die für den 2.10.93, dem nächsten Wunschtermin der DVU für ihre Kundgebung, den „Ausnahmezustand für Passau" heraufbeschwor.

So kam es zwar 1993 zu einer erneuten Verbreiterung des *Antifaschistischen Bündnisses*, an dem sich mittlerweile sogar die *SPD* beteiligte – dennoch wurde von den offiziellen Stellen der Stadt weiter an der Spaltung der antifaschistischen Kräfte gearbeitet: Nachdem in den Jahren zuvor nur unglaubwürdige Lippenbekenntnisse zu hören waren, „ringt sich der Oberbürgermeister durch", am Vorabend des 2. Oktober eine Kundgebung gegen die DVU zu ver-

DVU-Veranstaltung 1992 in Passau

anstalten. Gleichzeitig wurde dem antifaschistischen Bündnis vorgeworfen, es suche die gewalttätige Konfrontation mit den DVU-lerInnen und handle verantwortungslos, wenn es daran festhalte, am gleichen Tag, an dem die DVU-lerInnen in der Stadt seien, zu demonstrieren.

Der Spaltungsversuch schlug fehl und so waren, trotz abnehmender Beteiligung des autonomen Spektrums, wieder ca. 2.500 Menschen auf der Straße. Obwohl das Konzept eines breit getragenen Aktionstages, der über die ganze Stadt verteilt, die Anreise der DVU-lerInnen zumindest behindern sollte, scheiterte, erlebte Gerhard Frey in der Nibelungenhalle eine Pleite nach der anderen: Nicht genug, daß sich dieses Jahr nur zwischen 1.500 und 2.000 seiner AnhängerInnen überwinden konnten, nach Passau zu kommen, und so die Bänke in der Nibelungenhalle peinliche Lücken aufwiesen – gleichzeitig bekam er auch noch Schwierigkeiten mit der *FAP*, die nach Passau gekommen war, um gegen den „Verräter der kleinen Leute und der deutschen Sache", Gerhard Frey, in der Halle Flugblätter zu verteilen. Kurz bevor es deswegen zur Eskalation kam, wurden die AnhängerInnen der *FAP* von der Polizei aus der Halle gedrängt.

So wird der 2.10.93 sehr zwiespältig gesehen: Zum einen als Erfolg in der Einbindung eines möglichst breiten Spektrums in die Gegenaktionen, zum anderen aber als Mißerfolg, weil das Maß der Behinderung oder gar Gefährdung der angereisten DVU-lerInnen weit hinter dem zurückblieb, was im letzten Jahr möglich war.

Und warum wir nicht stillhalten werden

Mittlerweile ist die Veranstaltung in Passau die einzige Möglichkeit für die DVU, sich öffentlich einem breiten Publikum zu präsentieren. Außerdem ist es für viele DVU-lerInnen das kollektive Massenerlebnis des Jahres, bei dem sich in eigener Stärke und „Wahrheit" nach Herzenslust gesuhlt werden kann. Die Massenveranstaltung wird in einem jedes Jahr neu hergestellten Video gewinnträchtig vermarktet und dort regelmäßig zur „größten nationalen Kundgebung" hochstilisiert.

Die Beteiligung von FaschistInnen anderer Gruppierungen schwankt von Jahr zu Jahr, dennoch kann davon ausgegangen werden, daß im Laufe der vergangenen Jahre sämtliche Gruppierungen der rechten Bewegungen vertreten waren, die *FAP* stellte z.B. vor drei Jahren noch Ordner für die Halle, so war z.B. *Manfred Geith* aus München (damals *FAP*, danach auch Mitglied der *DA* und des

Nationalen Blocks) lange Jahre vor der Halle für die DVU als Ordner tätig.

Lange bevor einer der mittlerweile prominentesten Vertreter der Behauptung von der sogenannten Auschwitzlüge, *David Irving*, als Starredner der *GdNF* auftauchte, konnte er in Passau mit Hilfe Freys einem bis zu 4.000köpfigen Publikum seine Thesen nahebringen. Nicht umsonst verkauft sich Frey als Entdecker von *David Irving* und nicht umsonst war *Irving*, auch nachdem er durch die bayerischen Behörden mit einem „Redeverbot" belegt worden war, weiterhin auf dem Podium vertreten.

Nicht viel anders verhält es sich mit dem Gastredner der DVU im Jahre 1993: Von der Öffentlichkeit nahezu unbemerkt, durfte dort der Vorsitzende der *Liberal-Demokratischen Partei Rußlands* zum Thema „Deutsche und Russen – Freunde für immer" reden. Der Name des Redners? *Wladimir Schirinowski*. Nur zweieinhalb Monate nach seinem Auftritt in Passau war er, der mittlerweile – bedenklich plakativ – als „russischer Hitler" tituliert wird, der unbestrittene Sieger der russischen Parlamentswahlen.

Aber nicht nur „Prominente" haben Frey und seiner alljährlichen Großkundgebung viel Unterstützung zu verdanken. Auch für eher „kleine Lichter" scheint dieser Massenauflauf „Einstiegsdroge" und „Durchlauferhitzer" zugleich zu sein. So entwickelt die regionale faschistische Szene um den mittlerweile verbotenen *Nationalen Block* regelmäßig, kurz vor dem Termin der DVU-Veranstaltung, erstaunliche Betriebsamkeit und nimmt diese als Anlaß, um alte und neue (bundesweite) Kontakte neu aufzufrischen und zu vertiefen.

Die Zeiten werden härter ...

War es vor Jahren kein Problem, in einem kleinen aber entschlossenen Häufchen vor der Halle zu stehen und zumindest lautstark Krawall zu schlagen, um die BesucherInnen der DVU-Veranstaltung zu „begrüßen", ist mittlerweile kein Tritt mehr ohne Polizeiüberwachung möglich.

Großräumige Kontrollen auf der Anfahrt, die grundsätzlich nur AntifaschistInnen als Ziel haben, und eine ausgeklügelte Polizeitaktik, die nach Belieben Eskalation und Deeskalation betreibt, haben das Ziel, Widerstand im Keim zu ersticken und jede noch so kleine Bewegung akribisch zu dokumentieren. Die nachfolgende Repression tut ihr übriges: Da reicht eine mitgeführte Sturmhaube (und die Anwesenheit am falschen Ort zur falschen Zeit) aus, um tagelang in U-Haft festgehalten und anschließend wegen schwerem Landfriedensbruch verurteilt zu werden. Um der zunehmend härter werdenden Unterdrückungsmaschinerie von Polizei und Justiz begegnen zu können, wurde sich von antifaschistischer Seite um eine möglichst genaue Organisierung auch über Tagesereignisse hinaus bemüht und ein flexibleres Konzept für den betreffenden Tag entworfen. Daß dieses Vorgehen nur dann funktioniert, wenn es von allen getragen und nicht über die Köpfe hinweg diskutiert und entschieden wird, sollte selbstverständlich und hoffentlich in Zukunft die bestimmende Linie sein.

Am 24. September 1994 will die DVU wieder in Passau auftreten. Auch wenn sich an der anfangs beschriebenen ,,Großwetterlage'' einiges geändert hat, sind die Schwierigkeiten des antifaschistischen Widerstands gegen die Veranstaltung der DVU nicht weniger geworden. Wir fänden es wichtig, ,,weiter dran zu bleiben'' und weiter möglichst breit an Konzepten zu feilen, die es der DVU irgendwann unmöglich machen, ihre Propagandashow durchzuführen.

In diesem Sinne nach wie vor: DVU angreifen!
Antifa F, Passau

Den Text verdanken wir einer parteiunabhängigen, autonomen Antifa-Gruppe, die sich unter anderem schon seit Jahren gegen die DVU-Großkundgebung engagiert.

Die Bedeutung der DVU

Die DVU ist ein Projekt Gerhard Freys, ihre Entstehung und Entwicklung ist ohne ihn und sein Zeitungsimperium gar nicht denkbar. Die Gründung der Organisation war von Anfang an von der Absicht geleitet, parlamentarischen Einfluß zu gewinnen und mittel- bis langfristig eine faschistische Wahlpartei zu etablieren. Dieses Vorhaben ist Frey nur zu kleinen Teilen geglückt – nach den Wahlerfolgen von Bremen und Schleswig-Holstein konnten keine weiteren parlamentarischen Durchbrüche mehr erzielt werden. Mögliche Gründe sind die sicher nicht besonders werbewirksamen Selbstauflösungen der beiden Landtagsfraktionen und das scharfe Konkurrenzverhältnis im gesamten rechten Lager. Darüberhinaus konnte die DVU als rückwärtsgerichtete, traditionalistische Partei, in der keine tiefgreifende ideologische Modernisierung stattgefunden hat, keine neuen WählerInnenschichten mobilisieren. Für die jetzige Strategie der Organisation spielt die Wahl in Hamburg 1993 eine wichtige Rolle. Dort unterlag die DVU im direkten Vergleich den *REP*, die allerdings auch an der Fünf-Prozent-Hürde scheiterten. Daraufhin versuchte *Frey* verstärkt, die *REP* zu einer Zusammenarbeit zu bewegen.

Da sich die DVU, die schon in der Vergangenheit darum bemüht war, Wahlniederlagen zu vermeiden, momentan wenig Chancen ausrechnet, zeigt sie sich im sogenannten Superwahljahr 1994 Wahlteilnahmen gegenüber äußerst reserviert.

Trotz dieser krisenhaften Situation stellen sich uns zwei zukünftige Dinge als sicher dar, nämlich daß die DVU vorerst am Konzept Wahlpartei festhalten wird und das große bestehende Potential an rechten WählerInnen auf Dauer erhalten bleibt. Wie sich die Situation in den folgenden Jahren entwickeln wird, ist jedoch kaum vorhersehbar, da dies von einer Reihe schwer kalkulierbarer Faktoren abhängt:

Das Verhältnis von den *REP* zur DVU ist nicht auf alle Zeit festgeschrieben, sollten sich die beiden Parteien wie in Hamburg weiter gegenseitig blockieren, bzw. die *REP* aus eigener Kraft keine weiteren parlamentarischen Sitze mehr erringen können, wäre ein Kurswechsel in Richtung Zusammenarbeit immerhin denkbar.

Was sich aus der 1993 gegründeten Partei *Bund Freier Bürger* von *Manfred Brunner* entwickelt, die ja im Übergangsfeld vom rechtskonservativen, nationalliberalen zum faschistischen Lager angesiedelt ist, läßt sich augenblicklich schwer einschätzen – die Möglichkeit, daß sich dort eine weitere Konkurrenz zur DVU etabliert, ist jedoch gegeben.

Ein dritter Punkt ist die Entwicklung der *CDU/CSU*, bzw. die darauf folgenden Reaktionen des rechten WählerInnenspektrums. Die zu beobachtende Radikalisierung der *CDU/CSU* nach rechts könnte dazu führen, daß sich der gesellschaftliche Raum für faschistische Wahlparteien auf ein Minimum reduziert. Auf der anderen Seite könnte es aber auch ins Gegenteil umschlagen, da eine solche Politik gerade der gesellschaftlichen Akzeptanz faschistischer Parteien Vorschub leistet – mit der möglichen Folge, daß sich die WählerInnen dann doch für das „Original" entscheiden.

Diese genannten Punkte verdeutlichen die Schwierigkeit, eine Voraussage für die zukünftige Rolle der DVU abzugeben, dennoch lassen sich folgende Dinge mit einiger Sicherheit sagen: Das Erlangen einer Führungsposition im faschistischen Lager sowie eine dauerhafte parlamentarische Verankerung der DVU aus eigener Kraft stellen sich mehr als unwahrscheinlich dar. Im Gegensatz zu Parteien wie der österreichischen *FPÖ* oder der *MSI* in Italien ist die DVU nicht in der Lage, weitergehende Politikkonzepte zu entwickeln. Ihre (Schein-)Lösungen für gesellschaftliche Probleme bewegen sich auf einem derart plumpen Niveau, daß eine Ausdehnung ihrer gesellschaftlichen Anziehungskraft schwerlich vorstellbar ist. Zwar müssen wir davon ausgehen, daß es selbst für eine solche Politik ein stabiles, wenn auch begrenztes, WählerInnenpotential gibt – dieses ist jedoch durch die Konkurrenzsituation im faschistischen Lager gespalten. Dafür, daß sich die DVU im Alleingang durchsetzen könnte, gibt es keine ernstzunehmenden Anhaltspunkte, wobei sich einzelne Wahlerfolge aber nicht ausschließen lassen.

Aber selbst wenn die von Frey angestrebte parlamentarische Etablierung aus eigener Kraft äußerst fragwürdig bleibt, verfügt er doch über einen nicht zu unterschätzenden gesellschaftlichen Einfluß. Mit seiner Propagandamaschinerie prägt Frey ein reaktionäres und menschenverachtendes gesellschaftliches Klima, das schon heute zum Teil tödliche Konsequenzen hat. Es ist davon auszugehen, daß dies auch in Zukunft so bleiben wird. Dabei ist nicht zu vergessen, daß die DVU über ihre politisierende Tätigkeit und als Auffangbecken für NeueinsteigerInnen in die faschistische Szene, ein wichtiges Rekrutierungsfeld für noch radikalere faschistische Gruppierungen darstellt. Und auch folgendes sollte nicht übersehen werden: Frey ist es mit der DVU gelungen, eine Partei aufzubauen, die im Vergleich zu den übrigen faschistischen Organisationen über die meisten Mitglieder, das stärkste finanzielle Rückgrat und den größten Propagandaapparat verfügt. Damit wird Frey bei einer Vereinheitlichung des faschistischen Lagers, zu der es ernstzunehmende Tendenzen gibt, ein gewichtiges Wort mitzureden haben.

DVU

1.

DVU 1971 gegründet, DVU Liste-D gegründet 1987 als Wahlpartei aus DVU und NPD, 1991 Partei DVU gegründet, Landesverbände in allen Bundesländern, ca. 27.000 Mitglieder, größte Wahlerfolge: Bremer Bürgerschaft (Wahl 91: 6,18 %) – Bremerhaven (Wahl 91: 10,06 %) – Schleswig-Holstein (Wahl 92: 6,3 %)

2.

DVU e.V. ca. 11.500 Mitglieder, die angeschlossenen Aktionsgemeinschaften: AKON (Aktion Oder/Neiße) – ARF (Aktion deutsches Radio und Fernsehen) – Deutscher Schutzbund für Volk und Kultur – VOGA (Volksbewegung für Generalamnestie) – IFA (Initiative für Ausländerbegrenzung) – Ehrenbund Rudel (Gemeinschaft zum Schutz der Frontsoldaten)

3.

Deutsche Nationalzeitung – Deutsche Wochenzeitung – Druckschriften und Zeitungsverlag – Deutscher Buchdienst – FZ-Verlag (Inhaberin Regina Frey) – Deutsche Reisen (Tourismus für Rechte) – Frey-Immobilien (Mietshäuser u.a. Berlin und München) – Frey-Kaufhäuser (Geschäftsführer Dr. Adalbert Frey)

IMPERIUM FREY

„Entsorgung" der Geschichte

Seit Jahren läuft eine Kampagne zur Bewußtseinsvernebelung über die Ursachen und das Wirken des Nationalsozialismus in der Gesellschaft. Die Kampagne wird von FaschistInnen und bürgerlichen Kräften getragen, von Medien, PolitikerInnen und WissenschaftlerInnen und propagiert das Bewußtsein einer neuen, historisch gereinigten „nationalen Identität" in Deutschland, die das Dritte Reich nur noch als nahezu geisterhafte Erscheinung wahrnimmt. Die zwei Hauptpfeiler der „Entsorgung" sind der Geschichtsrevisionismus (positive Umdeutung der faschistischen Vergangenheit) sowie das Wiedererstarken von völkischen Betrachtungsweisen, zu dem die Behauptung einer angeblichen „nationalen Identität" gehört.

Die Verharmlosung des NS-Regimes, die seine Brandmarkung aufheben, das Nationalbewußtsein stärken, das historische Gewissen auslöschen soll, ist der gemeinsame Nenner von bekennenden NationalsozialistInnen, machthungrigen „Neurechten" und konservativen Deutschnationalen. Sie propagieren wieder die „deutsche Volksgemeinschaft". Dieses Konstrukt, die Erfindung der „nationalen Identität", hat dabei die Aufgabe, den irrationalen Stolz auf das Deutschtum den sich verschärfenden Existenzbedingungen entgegenzusetzen. Dieser Stolz trug dazu bei, daß der Nationalsozialismus in einer Massenbewegung begeisterte Unterstützung fand. Eine bereinigte Vergangenheit ist die Voraussetzung für die Durchsetzung der erneuten Verwendung des Begriffs der Volksgemeinschaft, der aus gesellschaftlichen Individuen mit eigenen und unterschiedlichen Bedürfnissen ein (scheinbar) vereintes metaphysisches Wesen macht.

Revisionismus

Die FaschistInnen beschreiben ihre Bestrebungen, das Geschichtsbild über den Hitlerfaschismus und dessen Verbrechen zu leugnen, als „historischen Revisionismus". Vornehmlich geht es dabei um die Leugnung des Holocaust im Dritten Reich, der Völkermord der Nazis an der jüdischen Bevölkerung in Europa. Das Ausmaß dieser Verbrechen wird relativiert oder sie werden ganz abgestritten, um dadurch eine Rehabilitierung des Nationalsozialismus zu erreichen. Der Revisionismus ist kein Phänomen der letzten Jahre. Neu ist jedoch das aus einigen ewiggestrigen Altnazis eine inzwischen international gut miteinander vernetzte Bewegung geworden ist, die ihre Propaganda weltweit verstreut. Durch den Fall der Mauer und die Auflösung der Nachkriegsordnung hoffen FaschistInnen, auf einem weiteren gesellschaftlich wichtigen Gebiet an Boden zu gewinnen. Nachdem der Rassismus in der BRD gesellschaftsfähig geworden ist – die Zusammenarbeit von Nazis, etablierten Parteien und deutschnationalem Mob in Rostock spricht eine deutliche Sprache – macht die Rechte einen neuen Versuch, die Verurteilung der Naziverbrechen rückgängig zu machen. Wenn sich die Schönfärberei durchsetzen sollte, daß die staatlich organisierte Vernichtungspolitik des Nationalsozialismus nicht einzigartiger gewesen sei als andere Verbrechen der Weltgeschichte, wäre die Bahn frei für die Aufhebung des *NSDAP*-Verbotes.

Die Revisionismuskampagne ist ein starkes Bindeglied zwischen den verschiedenen faschistischen Fraktionen – von den militanten FaschistInnen bis zu *REP* und DVU. Ein wichtiges Organ des deutschen Geschichtsrevisionismus ist die DNZ. Sie bombardiert ihre LeserInnenschaft seit Jahrzehnten mit Schlagzeilen, die das Naziregime verherrlichen und dessen Verbrechen herunterspielen bzw. abstreiten. Zu *Steven Spielbergs* Film „Schindlers Liste" titelt die DNZ: „Schindler Film – eine Lüge? So werden die Deutschen getäuscht"(18.3.94) Freys DVU ließ seit den 70ern „namhafte" Revisionisten in der BRD zu Wort kommen, entweder in seinen Zeitungen oder auf Kongressen. *Austin J. App*, ehemaliges Mitglied des Redaktionsbeirates des *Journal of Historical Review* (die Zeitung ist das Zentralorgan des Zentrums der weltweiten faschistischen Bewegung, dem US-amerikanischen *Institute for Historical Review*, *IHR*), bekam von der DVU 1975 den mit 10.000 DM dotierten „Europäischen Freiheitspreis". *David Irving* tritt bei Kongressen des *IHR* auf, ebenso bei DVU-Veranstaltungen und mittlerweile auch ganz offen bei militanten FaschistInnen. Die bis jetzt bedeutendste Revisionismus-Veranstaltung in der BRD fand am 21.4.1990 im Münchener Löwenbräukeller unter dem Motto ,,Wahrheit macht frei" statt. *Irving* sprach vor 800 FaschistInnen, die eine breite Palette deutscher und europäischer Naziorganisationen repräsentierten. Auf der Veranstaltung wurde offen die Behauptung der ,,Auschwitz-Lüge" vertreten. Auch *Gerd-Klaus Kaltenbrunner*, Träger des Konrad Adenauer Preises (1986) und Schreiber bei *MUT*, saß unter den ZuhörerInnen.

Die Revisionismuskampagne ist ein gutes Beispiel für die heutige gesellschaftliche Entwicklung: Einerseits zeigt sie das Zusammenrücken der gesamten faschistischen Szene, andererseits die Rechtsentwicklung bürgerlicher Kreise. Die Revisionismuskampagne öffnet den Raum nach rechts. Dies ist aber nur möglich, weil der Rahmen der allgemeinen Rechtsentwicklung in der BRD den Boden für den Revisionismus auch von offizieller Seite bereitet. Es sind ja nicht nur die FaschistInnen, die die deutsche Geschichte ,,entsorgt" sehen möchten. Bisher tabuisierte Themen werden auch wieder von konservativen Kräften vertreten.

,,Deutschland! Mein Gott ist das schön"
(Bild-Zeitung, Titelseite)

Der Begriff ,,nationale Identität" ist ein Kampfbegriff, der in den 60/70er Jahren kaum Bedeutung in der öffentlichen Auseinandersetzung hatte. Warum sollte er auch? Die Bevölkerung zog mehr oder minder allgemein Vorteile aus dem politischen System und die wirtschaftlichen Krisen wuchsen sich nicht zu politischen Krisen aus. Außerdem: zu welchem Leid Rassismus und völkische Betrachtungsweisen führen können, war im Bewußtsein breiter Teile der Bevölkerung noch verankert, das Wissen um die Kontinuität des Nationalsozialismus in der BRD wurde in den 60/70er Jahren von der *APO*, der neuen Linken, bis hin zu linksbürgerlichen Kreisen erkämpft und in die Gesellschaft getragen. Mit Auschwitz als Symbol für das Konzept der industriellen Massenvernichtung von Sinti und

Roma und der jüdischen Bevölkerung in Europa war der deutsche Faschismus diskreditiert. Ihre Identität bezogen die Menschen aus ihrer Sozialisation, der sozialen Herkunft und ihrem Sein, das noch immer das Bewußtsein mitbestimmt. Das Wissen, daß wir in einer Gesellschaft leben, die durch Hierarchien und unterschiedliche soziale Interessen bestimmt wird, war vielen Menschen nicht unbekannt. Der „Volksgemeinschaftsgedanke" spielte eine untergeordnete Rolle.

Daß sich mittlerweile viele Menschen vor allem als Deutsche verstehen, mit den dazugehörigen zugeschriebenen Eigenschaften und Abgrenzungen (damit die Identität nicht verloren geht), ist das Ergebnis einer jahrelangen Kampagne von FaschistInnen und konservativen Kräften.

Die Neue Rechte

Ende der 60er Jahre formierte sich die *Neue Rechte*, der es weniger um Parteigründungen ging, als vielmehr um die „kulturellen Hegemonie" (von dem italienischen Kommunisten *Gramsci* geklaut), d.h. die Durchdringung der Gesellschaft mit letztendlich faschistischer Ideologie, nur eben zeitgemäß gewendet. Die *Neue Rechte* läßt sich als Bündelung rechter Strömungen verstehen, deren gemeinsames Ziel es ist, durch Eindringen in und Brückenschlag zu relevanten politischen Strömungen der BRD eine von Altlasten befreite rechte Ideologie und Politik wieder hoffähig und einflußreich zu machen. Im Gegensatz zur „Alten Rechten" geht es der *Neuen Rechten* nicht mehr darum, *Hitler* von seinen Verbrechen zu befreien, sondern darum, faschistisches Gedankengut von *Hitler* zu befreien. Die Strategie der *Neuen Rechten* hat 1973 *Thora Ruth* in der Zeitschrift *La Plata Ruf* des ehemaligen *Goebbels*-Referenten *Wilfried von Oven* sehr anschaulich beschrieben: „Wir müssen unsere Aussagen so gestalten, daß sie nicht mehr ins Klischee der Ewig-Gestrigen passen. Eine Werbeagentur muß sich auch nach dem Geschmack des Publikums richten und nicht nach dem eigenen. Und wenn kariert Mode ist, darf man sein Produkt nicht mit

Pünktchen anpreisen. Der Sinn unserer Aussage muß freilich der gleiche bleiben. Hier sind Zugeständnisse an die Mode zwecklos. In der Fremdarbeiter-Frage etwa erntet man mit der Argumentation – Die sollen doch heimgehen – nur verständnisloses Grinsen. Aber welcher Linke würde nicht zustimmen, wenn man fordert – Dem Großkapital muß verboten werden, nur um des Profits willen ganze Völkerscharen in Europa zu verschieben. Der Mensch soll nicht zur Arbeit, sondern die Arbeit zu den Menschen gebracht werden – Der Sinn bleibt der gleiche – Fremdarbeiter Raus! Die Reaktion der Zuhörer wird aber grundverschieden sein."

Da heutzutage statt „verständnislosem Grinsen" breite Zustimmung in der Bevölkerung bei der Parole „Ausländer raus" herrscht, läßt sich durchaus ermessen, wie erfolgreich die Strategie der *Neuen Rechten* war und ist. So ist der zunehmende Nationalismus in der Bundesrepublik zum Teil auch den Bemühungen der *Neuen Rechten* zu verdanken, die mit ihrem ideologischen Kampfbegriff der „nationalen Identität" in bürgerliche, konservative und ehemalige linke Kreise hinein wirken konnte und damit zur Wende nach rechts und des damit verbundenen „neuen" Nationalismus (der alt ist) beitrug.

Der Ideentransfer ist der gemeinsame Nenner des kulturellen Hegemoniestreben, zu dessen Zweck zielgruppenorientierte Diskurse geführt werden. Genau hierin liegt auch die besondere Gefährlichkeit der *Neuen Rechten*. Sie ist nur schwer zu entziffern, schwer zu stigmatisieren und durchdringt alle gesellschaftlichen Diskussionen. Sie erzeugt eine schleichende Normalisierung rechter bis faschistoider Gesinnung und Politik. Diese schleichende Normalisierung ist aktuell am Beispiel des ehemaligen Präsidentschaftskandidaten *Steffen Heitmann* zu sehen. Die jahrzehntelange Arbeit von Konservativen verschiedener Schattierungen, allen voran *Helmut Kohl*, hat es ermöglicht, daß ein Nationalkonservativer überhaupt vorgeschlagen wurde. Daß er schließlich wieder zurückgezogen wird, erscheint dabei nebensächlich, zumal wenn der „Ersatz" für *Heitmann* in der Person des *Maunz*-Schülers *Roman Herzog* gefunden wird, der ebenfalls zu den Nationalkonservativen zu zählen ist.

Die „geistig moralische Erneuerung"

Nicht nur den FaschistInnen ging es um die Wiederherstellung der „nationalen Identität". 1982 verdeutlichte *Helmut Kohl* in seiner ersten Regierungserklärung, er werde die „geistig-moralische Erneuerung" Deutschlands in Angriff nehmen. Diese „geistig-moralische Erneuerung" ist von vielen jahrelang unterschätzt und belächelt worden. Das, was heute in breiten Teilen der Bevölkerung an völkischen Betrachtungsweisen mit all seinen Folgen durchgesetzt ist, mahnte schon 1982 der damalige *CDU/CSU*-Fraktionsvorsitzender *Alfred Dregger* an: „Deutschland muß endlich aus dem Schatten Adolf Hitlers heraustreten." In der unter dem Nationalsozialismus erbauten Passauer Nibelungenhalle, in der jedes Jahr die DVU und die *CSU*-Großkundgebungen abhalten, gab 1988 *Franz-Josef Strauß* beim politischen Aschermittwoch der *CSU* folgendes zum besten: „Wir müssen heraustreten aus der giftigen Atmosphäre Adolf Hitlers. Wir müssen wieder ein Volk werden, das nicht mehr den gebeugten Gang des Sträflings der Weltgeschichte geht, sondern den aufrechten Gang bewußter Bürger, die stolz sind, daß sie Deutsche sind." Schluß mit dem Büßergang, Schluß mit dem ewigen Erinnern – genau dies ist der gemeinsame Nenner von FaschistInnen und bürgerlichen Parteien. So ist es mehr als nur Symbolik, wenn der DVU-Vorsitzende Frey im selben Jahr, am selben Ort, in derselben Halle inhaltlich dieselben Worte wie *Strauß* sagt.

Alfred Dreggers Rede zur Lage der Nation im Juni 1983 ließ keinen Zweifel daran, was unter der „Erneuerung" zu verstehen ist: „Zwischen 1965 und 1975 hat ein Bruch mit der Mehrzahl der Traditionen stattgefunden, die zur Substanz unserer nationalen Identität gehört haben und gehören (Dank der Arbeit der Linken, Anmerk. d. Verf.). Das berührt die Einheit der Nation unmittelbar. Die deutsche Identität insgesamt wurde ins Zwielicht gerückt. Aber mehr noch. Auch die deutsche Geschichte wurde hauptsächlich unter dem Gesichtspunkt gesehen, inwiefern sie zur nationalsozialistischen Herrschaft führen konnte. Das hat zur Folge, daß die deutsche Geschichte insgesamt abgewertet wurde. Seitdem gibt es ein Trauma in unserer Selbsteinschätzung. Die Wende, die wir politisch erreicht haben und durchsetzen wollen, wird ihre Bewährungsprobe nicht zuletzt darin zu bestehen haben, unsere nationale Identität in der Identität unserer Werte wiederherzustellen."

Damit die deutsche „nationale Identität" „gesunden" konnte, mußte das „Trauma" der NS-Zeit verschwinden. Da paßte es gut, daß Bundeskanzler *Kohl* auf seiner Israelreise 1984 stellvertretend für die Nachkriegsdeutschen die „Gnade der späten Geburt" für sich reklamierte. Das Jahr 1985 bescherte eine Kette von Ereignissen, die weit über die Grenzen der BRD hinaus Aufsehen erregten. Da gab der innenpolitische Sprecher der *CSU*-Landesgruppe im Bundestag *Hermann Fellner* seinem Antisemitismus freien Lauf und formulierte, daß „die Juden sich schnell zu Wort melden, wenn irgendwo in deutschen Kassen Geld klimpert". Drei Jahre später ließ sich sein Parteifreund und damaliger Regierungssprecher *Klein* über das „internationale Judentum" aus (TAZ 14.11.88).

Dann schritten am 5. Mai Bundeskanzler *Kohl* und US-Präsident *Reagan* über den Soldatenfriedhof von Bitburg, wo über 2.000 Tote der deutschen Wehrmacht und der *Waffen-SS* begraben sind. Der Staatsakt hatte ein Ziel: aus Tätern sollten Opfer gemacht werden. Auch *Der Spiegel* beteiligte sich an der Debatte um Bitburg. Herausgeber *Augstein* schrieb unter der Überschrift „Bitte kein Bit!": „Wer, um Himmels willen, könnte ein Interesse haben, den 8. Mai 1945 (Tag der bedingungslosen Kapitulation des Dritten Reiches, Anmerk.d.Verf.) zu begehen?" und gab die Antwort selbst: „Nun gut, die Sowjetrussen hatten ein echtes politisches Interesse. Sie müssen jede Erinnerung an die Kriegskoalition per Mund beatmen, um Keile und Keilchen zwischen ihre jetzigen Feinde zu treiben." Aber „warum sollen wir feiern", fragte *Augstein* weiter, was gehe „uns die Feierei an"? Die Antwort *Augsteins*: „Am albernsten wird die Begehung des 8. Mai, weil dieses Datum nicht nur die Befreiung von Millionen Menschen, sondern auch die Versklavung von Millionen Menschen signiert. Wollen wir nun wirklich noch ein Seminar abhalten, wer mehr Menschen umgebracht hat, Hitler oder Stalin?" Im Antikommunismus findet die Vereinigung von *Kohl*, *Reagan*, Frey und *Augstein* statt. Aus Opfern werden Täter und aus Täter werden Opfer. Es sollte immer noch das alte Wort *Horkhei-*

mers gelten: „Wer vom Kapitalismus nicht reden will, sollte auch vom Faschismus schweigen."

Mitte der 80er Jahre begann der sogenannte Historikerstreit. Worum es ging, brachte im April 1986 der Kanzlerberater in Sachen Geschichte, *Prof. Michael Stürmer*, auf eine kurze Formel: Es gewinne die Zukunft in Deutschland, „wer die Erinnerung füllt, die Begriffe prägt und die Vergangenheit deutet". Die Vergangenheit wurde in der Folge von bürgerlichen und faschistischen PublizistInnen ausgiebig gedeutet. So z.B. im Juni 1986 in der *FAZ* durch *Prof. Ernst Nolte* in seinem Beitrag „Vergangenheit die nicht vergehen will". Unter der Zwischenüberschrift „Archipel Gulag und Auschwitz" fragte sich der Historiker: „Vollbrachten die Nationalsozialisten, vollbrachte Hitler eine ‚asiatische' Tat vielleicht nur deshalb, weil sie sich und ihresgleichen als potentielle oder wirkliche Opfer einer ‚asiatischen' Tat betrachteten?"

Nolte meint, was er sagt, er fragt rhetorisch weiter: „War nicht der ‚Archipel Gulag' ursprünglicher als Auschwitz? War nicht der ‚Klassenmord' der Bolschewiki das logische und faktische Prius des ‚Rassenmord' der Nationalsozialisten?" Endlich wissen wir, daß die NationalsozialistInnen die eigentlichen Opfer waren und nur deswegen zu TäterInnen geworden sind.

Das deutsche BürgerInnentum, das dem Nationalsozialismus zur Macht verhalf und damit auch Auschwitz möglich machte, will mit diesem Makel nicht mehr leben. Der Makel wird generalisiert und internationalisiert, bis wir schließlich alle nur noch Opfer sind. Alle nur noch Opfer? Nein, natürlich nicht, es gibt auch wieder TäterInnen. So sprach *Kohl* Anfang 1987 von den „politischen Gefangenen in den Konzentrationslagern der DDR". Der damalige Bundesinnenminister *Zimmermann* (CSU*)* gab kurz darauf kund, daß er unter Faschismus nur einen politischen Kampfbegriff von Kommunisten verstehe. Die letzte Steigerung blieb schließlich dem *CSU*-Europaabgeordneten *Otto von Habsburg* (Sohn des letzten österreichischen Kaisers) vorbehalten: „Die sogenannte DDR hat nicht nur KZs eingerichtet, sie ist selber ein riesiges Konzentrationslager." *Habsburg* ist Präsident der stramm rechten *Pan-Europa-Union* und war Mitglied im Hilfskomitee *Freiheit für Rudolf Heß*.

Nachdem nun alle Täter in der Ex-DDR und des Ostblocks gestürzt sind, verriet uns *Wolfgang Schäuble*, wie es weitergeht. Zu sehen am 1.12.92 in der TV-Sendung „Kennzeichen D" sprach *Schäuble* vor Burschenschaftlern in Wichs und Montur auf der Burg von Eisenach: „Die Deutschen ... (er stockt) ... hier im Osten Deutschlands, wie wir jetzt sagen, obwohl es in der Mitte Deutschlands ist ..." Weiter kommt er nicht. Donnernder Applaus. *Schäuble* weiß, daß er einen Volltreffer gelandet hat. Eisenach liege, so *Schäuble*, „in der Mitte Deutschlands". Er meint „Mitteldeutschland" wie es die FaschistInnen nennen. Und da Eisenach in „Mitteldeutschland" liegt, ist halt Königsberg, Pommern oder Schlesien in „Ostdeutschland". Der „alte Osten Deutschlands" liegt zumindest ökonomisch schon voll im Interessens- und Einflußbereich der bundesrepublikanischen Eliten aus Wirtschaft und Politik und über eine geographische „Korrektur" wird nicht nur in faschistischen Kreisen nachgedacht.

Eifrig stürzen sich PolitikerInnen und HistorikerInnen auf das untergegangene DDR-System, Vergleiche werden gezogen, die nur ein Ziel haben: Die Geschichte und Verbrechen des Nationalsozialismus unter Beteiligung der meisten deutschen Konzerne zu relativieren, zu verharmlosen und auszulöschen. Alles nach der alten Totalitarismus-These: Rot gleich Braun.

Der Umdefinierung der Gedenkstätten in der Ex-DDR, bei der faschistische Konzentrationslager und sowjetische Internierungslager auf eine Stufe gestellt werden sollen, folgt die Verscherbelung von KZ-Gelände an Supermärkte. So sollte es in Ravensbrück geschehen. Während noch immer ehemaligen KZ-InsassInnen Entschädigungen verweigert werden, weil z.B. eine Reihe von Konzentrationslagern von der Liste der Einrichtungen gestrichen wurden, die für die Bundesregierung eine „Wiedergutmachung" rechtfertigen, bekommen mittlerweile ehemalige *SS*-Angehörige und Kriegsverbrecher im Baltikum von der Bundesregierung Renten, sie haben schließlich dem deutschen Staat gedient. Es kommt auch schon mal vor, daß Bundesfinanzminister *Theo Waigel* ein Vernichtungslager wie das KZ Belzec zu einem Aufnahmelager umdefiniert.

Unerwartete Schützenhilfe bekamen die Auschwitz-Leugner im März 1994 vom *Bundesgerichtshof (BGH)*. Der *BGH* hatte die Verurteilung des *NPD*-Vorsitzenden *Günther Deckert* aufgehoben, der den US-,,Hinrichtungsexperten" und Holocaust-Leugner *Fred Leuchter* zu einer Parteiveranstaltung eingeladen und dessen Rede übersetzt hatte. *Leuchter* bestritt dabei den NS-Massenmord. Der *BGH* hatte festgestellt, daß die Leugnung allein noch nicht den Tatbestand der Volksverhetzung erfülle und die ,,Auschwitz-Lüge" nicht automatisch die Menschenwürde der Juden/Jüdinnen angreife. In der Bewertung des Urteils ist dem *Zentralrat der Juden* in Deutschland zuzustimmen, der das Urteil als ,,Öl auf das Feuer der Neonazis, die sich ermutigt fühlen werden", qualifizierte. Keine zwei Wochen später brannte wieder eine Synagoge in Deutschland. Faschisten verübten einen Brandanschlag auf die bewohnte Synagoge in Lübeck.

Die neue Rolle Deutschlands – nationalsozialistische Option?

Wozu dient nun die Leugnung oder Relativierung der Verbrechen des Nationalsozialismus? Warum kommt es zu dem Versuch, eine neue, aber letztlich alte ,,Volksgemeinschaft" zu konstituieren, die rassistisch, völkisch und nationalchauvinistisch geprägt ist? Angehörige der deutschen Herrschaftseliten haben das Interesse, sich eine modernisierte nationalsozialistische Option für die Zukunft zu schaffen. Der Nationalsozialismus wird entpolitisiert, seiner Strukturen und Voraussetzungen entledigt und auf einzelne verbrecherische Figuren wie *Hitler*, *Göring*, *Himmler* und *Göbbels* reduziert. So werden reaktionäre und faschistische ,,Lösungsmuster", wie ,,Volksgemeinschaft", Euthanasie, starker Staat, reaktionäres Frauenbild, Militarisierung der Gesellschaft und Krieg, wieder diskutier- und damit anwendbar gemacht.

Der Grund liegt in der weltweit verschärften innerimperialistischen Konkurenz nach dem Ende der Blockkonfrontation. Die Hegemoniekämpfe innerhalb Europas sind schärfer denn je und es ist längst nicht mehr ausgemacht, daß Europas künftiger Weg eine EG unter Führung Deutschlands sein wird. Die Stimmen für einen deutschen Sonderweg werden auch bei den Eliten lauter. Innenpolitisch werden die Verteilungskämpfe zwischen der alten BRD und den Fünf Neuen Bundesländern noch Jahrzehnte anhalten.

Da Deutschland außenpolitisch wieder verstärkt den Blick nach Osten richtet und absehbar auch als „Ordnungsmacht" in die Neustrukturierung Europas eingreifen wird, ist eine „volksgemeinschaftliche" Entwicklung der Nation im Sinne der Eliten. Dies ist nicht denkbar ohne eine Anknüpfung an nationalsozialistische Ideologie. Verdrängung und Nichtaufarbeitung der faschistischen Vergangenheit haben die Gesellschaft der Bundesrepublik und auch der DDR nach 1945 bis heute geprägt. Das heißt, in der Bundesrepublik bestanden personell, strukturell und ideologisch Elemente des Dritten Reiches weiter. Auch wenn das Wissen darum bis Mitte der 80er Jahre durchaus breit wirkte, konnte es sich nie gesamtgesellschaftlich durchsetzen. Nur durch den abgesicherten Wohlstand und die alliierten Kontrolle konnte die nicht aufgearbeitete faschistische Vergangenheit keine breite materielle Gewalt erhalten. Mit der Wiedervereinigung hat Deutschland fast alle Fesseln aus der Niederlage des Nationalsozialismus abgeworfen, nun ist jede Frage wieder offen.

Ein wesentlicher Eckpfeiler faschistischer-Ideologie, der selektive Biologismus, erfährt eine Renaissance. Die bürgerlichen Medien führen seit Jahren eine Debatte um den „Wert des Lebens", die gesellschaftliche Rolle der Frauen wird wieder verstärkt aus ihrer angeblichen „biologistischen Bestimmung" abgeleitet. Das Verhältnis vieler Deutscher zu den Flüchtlingen und ImmigrantInnen bewegt sich in rassistischen Bahnen. Gestritten wird nur noch, ob „andere Kulturen" die Deutschen schädigen oder bereichern.

Längst nicht mehr nur bei den Nazis wird über die Vor- und Nachteile nationalsozialistischer Wirtschaftspolitik diskutiert. Forderungen wie nach „Dienstpflicht" für junge Frauen und „Zwangsarbeit" für SozialhilfeempfängerInnen gehören längst zum Repertoire bürgerlicher PolitikerInnen.

In punkto Militarismus ist der Wehrwille der „Volksgemeinschaft" noch nicht genügend entwickelt. Die mehr als 40jährige erzwungene Enthaltsamkeit hinterläßt noch ihre Spuren. Aber auch hier wird zielstrebig die Fähigkeit zur Wiederanknüpfung an aggressive Großmachtpolitik in Bismarckscher, Wilhelminischer und nationalsozialistischer Tradition entwickelt. Die Gesellschaft und die Bundeswehr werden darauf vorbereitet, „deutsche Interessen" in aller Welt in zunehmenden Maße auch mit kriegerischen Mitteln durchzusetzen. Dazu ist die Brutalisierung und Militarisierung der Gesellschaft nach innen notwendig. Die Pogrome von Hoyerswerda und Rostock haben durchaus mit dazu beigetragen, die Gesellschaft kriegsfähig zu machen. Der erste richtig „heiße Krieg" der Bundeswehr „out of area" wird ein weiteres tun, um „der Nation" auf die Sprünge zu helfen. Ende Dezember 1993 stellte *Schäuble* konsequent eines der letzten Tabus der deutschen Politik zur Debatte: Den Einsatz der Bundeswehr im Inneren. Er verknüpfte dies mit den zunehmenden Problemen der angeblich ins Land strömenden Flüchtlingsmassen.

Durch die massiven Angstkampagnen der letzten Zeit (kein Tag vergeht, ohne daß die Bevölkerung in drastischen Bildern auf allen Kanälen vorgeführt bekommt, daß „das internationale Verbrechen das wehr- und hilflose Deutschland überrennt") sowie durch die Inszenierung von „Politikverdrossenheit" wird insgesamt ein Bedürfnis nach „Führung" erzeugt, das die bisherigen Spielregeln der bürgerlichen Demokratie in Frage stellt. Von „unten" erhält dieser Prozeß eine zusätzliche Eigendynamik. Das „Volk" ist zunehmend unzufriedener mit der „Bonner Schwatzbude", „die da oben sollen endlich was tun". Bei der Abschaffung des Asylrechts wurden die gemeinsamen Interessen von „oben" und „unten", endlich mal schneller durchzugreifen, eindrucksvoll vorgeführt.

Welche Herrschaftsvariante sich letztlich durchsetzen wird, ob die bundesdeutsche Nachkriegsdemokratie in einer militarisierten Form bestehen bleibt oder womöglich eine nationalsozialistische Herrschaft die „deutschen Interessen" besser durchsetzen kann, hängt u.a. von der weiteren weltweiten ökonomischen und politischen Entwicklung der nächsten Jahre ab und wie Deutschland darin seinen Weg zur Weltmacht realisieren kann.

Großmachtphantasien

Herbert Kremp, Chefkorrespondent der *Welt*, läßt im September 1990 seinen Großmachtphantasien freien Lauf: „Das künftige Deutschland steht als Großmacht vor den Trümmern Osteuropas, und die Halde reicht bis in die Tiefen Rußlands." Bis dorthin reichten schon einmal deutsche Truppen! Dafür braucht mensch die neue/alte „Moral". Da wird munter Auschwitz mit Bautzen verglichen, die *Gestapo* mit der *Staatssicherheit* und die sechs Millionen ermordeten Juden/Jüdinnen mit den – welch ein Zufall – „sechs Millionen Stasi Opfern".

Arnulf Baring, ein Historiker, der bevorzugt in der *FAZ* zu Wort kommt, gibt kund, daß „wir Deutschen" aufgrund unserer Vergangenheitsbewältigung „unsere ganze Geschichte vor 1945 in den Abfallkorb geworfen" hätten, „aus dem wir sie jetzt mühsam wieder herausklauben müssen". In diesem Papierkorb läßt *Baring* beim Wühlen keine Schicht aus und er klaubt jede Menge heraus. Das Ergebnis nimmt er gleich vorweg: „Wir erleben jetzt die Wiederkehr Deutschlands." Und es stellt sich für ihn die Frage, ob „der Verzicht Deutschlands auf Atomwaffen wirklich für alle Zukunft gelten sollte". Das deutsche BürgerInnentum thematisiert die Kathastrophe. *Spiegel*-Herausgeber *Augstein* kann sich Situationen vorstellen, in denen Deutschland sich „unter Bruch bestehender Verträge in den Besitz von Atomwaffen bringen" müßte.

Wenn die Folgen für die Mehrheit der Menschen nicht so katastrophal wären, könnte mensch meinen, wir säßen in einem großem Theater. Gespielt wird seit Jahren dasselbe Stück, mit dem Titel „Entsorgung der Geschichte". Die SchauspielerInnen und Souffleusen/Souffleure wechseln, das Stück bleibt das gleiche. Der rechte *Baring* wird vom bürgerlichen *Augstein* abgelöst. Nach der Pause kommt der Faschist *Haider* im Duo mit dem liberalen *Wolfram Engels*. Wie das? Hat nicht der österreichische Chef der faschistischen *FPÖ (Freiheitliche Partei Österreichs) Jörg Haider* bei einer *FDP*-Tournee durch die BRD im Herbst 1992 die „ordentliche Beschäftigungspolitik" der Nazis gelobt? Hat nicht der Herausgeber der liberalen *Wirtschaftswoche*, *Engels*, im Juli 1991 die scheinbaren Vorzüge nationalsozialistischer Ökonomie entdeckt? Er fordert den Bruch des „Tabus der Nazizeit", denn „die Wirtschaftsgeschichte der Nazizeit ist von ganz besonderen Interesse ... Die Wachstumsrate des realen Sozialprodukts lag bei knapp 10% ... Diese Zahlen sind aufregend ... Können wir auf Erfolgsrezepte nur deshalb verzichten, weil Adolf Hitler sie angewandt hat?" Die Antwort liefert er gleich mit: „Wir verzichten schließlich auch nicht auf die Teilnahme an Olympischen Spielen, auf deutsche Schäferhunde und auf Chorgesang." (Das erhöhte Sozialprodukt lag schlicht und ergreifend an der enormen Rüstungsproduktion zur Vorbereitung des Zweiten Weltkrieges).

Nationalsozialdemokraten

Auch Teile der *SPD* beteiligen sich an der Rekonstruktion des Völkischen. Im April 1992 gründeten Leipziger *Jusos* einen „Verein zur Förderung des nationalen Gedankens und der Solidarität in der deutschen Jugend", genannt *Hofgeismarer Kreis*. Ideologisch orientieren sich die *Hofgeismarer* am historischen *Hofgeismarer Kreis* der 20er Jahre. Er wurde von dem national orientierten *SPD*-Mehrheitsflügel unterstützt, mit dem Ziel, die *Jungsozialisten* auf ein großdeutsches Reich einzuschwören. Das Motto war: „Klasse muß Nation werden." Der bekannteste Vertreter des *Hofgeismarer Kreises* und ideologisches Vorbild der Leipziger *Jusos* ist *Ernst Niekisch*, ein ideologischer Wegbereiter des Nationalsozialismus. Um *Ernst Niekisch* vorzustellen, wollen wir ihn selber sprechen lassen: „Ein mächtiges germanisch-slawisches Weltreich birgt der Osten in seinem Schoße ... Ein neues Zentrum entstünde alsdann, das vom Stillen Ozean bis zum Rhein, von Wladiwostock bis Vlissingen reichte ... Deutschland als Kopf, Organisator ... jenes Machtgebilde wäre ein Preußen im Weltmaßstab ... Ordensgeist rüstet sich vom Ural bis an die Elbe, um den Geist des Demokratismus ... zurückzujagen ... und wieder eine Rangordnung errichtete, die jedem das Seine gewährte. Allein der Geist preußischer Zucht, preußischer Entbehrung, preußisches Kämpfertum kann es ans Licht des Tages heben. Die deutsche Sendung ist sichtbar." Die Eigenschaft, dort wo andere Menschen Phantasie und Sinne entwickeln, Stahlsplitter sitzen zu haben, teilt *Niekisch* mit allen FaschistInnen und Nationalkonservativen.

Niekisch trat 1917 in die *SPD* ein, wechselte zur *USPD* und trat abermals Anfang der zwanziger Jahre der *SPD* bei. 1924 nahm er Kontakt mit dem nationalistischen Flügel der *Jusos* im *Hofgeismarer Kreis* auf. Ob *Niekisch* 1926 wegen seinem „extremen" Nationalismus aus der *SPD* ausgeschlossen wurde oder selber die Partei 1925 aus Protest gegen den Locarno-Vertrag (mit dem Deutschland auf die gewaltsame Revidierung der Westgrenzen, nicht jedoch der Ostgrenzen verzichtete) verließ, läßt sich nicht mehr mit Bestimmtheit feststellen. Weil *Niekisch* 1932 sein Buch „Hitler, ein deutsches Verhängnis" publizierte, wird heute mitunter versucht, ihn als NS-Gegner weißzuwaschen, um „saubere", weil von den NS-Verbrechen „unbelastete" Quellen für eine nationalrevolutionäre Politik zu erschließen. *Armin Mohler*, einer der Chefideologen der aktuellen *Neuen Rechten*, spricht von den „Trotzkisten des Nationalsozialismus". Tatsächlich kam *Niekischs* Kritik an *Hitler* von rechts. Er kritisierte die *NSDAP* wegen deren Orientierung auf eine parlamentarische Machtübernahme. *Hitler* war ihm „zu pazifistisch, zu legalistisch", dieser verzichtete auf die „schöpferische Zerstörungskraft". *Niekisch* forderte statt dessen ein unverfälschtes „germanisches Barbarentum".

Ein anderer Chefideologe des historischen *Hofgeismarer Kreises*, *Hendrik de Man*, wurde 1940 unter der NS-Okkupation in Belgien Minister der flämischen Faschisten und nach 1945 durch den belgischen Staat als Kriegsverbrecher verurteilt.

Mit solchen Vorbildern läßt sich heutzutage, auch innerhalb der *SPD*, wieder Politik machen. Im April 1992 erschien im parteioffiziellen *Vorwärts* ein positiver Artikel über den historischen *Hofgeismarer Kreis*, worin offen für die Wiedergründung geworben wurde. Mittlerweile haben die nationalistischen *Jusos* neben ihrer Hochburg Leipzig Ableger im Rheinland und Bayern gegründet.

Die *Hofgeismarer* haben sich das Ziel gesetzt, „als nationale Plattform in der SPD zu wirken und national gesinnten Jugendli-

chen die Möglichkeit zu geben, im Umfeld der deutschen Sozialdemokratie mitzuarbeiten. Im letzten Jahr sind wir auch dazu übergegangen, Kontakte zwischen verschiedenen nationalen Gesprächs-
kreisen und national Gesinnten in anderen Parteien und Organisationen aufzubauen". Auch am Geschichtsrevisionismus beteiligen
sich die nationalen *Jusos* und meinen: ,,Die Deutschen und allen
voran die Politiker, müssen sich von den sinnlosen Schuldkomple-
xen der tiefen Nationaldepression lösen. Es muß Schluß sein mit der
Komprimierung tausendjähriger Geschichte auf zwölf Jahre." Mitte
Juli 1993 veranstalteten die *Hofgeismarer* mit der *SPD*-eigenen
Friedrich-Ebert-Stiftung ein Seminar zum Thema ,,Nationale Gedanken in Deutschland und in der Sozialdemokratie". Die Fahrtko-
sten der TeilnehmerInnen übernahm die *SPD*. Auf dem Seminar war
ein durch die Leipziger *Jusos* herausgebrachtes ,,Liederbuch Junger
Sozialdemokraten" erhältlich. Auf Seite zwei geht es los mit
,,Deutschland, Deutschland über alles, über alles in der Welt", dann
geht es weiter mit Kriegsverherrlichung (,,Die lieben Waffen glän-
zen so herrlich im Morgenrot, man träumt von Siegerkränzen ... Die
Christenbanner wehen, Dein ist o Herr, der Krieg!", S. 25) und en-
det in völkischen Erweckungsrufen: ,,Haltet Euer Deutschtum hoch.
Deutsche Jugend auf zum Streite, rüste Dich mit Herz und Hand!
Beug dem Joch Dich fremden Geistes nicht im eigenen Vaterland!"
(S.28).

Hauptreferent des Seminars und Förderer der Leipziger *Jusos* ist
der Leiter der *SPD*-Parteischule *Tilman Fichter*. Schon 1985 unterzeichneten *Fichter* und *Peter Brandt* (Sohn von *Willy Brandt*) gemeinsam mit Faschisten eine von Nationalrevolutionären verfasste
,,Denkschrift" zur Wiedervereinigung Deutschlands. *Peter Brandt*
wurde erst jüngst von der Deutschen National-Zeitung in den höchsten Tönen für sein neues triefend-nationales Buch ,,Vaterlandslose
Gesellen" (1993) gelobt. 1991 ermöglichten es *Tilman Fichter* und
Peter Glotz einem der Vordenker der *Neuen Rechten*, *Henning Eich-
berg*, für die *SPD*-Theoriezeitschrift *Die Neue Gesellschaft/Frank-
furter Hefte* zu schreiben. *Tilman Fichter* publizierte 1993 sein
Buch ,,Die SPD und die Nation" mit dem Untertitel: ,,Vier sozial-
demokratische Generationen zwischen nationaler Selbstbestimmung

und Zweistaatlichkeit", worin er der sozialdemokratischen Entspannungspolitik der 70er und 80er Jahre vorwirft, für solch schnöde Dinge, wie Kriegsverhinderung und menschliche Erleichterung, das hohe Ziel der deutschen Wiedervereinigung verraten zu haben. Das Buch erschien im zum *Springer*-Konzern gehörenden Berliner *Ullstein-Verlag*. Geschäftsführer ist der *Heribert Fleißner*, der schon *Franz Schönhubers Waffen-SS*-Memoiren „Ich war dabei" verlegte. Chef-Lektor war lange Zeit der Nationalrevolutionär *Rainer Zitelmann*, der 1988 die Biographie „Hitler-ein deutscher Revolutionär" verfaßte und seit dem 1. Dezember 1993 Leiter des Ressorts „Geistige Welt" bei der *Welt* ist. *Zitelmanns* erste Arbeit bei der *Welt* war eine Lobeshymne auf die faschistische *Junge Freiheit*.

Zitelmann und *Fichter* sind gern gesehene Gastautoren, bzw. Interviewpartner, der *Jungen Freiheit*. Die *Junge Freiheit* und *Fichter* loben die *Hofgeismarer Jusos* und *Tilman Fichter* unterzeichnet eine Ehrenerklärung für *Zitelmann*. Diese Ehrenerklärung war notwendig geworden, nachdem selbst den RedakteurInnen der *Welt Zitelmanns* Nähe zum Nationalsozialismus zu weit ging und sich 50 RedakteurInnen nicht als „Steigbügelhalter der *REPs*" betätigen wollten. Auch der deutschlandpolitische Experte der *SPD*, *Norbert Gansel* aus Kiel, bestätigt in seiner Laudatio auf das *Fichter*-Buch: „Fast alles muß ich akzeptieren"; die *SPD* habe „in der nationalen Frage nicht mit Herz und Verstand agiert".

Solche „Ausreißer" können nur auf dem ideologischen Humus einer insgesamt nach rechts rückenden Partei gedeihen. Viele *SPD*-PolitikerInnen sind bemüht, soziale Probleme mit der „nationalen Frage" zu verknüpfen, oder besser: auf die „soziale Frage" eine nationale Antwort zu geben. Auf die *CSU*-Variante der „Durchrassung der Gesellschaft" *(E. Stoiber)* folgte die Gefahr der „Verslumung der Großstädte" durch Flüchtlinge vom ehemaligen Münchener *SPD*-Oberbürgermeister *Kronawitter*. Auch der *SPD*-Landesvorsitzende von Brandenburg *Steffen Reiche* ist stolz, ein Deutscher zu sein; „dieses nationale Gefühl zu betonen müsse legitim sein, um die Leute vor dem Rechtsextremen zu retten. Nationaldenkende werden durch den Antinationalismus der Linken erst zu Rechtsextremen gemacht."

Wohin Geschichtsklittung und Nationalismus führen können, hat der im KZ ermordete *Erich Mühsam* sehr anschaulich beschrieben:

Vorwärts mit Tabak und Kümmel!
Bajonette. Schlachtgetümmel!
Vorwärts! Sterben oder Siegen!
Deutscher kennt kein Unterliegen.
Knochen splittern, Fetzen fliegen.
So lebt der edle Kriegerstand.
Der Schweiß tropft in den Grabenrand,
das Blut tropft in den Straßenrand,
mit Gott, mit Gott, mit Gott,
mit Gott für König und Vaterland.
Angeschossen, hochgeschmissen,
Bauch und Därme aufgerissen.
Rote Häuser – blauer Äther –
Teufel! Alle heiligen Väter! ...
Mutter! Mutter!! Sanitäter!!!
So stirbt der edle Kriegerstand,
in Stiefel, Maul und Ohren Sand
und auf das Grab drei Schippen Sand –
mit Gott, mit Gott, mit Gott,
mit Gott für König und Vaterland.

Anmerkung:
Viele Zitate, Quellen und Anregungen für diesen Artikel haben wir folgenden Veröffentlichungen entnommen:
- „Drahtzieher im braunen Netz", Edition ID-Archiv 1992
- Michael Schmidt, „Heute gehört uns die Strasse", Econ Verlag 1993
- Antifa Info Blatt Berlin, Nr. 24, 1993
- AK, Nr. 363, 1994
- Antifaschistische Informationen gegen die Zeitung „Junge Freiheit", 1993
- 17C, Nr. 1, 1994

Hat Faschismus Zukunft – oder:
Die WählerInnen sind schlechter als ihr Ruf

Der Ausgang der italienischen Parlamentswahlen wurde von DVU-Chef Frey gefeiert. *REP*-Chef *Franz Schönhuber* sah in ihr „den Beginn einer Rechtswende in ganz Europa". Der Rechtsblock von *Forza Italia* unter dem Medienzaren *Silvio Berlusconi*, der separatistischen *Lega Nord* und der Neuauflage der alten faschistischen *MSI, Alleanza Nazionale,* erhielt bei den Wahlen knapp 43% der Stimmen. Ein milliardenschwerer Mediengigant (in DM, nicht in Lira), neben dem sich Frey wie ein Schülerzeitungsredakteur ausnimmt, ist italienischer Ministerpräsident, *Mussolinis* politische Enkel seine Minister.

Der „Führer" der faschistischen *Freiheitlichen Partei Österreichs*, *Jörg Haider*, konnte seine *FPÖ*, neben Volkspartei und Sozialdemokraten zur drittstärksten Kraft in Österreich aufbauen. In Kärnten wurde die *FPÖ* bei den Landtagswahlen im März 1994 mit 33% der Stimmen zweitstärkste Partei hinter den Sozialdemokraten.

Bei den Parlamentswahlen im Dezember 1993 wurde die von *Wladimir Schirinowski* geführte faschistische *Liberal-Demokratische Partei* (*LDP*), von Gerhard Frey finanziell wie propagandistisch unterstützt, stärkste Partei in Rußland.

Die französiche *Front National* unter *Le Pen* hat sich schon vor Jahren erfolgreich im parlamentarischen System Frankreichs etabliert.

In ganz Europa ist eine Entwicklung nach rechts spürbar. Nicht nur in Deutschland werden Menschen anderer Nationalität ermordet. Auch in England werden tausende rassistisch motivierter Überfälle pro Jahr verübt. Dem deutschen Ausweisungsbeschluß von Roma und Sinti folgten Pogrome gegen sie in Rumänien. Der bundesdeutschen Anti-Antifa-Kampagne der militanten FaschistInnen folgten die Briefbomben in Österreich. Der angeblich demokratisch gewendete *Alleanza Nazionale*-Führer *Fini* ließ sich nach seinem Wahlerfolg von zehntausenden AnhängerInnen mit faschistem Gruß feiern. In seiner Dankesrede erinnerte er an den „größten Staatsmann in der Geschichte Italiens", *Mussolini*. Ehemalige lettische *SS*-Angehörige bekommen nach dem Zerfall der „sozialistischen" Staaten Renten aus Bonn, da sie ja mal dem Deutschen Reich gedient hatten. Auch die angeblich „AusländerInnen"freundliche Niederlande hat die Grenzen, nach bundesrepublikanischen Vorbild, für Menschen, die nicht aus Europa kommen, so gut wie geschlossen.

In ganz Europa breitet sich ein gefährlicher Chauvinismus aus. Die Themen der Rechten sind mittlerweile die Themen der bürgerlichen Mitte geworden. Die Betonung des Nationalen, die sogenannte Asylfrage und die angeblich durch die organisierte Kriminalität bedrohte Innere Sicherheit sind europaweit die gemeinsamen Themen der bürgerlichen Mitte und der FaschistInnen. Die gemeinsamen Themen begünstigen die faschistischen Parteien und Gruppen in ihren Formierungs- und Etablierungsprozessen. Ist eine faschistische Partei erstmal etabliert, ist die Gefahr einer faschistischen Machtübernahme, mit all ihren Konsequenzen, groß. Wie sieht nun die Entwicklung in der Bundesrepublik aus? Ist eine ähnliche Entwicklung wie in Italien zu erwarten?

Um es gleich vorwegzunehmen: Wir werden keine Prognose wagen. Zu vielschichtig sind die Faktoren, die eine Rolle spielen können. Wir können auf Potentiale und Gefahren hinweisen und auf die eher schlichte Tatsache, daß nichts geschieht, was nicht auch zugelassen wird. Das heißt, es liegt auch in unser aller Hand, die faschistische Gefahr zu bannen.

Noch machen sich die faschistischen Parteien in der Bundesrepublik gegenseitig große Konkurrenz. Ihr öffentliches Erscheinungsbild schreckt noch viele potentielle WählerInnen ab. Zu hausbacken und unmodern sind ihre Konzepte, zuviel Streit und Mißgunst herrscht in ihren eigenen Reihen. Es wäre allerdings falsch, eine faschistische Gefahr rein an den erreichten Prozentpunkten für *Republikaner,* DVU, *NPD, Deutsche Liga* und *Bund Freier Bürger* auszumachen, obwohl die erreichten Prozentpunkte durchaus Anlaß zur Sorge geben. Verschiedene Untersuchungen geben das Potential von Menschen mit einem geschlossenen faschistischen Weltbild mit fünf bis acht Millionen an. Auf die Frage, ob sie vielleicht eine Partei rechts von der *CDU/CSU* wählen würden oder schon einmal gewählt haben, antworteten im August 1992 bei einer Infas-Untersuchung 19 Prozent mit Ja. Es ist deutlich, daß die faschistischen Parteien ihr Potential durch hausgemachte Faktoren nicht voll ausschöpfen können. Es gibt in der Bundesrepublik ein großes faschistisches Einstellungspotential, das seit der Vereinigung noch angewachsen ist. Personen mit nationalistischen, autoritären und rassistischen Einstellungen wählen zum größten Teil die Unionsparteien. Eine Untersuchung des Parteienforschers *Richard Stöss* ergab, daß 1990 in Westberlin „RechtsextremistInnen" zu 58 Prozent für die *CDU* votierten, zu 25 Prozent für die *SPD* und nur zu sechs Prozent für die *REP*. Sieben Prozent gehörten zu den NichtwählerInnen. Der Anteil der NichtwählerInnen stieg 1992 auf 28 Prozent an, die *CDU* lag immer noch bei 34, die *SPD* bei 17 und die *REP* bei 11 Prozent.[1] Heute sieht es ähnlich aus. Die faschistischen Parteien erreichen zusammen maximal 10 Prozent. Die Union ist also noch immer der parlamentarische Arm des rechten und des faschistischen Potentials. Auch Gerhard Frey orientierte seine AnhängerInnenschaft schon häufiger auf die Union („das kleinere Übel wählen"). Auch heute, beim Verfassen dieses Textes im Juli 1994, deutet alles darauf hin, daß Frey bei der Bundestagswahl im Oktober 1994 zur Wahl des „Wiedervereinigungskanzlers Kohl" aufrufen wird. In Krisenzeiten faschistischer Parteien ist ihr Klientel zum größten Teil immer schon zur *CDU/CSU* übergewechselt. Das war in den 50er Jahren so und Ende der 60er Jahre wiederum. Bei der Integration des faschistischen Potentials ging es der Union nie um eine programmatische Kritik an den faschistischen Parteien, sondern um den Ausbau der eigenen Machtposition. Eine grundsätzliche programmatische Kritik hätte ein Überwechseln auch verhindert. Heute, da sich die Union, begünstigt durch die Wiedervereinigung, nationalistisch und durch die Asylrechtsänderung rassistisch profiliert, sind die *Republikaner* durchaus stolz darauf, daß die *CDU/CSU* sich ihnen stark angenähert hat.

Was schon bei der DVU-AnhängerInnenschaft deutlich wurde, ist auch auf das übrige faschistische Potential übertragbar. Sie neigen dazu, sich selbst nicht politisch zu betätigen. Sie erwarten, daß andere für sie aktiv sind. Das können Parteien oder ihre FührerInnen sein, das kann aber auch der Staat mit seinem Repressionsapparat sein, der mal so ,,richtig aufräumt". Im Zweifel sind es aber auch die militanten FaschistInnen, die ein Flüchtlingsheim überfallen. Das haben auch Hoyerswerda, Mannheim und Rostock gezeigt.

Nach anfänglich (ab 1987) ganz deutlichem Zuspruch für DVU und *REP* ist das faschistische Potential inzwischen skeptisch geworden. Beide Parteien erfüllten die Erwartungen nicht. Das Klientel der FaschistInnen will geschlossene starke Parteien mit einer autoritären Führung, die alles im Griff hat. In ihren Augen hat sich *Schönhuber* als unfähig erwiesen, die *Republikaner* zu managen. Es ist natürlich auch bekannt, daß die *REP* und DVU, dort wo sie in den Parlamenten sitzen, nichts bewegen. Sie streiten sich um die Kasse und schanzen sich, ganz wie bei den von ihnen so stark kritisierten bürgerlichen Parteien, gegenseitig Jobs zu. Die DVU und *REP* sind zur Zeit ein Flop für die meisten Menschen mit faschistischem Einstellungspotential.

Anders sieht es in Frankreich und Österreich aus. *Le Pen* ist es gelungen, das faschistische Lager zu einigen und auf sich einzuschwören. Er wird unterstützt von militanten Schlägern bis zu rechten Intellektuellen. *Haider* ist schon sehr viel länger der unumstrittene Führer in Österreich. Die AnhängerInnen wissen auch genau, daß, wenn sie ihre eigenen Führer demontieren, ihre Parteien keine Chance haben.

In der Bundesrepublik ist der Faschismus so gespalten, so zersplittert, so uneinheitlich wie fast nirgendwo in Europa. Die deutsche Szene schafft es nicht, die guten gesellschaftlichen Bedingungen zu nutzen. Das muß nicht so bleiben und genau hierin liegt eine große Gefahr.

Der Sozialwissenschaftler *Stöss*, ein profunder Kenner der bundesdeutschen Parteienlandschaft, speziell der rechten, schrieb im Februar 1994 zu den Bedingungen für faschistische Parteien: ,,Sie waren für rechtsextreme Parteien noch nie so optimal in der Geschichte der Bundesrepublik. Die gesellschaftlichen Verwerfungen sind heute derart groß, und gleichzeitig ist das politische System, das Vertrauen in unsere politischen Instututionen, ja sogar das Vertrauen in die Demokratie im Augenblick im Niedergang begriffen. Die Polarisierung im Ost-West-Konflikt war für die Integration des Rechtsextremismus in die etablierten Parteien nach Kriegsende enorm wichtig. Das ist auch weggefallen. Dazu kommen die wirtschaftlichen und sozialen Probleme. Die Voraussetzungen für einen Erfolg des Rechtsextremismus sind also unzweifelhaft gegeben, wenn die Szene sich eint in einem gemeinsamen Bündnis unter einem Führer."[2]

In Italien haben die von *Stöss* benannten Kriterien zum Erfolg der *Forza Italia* geführt. Der Führer *Berlusconi* hat die durchaus sehr gegensätzlichen *Lega Nord* und *Alleanza Nazionale* unter seinem Dach vereint. Während die *Lega*, die im Norden ihre AnhängerInnenschaft hat, einen Wohlstandschauvinismus predigt mit einer Abkoppelung des reichen Nord- vom armen Süditalien, vertritt die *Alleanza*, mit ihrem Klientel in Mittel- und Süditalien, ein Großitalien in Anlehnung an *Mussolini*. Gleichzeitig ist die bürgerliche Mitte durch eine nicht enden wollende Reihe von Betrugs-, Bestechungs- und Mafiaskandalen diskreditiert und als Folge weggebrochen.

Vorstellbar als Führer und Integrationsfigur wäre ein vom rechten Rand der Union kommender Politiker. Doch noch scheuen Politiker wie *Lummer* aus Berlin oder *Gauweiler* aus München das Risiko, ihre demokratische Deckung aufzugeben. Zu desolat ist ihnen zur Zeit die faschistische Szene, zumal sie als Integrationsfigur auch noch einen nennenswerten Teil aus der Union mitbringen müßten. Vielleicht kommt die „Hilfe" von außen: „Wir können uns vorstellen, daß wir in absehbarer Zeit in Deutschland mit einer eigenen Freiheitlichen Partei kandidieren", drohte *FPÖ*-Chef *Jörg Haider*.[3] Seit dem Austritt aus der *Liberalen Internationale* bändelt *Haider* verstärkt mit der italienischen *Lega Nord* und der *CSU* an. Gemeinsame Veranstaltungsauftritte von *Haider*, *Gauweiler* und *Bund Freier Bürger*-Gründer *Brunner* könnten die Richtung angeben. Auch wenn es noch zu früh ist, über den erst Anfang 1994 gegründeten *BFB* perspektivische Aussagen zu treffen.

Lassen wir uns durch den Ausgang des „Superwahljahres" 1994 nicht täuschen. Die Gefahr der Etablierung einer großen faschistischen Partei in der Bundesrepublik, nach österreichischen, französischen oder italienischen Vorbild, war nach 1945 noch nie so groß wie heute.

Chronologie

1958
- Frey kauft 50% der *Deutschen Soldaten-Zeitung* und gründet die *Deutsche Soldaten-Zeitung Verlags GmbH*

1960
- Frey erwirbt die restlichen 50% der DSZ.

1963
- Frey kauft die Wochenzeitschriften *Der Sudetendeutsche* und *Schlesische Rundschau.*

1964
- Frey erwirbt einen Anteil von 30,1% an der Zeitschrift *Nation Europa*, den er nach zwei Jahren wieder verkauft.

1970
- Frey beteiligt sich an der Gründung der *Gemeinschaft Ost- und Sudetendeutscher Grundeigentümer und Geschädigter.*

1971
- Gründung der DVU e.V. unter dem Vorsitz von Frey.
- Der *Deutsche Anzeiger* wird als Organisationsorgan gegründet.
- Durchführung von sechs Großkundgebungen in fünf Städten.

1972
- Beschluß des 24-Punkte Aktionsprogrammes.
- Der *Freiheitliche Rat* wird unter maßgeblicher Beteiligung Freys gegründet.
- „Europakundgebung" in Nürnberg mit 1.400 TeilnehmerInnen.
- Gegen die Ratifizierung der Ostverträge organisiert die DVU unter Beteiligung der *Aktion Neue Rechte* einen „Marsch auf Bonn". 5.000 Menschen nehmen an der Abschlußkundgebung teil.

- Eine Zusammenarbeit von DVU und *NPD* wird vom Bundesvorstand der *NPD* abgelehnt, der Vorstand des *AVV* stellt sich auf die Seite der *NPD* und wird vom *Freiheitlichen Rat* ausgeschlossen – *AKON*, *WJ*, der *Deutsche Block* und der *Jugendbund Adler* wechseln zu Frey.
- Frey ruft zur Wahl von *CDU/CSU* bei den Bundestagswahlen auf.

1973
- Die *Aktion Neue Rechte* verläßt den *Freiheitlichen Rat*, der *Stahlhelm – Kampfbund für Europa* tritt bei.
- Durchführung von Kundgebungen in Mainz, Berlin und Sindelfingen.

1974
- Frey wird in den Bundesvorstand der *AKON* gewählt.
- Bei den Wahlen in Hessen und Bayern ruft Frey zur Wahl der *NPD* auf.
- Das Bundesverfassungsgericht lehnt eine beantragte Einschränkung der Grundrechte Freys ab.

1975
- Im Rahmen ihrer Bündnispolitik veranstaltet die DVU einen „Kongreß der nationalen Einheit", vor allem Gruppen des *Freiheitlichen Rates* sind vertreten.
- *Austin App* erhält den „Europäischen Freiheitspreis der DNZ".
- Frey tritt der *NPD* bei, die DVU beteiligt sich am „Deutschlandtreffen" der NPD.
- Mit der „Bonner Erklärung" von NPD und DVU soll ein Schlußstrich unter den Faschismus und seine Verbrechen gezogen werden.
- Frey wird in den Vorstand der *NPD* gewählt, nicht aber zum stellvertretenden Vorsitzenden.
- Der neugewählte *NPD*-Vorsitzende *Deckert* erklärt Frey zu einer „Belastung für die *NPD*", der versuchte Einigungsprozeß ist gescheitert.

1976
- Frey ist Mitglied im Freundeskreis der *Wehrsportgruppe Hoffmann* und bezahlt *Hoffmann* eine Geldstrafe von 8.000 DM
- Der Nazi-Terrorist *Uwe Rohwer* erhält den „Ehrenpreis der Nationalzeitung für politisch Verfolgte".
- Beginn einer revisionistischen Kampagne mit Kundgebungen in Mannheim und München. In Dachau wird die Aufstellung eines Denkmals für den Nazi-Kriegsverbrecher *Peiper* verhindert.

1977
- Weiterführung der Kampagne mit Kundgebungen in vier Städten, außer Frey treten noch *App* und *Rudel* als Redner auf
- Die *WSG Hoffmann* wird zum Schutz von DVU-Veranstaltungen eingesetzt.
- *Arthur Butz* erhält den „Ehrenpreis der Nationalzeitung für politisch Verfolgte".

1978
- Frey reaktiviert die *AKON/Aktion Deutsche Einheit*.
- Durchführung regionaler Veranstaltungen in mehreren Städten mit durchschnittlich 300 TeilnehmerInnen.
- *Hans Ulrich Rudel* erhält den „Europäischen Freiheitspreis der DNZ".
- Veranstaltung einer Vortragsreihe mit *Wilfried von Oven*.

1979
- Durchführung einer Kampagne für eine Generalamnestie mit Kundgebungen, einer Postkartenaktion an Bundestagsabgeordnete und Unterschriftensammlungen
- Gründung der *VOGA / Volksbewegung für Generalamnestie*.

1980
- *Erich Kernmayr* erhält den „Europäischen Freiheitspreis der DNZ".
- Veranstaltung zahlreicher Vorträge mit Frey, *Austin App* und *Walter Dahl*.

- Gründung der *IfA/Initiative für Ausländerbegrenzung.*
- Die *AKON* wird als Aktionsgemeinschaft der DVU angegliedert.
- Durch Satzungsänderungen werden die Mitglieder der Aktions-gemeinschaften gleichzeitig Mitglieder der DVU.
- *Hans Ulrich Rudel* wird Ehrenvorsitzender des *Freiheitlichen Rates.*

1981
- *Hermann Oberth* erhält den „Europäischen Freiheitspreis der DNZ".
- Durchführung von Kundgebungen und Vortragsserien, z.B. zum „Tag der deutschen Einheit" mit 600 TeilnehmerInnen.
- Gründung der *ARF/Aktion Deutsches Radio und Fernsehen.*

1982
- Veranstaltung von fünf Vortragsreihen mit *David Irving* in zahl-reichen Städten.
- *David Irving* erhält den „Europäischen Freiheitspreis der DNZ".
- *Otto Scrinzi* erhält den „Andreas Hofer Preis des Deutschen An-zeigers".
- Erste DVU-Großkundgebung in der Passauer Nibelungenhalle.

1983
- Veranstaltung einer „Rudel Gedächtnis Kundgebung" mit 1.200 TeilnehmerInnen.
- Gründung des *Ehrenbund Rudel - Gemeinschaft zum Schutz der Frontsoldaten.*
- *Günther Just* erhält den neu gestifteten „Hans Ulrich Rudel Preis".
- Die Witwe von *Bolko Freiherr von Richthofen* erhält den „Euro-päischen Freiheitspreis der DNZ".
- Der „Andreas Hofer Preis" geht an die Familie des verstorbenen *Luis Amplatz.*
- Durchführung von Vortragsreihen mit *David Irving.*
- Frey wirbt bei der Bundestagswahl um Zweitstimmen für die *FDP.*

1984
- Gründung des *Schutzbund für Leben und Umwelt*.

1985
- Veranstaltung von Kundgebungen und Vortragsserien mit *David Irving*, der den „Hans Ulrich Rudel-Preis" erhält.
- Verleihung des „Europäischen Freiheitspreis der DNZ" an *Walther Dahl*.
- Der „Andreas Hofer Preis" geht an *Oswald Astfäller*.

1986
- Frey kauft die Deutsche Wochen-Zeitung.
- Durchführung von zwei Vortragsserien und einer Kundgebung mit *David Irving*.
- *Waldemar Schütz* erhält den „Europäischen Freiheitspreis der DNZ".
- Der „Andreas Hofer Preis" geht an *Reinhard Pozorny*.
- Frey ruft zur Wahl der *NPD* auf.
- Die *Deutsche Volksliste* wird gegründet.

1987
- Umbenennung der *Deutschen Volksliste* in DVU – Liste D, Wahlbündnis mit der *NPD*.
- Bei der Landagswahl in Bremen erhält die Liste D 3% in Bremen und 5,4% in Bremerhaven und damit einen Abgeordneten.
- Der „Andreas Hofer Preis" geht an *Paul Pichler*.

1988
- Die DVU unterstützt die *NPD* bei den Landtagswahlen in Baden-Württemberg und Schleswig-Holstein, die *NPD* erhält 1 Mio. DM, damit sie nicht zur Europawahl antritt.
- Verabschiedung des neuen DVU-Programms.
- *Wilhelmina Schuurmann* erhält den „Andreas Hofer Preis".

1989

- Veranstaltung mehrerer hundert Wahlkundgebungen, darunter zahlreiche Großveranstaltungen mit Frey als Hauptredner.
- Die DVU – Liste D erzielt bei den Europawahlen 1,6%, bei den Kommunalwahlen in Rheinland-Pfalz, Baden-Württemberg, Nordrhein-Westfalen und im Saarland nimmt sie nur vereinzelt teil und erhält bis zu 1,6%.
- Die *GdNF* bildet die *Arbeitsgemeinschaft Schwarz-Weiss-Rot* innerhalb der DVU.

1990

- Aufkündigung des Wahlbündnisses mit der *NPD*.
- Bei vereinzelten Wahlantritten zu den Kommunalwahlen in Bayern und Schleswig-Holstein können keine nennenswerten Ergebnisse erzielt werden.
- *David Irving* tritt vor 4.000 Personen auf der DVU Großkundgebung in Passau auf.

1991

- Der *Deutsche Anzeiger* wird eingestellt und mit der DWZ fusioniert.
- Umbenennung der DVU – Liste D in DVU.
- Bei den Landtagswahlen in Bremen erhält die DVU in Bremen 6,2% und in Bremerhaven 10.6% und damit sechs Mandate.
- Gründung der Landesverbände Berlin-Brandenburg, Thüringen, Sachsen und Sachsen-Anhalt.
- Ein für die DVU als Ordner aktiver Skin tötet den Angolaner *Aghostino*.
- *David Irving* spricht auf der DVU-Großkundgebung in Passau vor 3.000 Personen.

1992

- DVU-Mitglieder beteiligen sich am Wahlbündnis *Die Nationalen*, das zu den Berliner Kommunalwahlen antritt.
- Die DVU erhält bei der Landtagswahl in Schleswig-Holstein 6,3% und damit sechs Mandate.

- Durch den Parteiübertritt eines *CDU*-Abgeordneten ist die DVU im Kreistag Arnstadt / Thüringen vertreten.
- DVU-Mitglieder beteiligen sich am Pogrom von Rostock.
- Gründung des Landesverbandes Mecklenburg-Vorpommern.
- Verabschiedung eines Unvereinbarkeitsbeschlußes gegenüber militanten Gruppen.
- *David Irving* tritt vor 4.000 Personen auf der Passauer DVU-Großkundgebung auf.
- Der „Andreas Hofer Preis" geht zu gleichen Teilen an Vertreter Deutscher Freundeskreise im polnischen Oberschlesien und an *Vesna Pichler*, Vertreterin des *Verbandes der Deutschen in Kroatien*.
- Durchführung einer Veranstaltung mit *Wladimir Schirinowski* in Mühlhausen / Thüringen

1993
- Durch Parteiaustritte verliert die DVU ihre Landtagsfraktionen in Bremen und Schleswig-Holstein.
- Fortschreibung des Programms der DVU.
- Bei den Kommunalwahlen in Frankfurt am Main erzielt die DVU 2,7%.
- Das DVU-Mitglied *Markus Gartmann* ist einer der mutmaßlichen Mörder von Solingen.
- Die DVU wird in die Bezirksversammlung Hamburg-Bergedorf gewählt, erhält aber landesweit nur 2.8% der Stimmen.
- *Wladimir Schirinowski* tritt auf der DVU-Veranstaltung in Passau auf.

Erläutertes Abkürzungsverzeichnis

ARF Aktion Deutsches Radio und Fernsehen; 1981 gegründete Vorfeldorganisation der DVU

AKON Aktion Oder/Neiße; 1962 gegründete revanchistische Organisation, 1978 von Gerhard Frey als *Aktion Deutsche Einheit* reaktiviert, nach 1989 wieder Umbennenung in *Aktion Oder/Neiße*

ANR Aktion Neue Rechte; Abspaltung der *NPD*, 1972 von *Sigfried Pöhlmann* (vorher im Bundesvorstand der *NPD*) gegründet, hauptsächlich ideologische Tätigkeit, Erarbeitung neuer Konzepte faschistischer Politik, die gegenseitige Beeinflussung mit Teilen des konservativen Lagers führte zur Neuformulierung einer rechten Ideologie und Strategie *(Neue Rechte)*

ANS und ANS/NA Aktionsfront Nationaler Sozialisten / Nationaler Aktivisten; 1977 als ANS gegründete militante Organisation unter der Führung *Michael Kühnens*, Vorfeldorganisation der NSDAP/AO, 1983 verboten

AVV Arbeitskreis Volkstreuer Verbände; 1965 durch *Herbert Böhme* und dessen *Deutsches Kulturwerk Europäischen Geistes (DKEG)* gegründet, aus dem Arbeitskreis ging 1970 die *Aktion Widerstand* hervor, Dachverband 18 faschistischer Gruppen – u.a. *Bund Heimattreuer Jugend, Stahlhelm – Kampfbund für Europa, DKEG, Deutsche Gemeinschaft, AKON*

DA Deutsche Alternative; 1989 vom ehemaligen *Kühnen*-Flügel der *FAP* gegründet, Bestandteil der *GdNF*, Vorfeldorganisation der *NSDAP/AO*, 1992 verboten

DB Deutscher Block; 1947 von *Richard Etzel* und *Karl Meißner* gegründete völkisch-rassistische Partei, die jedoch nur in den ersten Jahren ihres Bestehens einigen Einfluß gewinnen konnte

DESG Deutsch-Europäische Studiengesellschaft; 1972 entstandene Ideologieschmiede der *Neuen Rechten*, gibt seit 1984 ein eigenes Blatt heraus (*DESG inform*), Seminarveranstaltungen

DKG — Deutsche Kulturgemeinschaft; 1979 vom *Deutschen Kulturwerk Europäischen Geistes* abgespalten, Vortrags- und Seminartätigkeit, Kontakte zur *WJ*, *JN*, *GdNF* und anderen militanten Gruppen

DL — Deutsche Liga für Volk und Heimat, ehemals *Deutsche Allianz*; 1991 gegründete Sammlungsbewegung einschließlich der militanten Rechten, Abgeordnete in Kommunal-, Länder- und Europaparlament

DN — Deutsche Nationalisten; 1993 gegründete Nachfolgeorganisation der *DA*, Bestandteil der *GdNF*, Vorfeldorganisation der *NSDAP/AO*

DNP — Deutsch-Nationale Partei; 1992 unter Vorsitz von *Thomas Dienel* gegründet, Bestandteil der *GdNF*, Vorfeldorganisation der *NSDAP/AO*

DSU — Deutsche Soziale Union; 1990 in der ehemaligen DDR gegründete Wahlpartei, wurde bis zur bundesweiten Ausdehnung 1993 als „Schwesterpartei" der *CSU* angesehen, vielfältige Kontakte und Zusammenarbeit mit Organisationen von *CDU* bis *GdNF*

DW — Deutscher Weg; *GdNF* Organisation um *Michael Thiel* (vormals *DA*), Vorfeldorganisation der *NSDAP/AO*

FAP — Freiheitliche Deutsche Arbeiterpartei; 1978 gegründet, Übernahme durch die *ANS/NA* nach deren Verbot, 1986 Spaltung aufgrund *Kühnens* Bekenntnis zur Homosexualität, der Kühnen-Flügel verläßt in den folgenden Jahren die Partei und organisiert sich in der *GdNF*, die FAP wird heute von *Friedhelm Busse* geleitet

FPÖ — Freiheitliche Partei Österreichs; nationalliberale Partei um *Jörg Haider*, in etwa mit den *REP* zu vergleichen

FR — Freiheitlicher Rat; 1972 von Frey gegründetes Funktionärsgremium, es beteiligten sich DVU, *AKON*,

Deutscher Block, Aktionsgemeinschaft 17.Juni, Gemeinschaft Ost- und Sudetendeutscher Grundeigentümer und Geschädigter, Jugendbund Adler, Stahlhelm – Kampfbund für Europa und *Wiking Jugend*; *Aktion Neue Rechte* und *Arbeitskreis Volkstreuer Verbände* verließen den FR schon nach einem Jahr

GdNF   Gesinnungsgemeinschaft der Neuen Front; Netzwerk militanter Nazis, aufgebaut von *Michael Kühnen*, personelle Ebene zwischen *NSDAP/AO* und Vorfeldorganisationen, geleitet durch *Christian Worch*

GfbAEV   Gesellschaft für biologische Anthropologie, Eugenik und Verhaltensforschung; 1962 als *Deutsche Gesellschaft zur Erbgesundheitspflege* gegründet, 1972 umbenannt, Hauptbetätigungsfeld ist die Ideologiebildung vor allem die ,,wissenschaftliche" Untermauerung rassistischer Theorien, die Gesellschaft gibt die Zeitschrift *Neue Anthropologie* heraus und wird von *Jürgen Rieger* geleitet

GfP   Gesellschaft für freie Publizistik; 1960 als Forum zur Verbreitung NS-Gedankengutes gegründet, übernahm die Entwicklung von gemeinsamen Zielvorstellungen von Altnazis und *Neuer Rechter*, gute Beziehungen zu allen bedeutenden faschistischen Organisationen

GOG   Gemeinschaft Ost- und Sudetendeutscher Grundeigentümer und Geschädigter; 1970 gegründet, versteht sich als ,,Notverwaltung und Treuhänder für das Deutsche Reich, anstelle der Bundesrepublik Deutschland"

HIAG   Hilfsgemeinschaft auf Gegenseitigkeit der ehemaligen Angehörigen der Waffen-SS; 1951 als Suchdienst gegründet, Kontakte zu nahezu allen faschistischen Gruppen

HNG   Hilfsorganisation für nationale politische Gefangene und deren Angehörige; 1979 gegründet, wichtige Organisation durch integrative Aktivitäten innerhalb des gesamten Nazi-Spektrums

IfA	Initiative für Ausländerbegrenzung; 1980 gegründete Vorfeldorganisation der DVU
IHR	Institute for Historical Review; 1979 von *Willis Carto* gegründetes Zentrum der internationalen faschistischen Bewegung, ansässig in den USA, fördert und betreibt den „historischen Revisionismus"
JA	Jugendbund Adler; Organisation die 1950 von *Richard Etzel* nach dem Vorbild der *Hitlerjugend* gegründet wurde
JN	Junge Nationaldemokraten; 1967 als Jugendorganisation der *NPD* gegründet, in den 90er Jahren Entwicklung zur militanten Kaderorganisation
LDP	Liberal-Demokratische Partei Rußlands; faschistische Wahlpartei unter der Führung von *Wladimir Schirinowski*, stärkste Einzelpartei bei den russischen Parlamentswahlen 1993
MSI	Movimento Sociale Italiano; faschistische Wahlpartei, seit Ende des Zweiten Weltkrieges kontinuierlich im Parlament vertreten, nach großen Stimmengewinnen seit 1994 Teil der rechten Regierungskoalition
NA	Nationale Alternative; 1990 als erste faschistische Partei in der ehemaligen DDR gegründet, ging aus der *Lichtenberger Front* und der *Bewegung 30. Januar* hervor, eingegliedert in die *GdNF*, Vorfeldorganisation der *NSDAP/AO*
NF	Nationalistische Front; 1985 als Zusammenschluß der *Nationalen Front* und des *Bundes Sozialrevolutionärer Nationalisten* gegründet; nationalrevolutionäre militante Organisation, 1992 verboten, Vorfeldorganisation der *NSDAP/AO*
NL	Nationale Liste; 1989 vom vormaligen *Kühnen*-Flügel der *FAP*-Hamburg gegründet, Bestandteil der *GdNF*, Vorfeldorganisation der *NSDAP/AO*, wird von *Christian Worch* geleitet

NO	Nationale Offensive; 1990 von ehemaligen Mitgliedern der *FAP* gegründet, verstand sich als Bindeglied der zerstrittenen Nazi-Organisationen, 1992 verboten
NPD	Nationaldemokratische Partei Deutschlands; 1964 gegründete Wahlpartei, Ende der 60er Jahre in den meisten Landtagen vertreten, Kontakte fast zum gesamten faschistischen Lager
NSDAP	Nationalsozialistische Deutsche Arbeiterpartei; 1920 von *Hitler* gegründet, dem es gelang, einen großen Teil der nationalistischen Kräfte in ihr zu vereinen, später alleinige Staatspartei des Dritten Reiches
NSDAP/AO	Nationalsozialistische Deutsche Arbeiterpartei / Auslands- und Aufbauorganisation; seit Mitte der 70er Jahre in der BRD aktiv, kämpft für die Wiederzulassung der *NSDAP*, nominal von *Gary Rex Lauck* (USA) geleitet, tatsächliche Führungsebene in Deutschland
PDN	Partiet De Nationale; militante faschistische Partei in Dänemark, geleitet von *Albert Larsen*, Kontakte zu militanten Gruppen in der BRD und Schweden
REP	Republikaner; 1983 als Rechtsabspaltung der *CSU* gegründet, mit 23.000 Mitgliedern zweitgrößte faschistische Wahlpartei, Abgeordnete in diversen Parlamenten, gute Verbindungen zu anderen faschistischen Gruppen auch im benachbarten Ausland, geleitet von *Franz Schönhuber*
SA	Sturmabteilung; Kampfverband und Massenorganisation der *NSDAP*, geschaffen um mit dem Mittel des Terrors die „Herrschaft über die Straße" zu erlangen, 1934 teilweise Entmachtung, danach hauptsächlich mit der vormilitärischen Ausbildung Jugendlicher beauftragt
SS	Schutzstaffel; *Hitlers* persönliche Leibgarde, die unter *Himmlers* Führung bald zu einer der mächtigsten Organisationen im Dritten Reich wurde, vom Polizeiwesen über geheime Dienste bis zum KZ-System,

von Zuchtanstalten wie „Lebensborn" bis zur Waffen-SS Elitekampftruppe beherrschte die SS fast alle Lebensbereiche des Staates

VAPO   Volkstreue Außerparlamentarische Opposition; 1985 von Mitgliedern der *WJ* und *ANS/NA* in Österreich gegründet, Bestandteil der GdNF, Vorfeldorganisation der *NSDAP/AO*

VDA   Verein für das Deutschtum im Ausland; rechtskonservative rassistisch-revanchistische Organisation, seit 1881 aktiv, von den Alliierten verboten, 1955 Wiedergründung, Kontakte zu faschistischen Organisationen, Förderung durch die Bundesregierung

VDR   Volksbund Deutscher Ring; 1963 gegründet, organisiert Vorträge / Kulturfahrten etc., gute Kontakte zu faschistischen Organisationen sowie zu rechtskonservativen Kreisen

VOGA   Volksbewegung für Generalamnestie; 1979 von Gerhard Frey gegründet, fordert die Generalamnestie für alle Deutschen im Zusammenhang mit jedweden im Zweiten Weltkrieg begangenen Unrecht, Vorfeldorganisation der DVU

WJ   Wiking Jugend; 1952 nach dem Vorbild der *Hitlerjugend* gegründete Organisation, vielfältige Verbindungen zum gesamten faschistischen Spektrum, Entwicklung zur militanten Kaderorganisation Am 10. November 1994 durch den Bundesinnenminister verboten.

Regelmäßig erscheinende antifaschistische Zeitungen

Antifa Info Blatt
c/o L. Meyer
Gneisenaustr. 2a
10961 Berlin

Der Rechte Rand
Postfach 1324
30013 Hannover

Antifaschistische Nachrichten
GNN-Verlag
Postfach 260226
50515 Köln

Antifaschistische Zeitung NRW
c/o Infoladen
Brunnenstr. 41
42105 Wuppertal

Atze
Antifaschistische Zeitung Kiel
Schweffelstr. 6
24118 Kiel

ZAG
Yorkstr. 59
19965 Berlin

Blick nach Rechts
Sozialdemokratischer
Pressedienst GmbH
Postfach 190167
53037 Bonn

Antifa Jugend Info BRD
Gneisenaustr. 2a
10961 Berlin

Antifaschistische Archive

Antifa – Presse – Archiv
c/o Papiertiger
Cuvrystr. 25
10997 Berlin

ABIDOZ
Rothenburgerstr. 106
90439 Nürnberg

**Bildungs- und
Solidaritätswerk
Anna Seghers**
Werderstr. 8
65195 Wiesbaden

**Antifaschistische
Informations- und Dokumen-
tationsstelle und Archiv**
Postfach 430147
80073 München

Hinweis zu der Autorin Annette Linke:

Der Name Annette Linke ist ein Pseudonym. Hinter dem Namen
verbirgt sich ein AutorInnenkollektiv der Autonomen Infogruppe
Kiel. Die Autonome Infogruppe ist eine parteiunabhängige, autonome Gruppe, die in der antifaschistischen Bewegung verwurzelt ist
und seit Jahren zum Thema Faschismus/Antifaschistischer Widerstand publiziert und Veranstaltungen durchführt. Die letzten Veröffentlichungen der Gruppe waren ,,18 Wochen Flüchtlingskampf –
Eine Dokumentation", Broschüre 1992, ,,Wunsiedel: Kristallisati-
onspunkt der gesamten faschistischen Bewegung", Broschüre 1992,
,,Gegen das Vergessen – Freiheit für Gerhard Bögelein", Broschüre
1992, ,,Geschichte wird gemacht – Der Prozeß gegen Gerhard Bögelein & Karl Kielhorn", Broschüre 1993 und eine Informationsbro-
schüre über die DVU. Neben der theoretischen und praktischen Arbeit zu Faschismus/Antifaschismus arbeitet die Gruppe zu den Themen: Rassismus, Umstrukturierung der Städte in der modernen In-
dustriegesellschaft, Repression und politische Gefangene in diesem
Staat. Gleichzeitig beteiligt sich die Infogruppe an nationalen und
internationalen Diskursen zur Überwindung weltweit wirkender
Unterdrückungsverhältnisse.

Anmerkungen

„Gerhard Frey" – eine Biographie

1 Georg Biemann & Helmut Stein, Argumente gegen Reps. und Co, Die Grünen
2 Die Woche, 10.2.1994
3 Pressedienst Demokratischer Initiative (PDI) Nr. 6, München, April 1980, S. 139
4 INFO Dienst, Präsidium der VVN-Bund der Antifaschisten, Sonderausgabe, 2. Jahrgang, Februar 1988, S. 4
5 Anton Maegerle & Patrik A. Hauns, Rechtsextremismus in Baden-Württemberg, herausgegeben durch das Bezirksjugendwerk der AWo Baden, Eigenverlag, 1993, S. 38
6 TAZ, 9.5.1992
7 Der Spiegel, 29.5.1989
8 Ebd.
9 Süddeutsche Zeitung, 8.4.1992
10 Präsidium der VVN – Bund der Antifaschisten, INFO Dienst, Menschen seid wachsam..., zweite erweiterte Auflage, November 1977, S. 5
11 Die Woche, a.a.O.
12 Munzinger-Archiv/Internat., Biograph. Archiv 32/92

Die Gründung der DVU

1 Uwe Backes (Hrsg.), Jahrbuch Extremismus & Demokratie, Bouvier Verlag, 1990, S. 104
Anton Maegerle, Arbeitshilfe Rechtsextremismus, Eigenverlag der Arbeiterwohlfahrt Baden, 1993, S. 29
2 KB, Braunzone, Buntbuch-Verlag, 1981, S. 20, 92
3 Ebd., S.20,128
4 VVN-Info-Dienst, Menschen seid wachsam, November 1977
5 Ebd.
6 Braunzone, a.a.O., S. 20, 132
7 Kurt Hirsch, Rechts von der Union, Knesebeck u. Schuler, 1989, S. 27
8 Braunzone, a.a.O., S. 102
9 Braunzone, a.a.O., S. 102/3 u. Kurt Hirsch, a.a.O. S. 386/87
10 Braunzone, a.a.O., S. 146
11 Ebd., S.146

12 VVN Landesverband Bayern, Bayern – Ein Zentrum der neofaschistischen Gefahr, 1986
13 AKON-Kurier, 2. Maiausgabe 1971

Die Aktivitäten der DVU in den 70er Jahren
1 Jörg Friedrich, Die kalte Amnestie, Fischer Taschenbuch 1984, S. 129, 250, 254
2 Kurt Hirsch, a.a.O., S. 435f
3 Jürgen Pomorin u.a., Geheime Kanäle, Weltkreis-Verlag, 1981, S. 117
4 VVN-Info-Dienst, Menschen seid wachsam, November 1977
5 Ebd.
6 Ebd.
7 Ebd.
8 Ebd.
9 Jüdische Allgemeine Wochenzeitung, 10.12.1976
10 VVN-Info-Dienst, a.a.O.
11 Kurt Hirsch, a.a.O., S. 387
12 Antifa Info Blatt Nr. 26, März/April 1994
13 Kurt Hirsch, a.a.O., S. 432

Die Programme der DVU
1 VVN Landesverband Bayern, a.a.O.

Die DVU – Liste D, der Weg zur Partei
1 A. Maegerle, a.a.O., S. 40
2 Uwe Backes, a.a.O., S. 230
3 Reader zur Veranstaltung über die Neue Rechte, Hamburg 1988
4 Spiegel, 27.7.1987
5 Ebd.
6 Kurt Hirsch, a.a.O., S. 52
7 Deutsche Wochen-Zeitung Nr. 49/1988
8 Faschisten kandidieren für Neuordnung Gesamteuropas, GNN-Verlag, Köln 1989
9 Ebd.
10 Ebd.
11 Ebd.
12 Hans-Jürgen Schulz (Hrsg.), Sie sind wieder da!, isp-Verlag, Frankfurt/M 1990, S. 43
13 Ebd.

14 TAZ, 26.1.1994
15 TAZ Hamburg, 18.3.1994

Mit Propaganda zum Wahlerfolg

 1 TAZ Hamburg, 4.9.1993
 2 TAZ Bremen, 24.10.1992
 3 ebd.
 4 TAZ Hamburg, 4.9.1992
 5 Süddeutsche Zeitung, 28.10.1992
 6 Kieler Nachrichten, 14.9.1993
 7 TAZ Hamburg, 18.3.1994
 8 Kieler Nachrichten, 10.4.1992
 9 TAZ Hamburg, 15.9.1993
10 Verfassungsschutz-Bericht Schleswig-Holstein 1992

Die Arbeit der DVU im Parlament

 1 TAZ Bremen, 24.10.1992
 2 Kieler Nachrichten, 16.9.1992
 3 TAZ Bremen, 24.10.1992
 4 Süddeutsche Zeitung, 28.10.1992

Machtproben in der DVU

 1 ATZE Nr. 18, April/Juni 1993
 2 Ebd.
 3 Deutsche Liga. Eine junge Partei im Aufwind?, 1993
 4 TAZ Hamburg, 4.9.1993
 5 Ebd.

Die Organisation

 1 Munzinger-Archiv/Internat. Biograph. Archiv 32/92
 2 Kieler Nachrichten, 6.4.1994
 3 A. Maegerle, a.a.O., S. 42
 4 Ebd.
 5 Kurt Hirsch, a.a.O. S. 111
 6 Kurt Faller, Heinz Siebold, Neo-Faschismus, Röderberg-Verlag, Frank-
    furt A.M. 1986, S. 36
 7 PDI-Taschenbuch Nr. 6, München 1980, S. 107
 8 Kurt Hirsch, a.a.O., S. 50
 9 Ebd., S. 272

10 blick nach rechts, Nr. 12, 1994, S. 6
11 Rainer Fromm, Rechtsextremismus in Thüringen, Schüren-Verlag, Marburg 1993, S.47
12 Antifaschistische Zeitung Kiel, Nr. 22, S.17
13 TAZ-Hamburg, 21.1.1994
14 PDI, 1981, S.2 45f
15 Kurt Faller, a.a.O., S. 36
16 Ebd.
17 PDI-Taschenbuch Nr. 6, München 1980, S. 127
18 Rudolf Schneider: Die SS ist ihr Vorbild, Röderberg-Verlag, 1981, S. 126

Die DVU in der Ex-DDR
1 Drahtzieher im braunen Netz, Edition ID-Archiv, 1992, S. 79
2 Ebd., S. 82
3 Ebd., S. 83
4 Ebd.
5 Hermann Langer, Flächenbrand von rechts, Verlag Jugend und Geschichte, Rostock 1993, S. 35
6 Michael Schmidt, Heute gehört uns die Straße, Econ Verlag, 1993, S. 272
7 Rainer Fromm, Rechtsextremismus..., a.a.O., S. 47
8 Antifaschistische Nachrichten, 10.11.1991

Die Finanzierungsquellen der DVU
1 Kieler Nachrichten, 6.4.1994
2 Deutscher Anzeiger, 17.8.1984
3 Spiegel, 29.5.1989
4 Georg Christians, „Die Reihen fest geschlossen", Verlag Arbeit & Gesellschaft, Marburg 1990, S. 203
5 Kieler Nachrichten, 12.8.1992

Die finanziellen Machenschaften des Multimillionär Gerhard Frey
1 Bayrischer Verfassungsschutz-Bericht 1991
2 Süddeutsche Zeitung, 8.4.1992
3 Die Woche, 10.2.1994
4 Der Spiegel, 29.5.1989
5 Anton Maegerle & Patrik A. Hauns, Rechtsextremismus in Baden-

Württemberg, herausgegeben durch das Bezirksjugendwerk der AWo Baden im Eigenverlag, 1993, S.37

6 Der Spiegel, a.a.O.
7 Ebd.
8 Frankfurter Rundschau, 23.5.1992
9 Ebd.
10 Neues Deutschland, ca. Mai 1992
11 Wochen Blatt Tempelhof, 4.6.1992
12 Neues Deutschland, a.a.O.
13 Ebd.
14 Die Woche, a.a.O.
15 Antifaschistische Nachrichten, 2/93

Gerhard Frey und sein
„national-freiheitlicher Medienkonzern"

1 Munzinger-Archiv/Internat., Biograph. Archiv 32/92
2 Süddeutsche Zeitung, 8.4.1992
3 Der Spiegel, Nr. 11 / 1963; und Raimund Hethey & Peter Kratz, In Bester Gesellschaft, Verlag die Werkstatt, S. 295
4 Der Spiegel, a.a.O.
5 Ebd.
6 Anton Maegerle & Patrik A. Hauns, a.a.O., S. 38
7 Der Spiegel, a.a.O.
8 Ebd.
9 Heinz Brüdigam, a.a.O., S. 54
10 Thomas Assheuer & Hans Sarkowicz, Rechtsradikale in Deutschland, C.H. Beck'sche Verlagsbuchhandlung, München 1990, S. 30
11 Der Spiegel, Nr. 16 / 1967
12 Kursbuch 4, Dossier: Fahrlässige Werbung, zusammengestellt von Klaus Rochler und Nicolas Born, Herausgegeben von Hans Magnus Enzensberger, 1966, S. 152-160
13 Ebd.
14 Präsidium der VVN – Bund der Antifaschisten, INFO Dienst, Menschen seid wachsam..., zweite erweiterte Auflage, November 1977, S. 6
15 Thomas Assheuer & Hans Sarkowicz, a.a.O., S. 31
16 Ebd., S. 30
17 VVN, Landesverband Bayern, 1986, Bayern – Ein Zentrum der neofaschistischen Gefahr, S. 18
18 Astrid Lange, Was die Rechten lesen, C.H. Beck'sche Verlagsbuch-

handlung, München, 1993, S. 78
19 VVN, Landesverband Bayern, a.a.O., S. 17
20 Frankfurter Rundschau, 21.1.1989
21 Präsidium der VVN, a.a.O., S. 9
22 Astrid Lange, a.a.O., S. 62f
23 Ebd., S. 114-116
24 Ebd., S. 64-67
25 Antifaschistische Informationen ...gegen die Zeitung „Junge Freiheit",
   GNN-Verlag Hamburg, 1993/94

Der Freiheitliche Rat
1 Kurt Hirsch, a.a.O., S. 63
2 Ebd., S. 63
3 Ebd., S. 415
4 Braunzone, a.a.O., S. 128 und Gerhard Frey: Prominente ohne Maske,
   FZ-Verlag, 1988, S. 326f
5 Braunzone, a.a.O., S. 130
6 Alwin Meyer, Karl-Klaus Rabe, Einschlägige Beziehungen von
   Unionspolitikern, Lamuv Verlag, 1980, S. 19f
7 Kurt Hirsch, a.a.O., S. 435
8 Ebd., S. 423
9 Ebd., S. 169
10 Ebd., S. 407f
11 Ebd., S. 22, 423
12 Wolfgang Purtscheller, Aufbruch der Völkischen, Picus Verlag, Wien
   1993, S. 211

Stahlhelm – Kampfbund für Europa
1 KB, Schleswig-Holstein „braun durchdrungen", Jahr unbekannt
2 Ebd.
3 Rainer Fromm, Am rechten Rand, Schüren Presseverlag, 1993, S. 159f
4 Ebd.

Deutscher Block und Jugendbund Adler
1 Richard Stöss, Parteienhandbuch, Westdeutscher Verlag, 1986, S. 846
2 Kurt Hirsch, a.a.O., S. 368
3 Ebd., S. 139

Wiking Jugend
1 Siehe zur WJ: Kurt Hirsch, a.a.O. S. 147f und Rainer Fromm, a.a.O., S. 171f

Aktionsgemeinschaft 17. Juni
1 Braunzone, a.a.O., S. 132
2 Kurt Hirsch, a.a.O., S. 194f

Gemeinschaft Ost- und Sudetendeutscher Grundeigentümer und Geschädigter
1 Braunzone, a.a.O., S. 28
2 Kurt Hirsch, a.a.O., S. 429

Arbeitskreis Volkstreuer Verbände
1 Kurt Hirsch, a.a.O., S. 31, 354

Frey und der Auschwitz-Leugner David Irving
1 Verfassungsschutz-Bericht Schleswig-Holstein, 1992
2 Die Irving Auftritte bei DVU-Veranstaltungen sind in den Bundesverfassungsschutzberichten der Jahre 1983 bis 1993 dokumentiert.
3 Drahtzieher, a.a.O., S. 20f, 25f
4 Assheuer/Sarkowicz, Rechtsradikale in Deutschland, C.H. Becksche Verlagsbuchhandlung, 1990, S. 33

Frey und die Republikaner
1 Drahtzieher im braunen Netz, a.a.O., S. 43
2 Rudolf Schneider, a.a.O., S. 126

Frey und die Waffen-SS
1 PDI, Schwarzbuch, Strauß, Kohl & Co., PDI-konkret 6, 1976
2 Braunzone, a.a.O., S. 147 und PDI, Schwarzbuch, a.a.O., S. 112, 115
3 Braunzone, a.a.O., S. 59
4 Michael Hereth, Der Fall Rudel, rororo aktuell, 1977
5 Ursel Sieber, Bernd Siegler u.a., Deutsche Demokraten, Verlag die Werkstatt, Göttingen 1994, S. 194
6 VVN Landesverband Bayern, a.a.O.

Konservative und DVU vereint im Antikommunismus

1 Die Welt, 14.11.1956
2 Deutsche Volkszeitung, 30.6.1961

Frey und der letzte persönliche Referent Goebbels

1 Braunzone, a.a.O., S. 129
2 Jürgen Pomorin, Geheime Kanäle, Weltkreis-Verlag, 1981, S. 94
3 Ebd., S. 95
4 Ebd., S. 98
5 Robert Wistrich, Wer war wer im Dritten Reich?, Fischer Taschenbuch Verlag, 1993, S. 12
6 Jürgen Pomorin, a.a.O., S. 97
7 Robert Wistrich, a.a.O., S. 76f
8 Jürgen Pomorin, a.a.O., S. 9f
9 Ebd., S. 101
10 Ebd., S. 102
11 Ebd., S. 103
12 Ebd.
13 Rudolf Schneider, a.a.O., S. 125
14 Braunzone, a.a.O., S. 129

Die prominenten Freunde Freys

1 blick nach rechts, 15.2.1994, S. 10

Frey und der Geheimdienst-Chef Gehlen

1 Gerhard Frey, Prominente ohne Maske, FZ-Verlag, 1988, S. 144
2 Rena u. Thomas Giefer, Die Rattenlinie, Verlag Anton Hain, 1992, S. 168
3 Jürgen Roth, Bernd Ender, Geschäfte und Verbrechen der Politmafia, IBDK Verlag, 1988, S. 78f
4 Mehr zu Otto Skorzeny und der ODESSA bei Rena u. Thomas Giefer

Frey und der Innenminister Seidl

1 Gerhard Frey, a.a.O., S. 420
2 Braunzone, a.a.O., S. 143
3 Ebd., S. 8, 143
4 Frankfurter Rundschau, 29.6.1978
5 Spiegel, 3.3.1975
6 Kurt Hirsch, a.a.O., S. 118

Frey und der Grundgesetz-Kommentator Maunz

1 Drahtzieher, a.a.O., S. 27
2 Gerhard Frey, a.a.O., S. 286f
3 Theodor Maunz, Neue Grundlagen des Verwaltungsrechts, Hamburg 1934
4 Verwaltung, 1937
5 Deutsche Juristenzeitschrift, 1936, Sp. 1230
6 Verwaltung, 1937, S. 253f
7 Gestalt und Recht der Polizei, 1943
8 Neue Juristische Wochenschrift, 11.6.1964
9 Spiegel, Nr. 41, 1993
10 Die Zeit, 11.2.1994
11 Ebd.
12 Konkret Nr. 1/1994
13 Ebd., zum Thema Maunz siehe auch: Michael Stolleis, Kritische Justiz, Heft 4, 1993. Braunbuch, Kriegs- und Naziverbrecher in der Bundesrepublik, DDR 1965, S. 329f

Frey und sein russischer Verbündeter Schirinowski

1 Freitag, 28.8.1992
2 Ebd.
3 TAZ, 18.12.1993
4 Ebd.

Die Re-Germanisierung Ostpreußens

1 TAZ, 13.8.1993
2 Ebd.
3 Ebd.
4 Ursel Sieber, a.a.O., S. 189
5 Nationalzeitung, 30.4.1993
6 Gegen den DM-Imperialismus, zur Kritik der Europastrategien von Konzernen, Regierungen und Faschisten der BRD, GNN-Verlag, Köln 1994

Die DVU und die militante faschistische Bewegung

1 VVN Landesverband Bayern, Bayern ein Zentrum der neofaschistischen Gefahr, November 1986, S. 18
2 Präsidium der VVN – BdA, Menschen seid wachsam, zur Tätigkeit der neonazistischen Deutschen Volksunion, 1977, S. 14

3 Reinhard Opitz, Faschismus und Neofaschismus Bd.2, Pahl Rugenstein, 1988, S. 73

4 Michael Schmidt, Heute gehört uns die Straße..., Econ-Verlag, 1993, S. 336

5 Ebd., S. 105

6 Antifa Info Blatt Nr. 16, Winter 1991

7 Michael Schmidt, a.a.O., S. 104

8 antifaschistische zeitung nrw, Februar-April 1994

9 Die Neue Front Nr. 67, Oktober/November 1989

10 VVN Landesverband Bayern, a.a.O.

11 KRASS, antifaschistische Zeitung für die Kölner Region

12 PDS/Linke Liste im Bundestag, Blickpunkt Rechtsextremismus, S. 11

13 TAZ, 15.2.1990

14 Nürnberger Nachrichten, 18.2.1991

15 Neues Nebelhorn 7/91

16 Antifaschistische Nachrichten, 10.11.1991

17 Michael Schmidt, a.a.O., S.272f

18 Städtebericht Magdeburger AntifaschistInnen, November/Dezember 1992

19 Frankfurter Rundschau, 11.6.1993

20 Neues Deutschland, 15.4.1993

21 Atze, Antifaschistische Zeitung Kiel Nr.19, Juli/September 1993

22 Dokumentation von JN-NPD-NSDAP-Umtrieben in Nordrhein-Westfalen, 1979, S. 6f, 9f

Hat Faschismus Zukunft?

1 Siehe zum Thema das Interview mit Stöss in der TAZ, 10.2.1994, S. 10

2 Ebd.

3 ak 361, 15.12.1993, S. 23

Literaturverzeichnis

Antifa-Kommission des KB: Wer mit wem? Braunzone zwischen CDU/CSU und Neonazis, Buntbuch-Verlag, 1981

Assheuer, Thomas / Sarkowicz, Hans: Rechtsradikale in Deutschland, C.H. Becksche Verlagsbuchhandlung, 1990

Backes, Uwe (Hrsg.): Jahrbuch Extremismus & Demokratie, Bouvier Verlag, 1990

Biemann, Georg / Stein, Helmut: Argumente gegen Reps. und Co., Die Grünen

Braunbuch, Kriegs- und Naziverbrecher in der Bundesrepublik, DDR 1965

Brüdigam, Heinz: Der Schoß ist fruchtbar noch (über faschistische Literatur und Publizistik, Anmerk. d. V.), Röderberg Verlag, ca. 1965

Christians, Georg: Die Reihen fest geschlossen. Die FAP, Verlag Arbeit & Gesellschaft, 1990

Drahtzieher im braunen Netz. Der Wiederaufbau der NSDAP, Edition ID-Archiv, 1992

Faller, Kurt / Siebold, Heinz: Neo-Faschismus, Röderberg-Verlag, 1986

Friedrich, Jörg: Die kalte Amnestie, NS-Täter in der Bundesrepublik, Fischer Taschenbuch Verlag, 1984

Fromm, Rainer: Rechtsextremismus in Thüringen, Schüren-Verlag, 1993

Fromm, Rainer: Am rechten Rand. Lexikon des Rechtsradikalismus, Schüren-Verlag, 1993

Giefer, Rena u. Thomas: Die Rattenlinie. Fluchtwege der Nazis, Verlag Anton Hain, 1992

Graubuch, Expansionspolitik und Neonazismus in Westdeutschland, DDR 1967

Hereth, Michael: Der Fall Rudel, rororo aktuell, 1977

Hethey, Raimund / Kratz, Peter: In bester Gesellschaft. Antifa-Recherche zwischen Konservatismus und Neo-Faschismus, Verlag die Werkstatt, 1991

Hirsch, Kurt: Rechts von der Union, Personen, Organisationen, Parteien seit 1945, Knesebeck u. Schuler, 1989

Jäger, Siegfried: Rechts Druck. Die Presse der Neuen Rechten, Verlag J.H.W. Dietz Nachf., 1988

Kursbuch Nr.4, 1966

Lange, Astrid: Was die Rechten lesen, C.H. Becksche Verlagsbuchhandlung, 1993

Langer, Hermann: Flächenbrand von rechts, Verlag Jugend und Geschichte, Rostock 1993

Maegerle, Anton: Arbeitshilfe Rechtsextremismus, Eigenverlag der Arbeiterwohlfahrt Baden, 1993

Meyer, Alwin / Rabe, Karl-Klaus: Einschlägige Beziehungen von Unionspolitikern, Lamuv Verlag, 1980

Opitz, Reinhard: Faschismus und Neofaschismus Bd.2, Pahl Rugenstein Verlag, 1988

PDI-Taschenbuch Nr. 6, München 1980

PDI, 1981

PDI, Schwarzbuch: Strauß, Kohl & Co., PDI-konkret 6, 1976

PDS/Linke Liste im Bundestag: Blickpunkt Rechtsextremismus

Pomorin, Jürgen u.a.: Geheime Kanäle. Der Nazi-Mafia auf der Spur, Weltkreis-Verlag, 1981

Purtscheller, Wolfgang: Aufbruch der Völkischen (über das braune Netzwerk in Österreich, Anmerk. d. V.), Picus Verlag, Wien 1993

Roth, Jürgen / Ender, Bernd: Geschäfte und Verbrechen der Politmafia, IBDK Verlag, 1988

Schmidt, Michael: Heute gehört uns die Straße, Econ Verlag, 1993

Schneider, Rudolf: Die SS ist ihr Vorbild. Neonazistische Kampfgruppen und Aktionsgruppen in der Bundesrepublik, Röderberg-Verlag, 1981

Schulz, Hans-Jürgen (Hrsg.): Sie sind wieder da! Faschismus und Reaktion in Europa, isp-Verlag, 1990

Sieber, Ursel / Siegler, Bernd u.a.: Deutsche Demokraten. Wie rechtsradikal sind CDU & CSU?, Verlag die Werkstatt, Göttingen 1994

Stöss, Richard: Parteienhandbuch, Westdeutscher Verlag, 1986

Verfassungsschutzberichte, 1971 - 1993

Wistrich, Robert: Wer war wer im Dritten Reich?, Fischer Taschenbuch Verlag, 1993

Broschürenverzeichnis

Antifaschistische Informationen ... gegen die Zeitung Junge Freiheit, GNN-Verlag 1993/94

Deutsche Liga. Eine junge Partei im Aufwind?, 1993

Dokumentation von JN-NPD-NSDAP-Umtrieben in Nordrhein-Westfalen, 1979

Faschisten kandidieren für die Neuordnung Gesamteuropas, GNN-Verlag, Köln 1989

Gegen den DM-Imperialismus, zur Kritik der Europastrategien von Konzernen, Regierungen und Faschisten der BRD, GNN-Verlag 1994
Kommunistischer Bund, Schleswig-Holstein braun durchdrungen, ca. 1975
Reader zur Veranstaltung über die Neue Rechte, Hamburg 1988
VVN-Info-Dienst, Menschen seid wachsam, November 1977
VVN-Info-Dienst, Sonderausgabe, Februar 1988
VVN Landesverband Bayern, Bayern - Ein Zentrum der neofaschistischen Gefahr, 1986
VVN, Waffen-SS in der Bundesrepublik, 1978

Zeitungs- und Zeitschriftenverzeichnis

ak. Neue Folge
Antifa Info Blatt, Berlin
Antifaschistische Nachrichten
Antifaschistische Zeitung Kiel (Atze)
Antifaschistische Zeitung NRW
Blick nach rechts
Der Rechte Rand
Der Spiegel
Deutsche Juristenzeitschrift
Deutsche Volkszeitung
Die Tageszeitung
Die Tageszeitung Hamburg
Die Tageszeitung Bremen
Die Welt
Die Woche
Die Zeit
Frankfurter Rundschau

Freitag
Jüdische Allgemeine Wochenzeitung
Kieler Nachrichten
Konkret
Krass, antifaschistische Zeitung für die Kölner Region
Kritische Justiz
Munzinger-Archiv/Internat. Biograph.
Neue Juristische Wochenschrift
Neues Deutschland
Neues Nebelhorn
Nürnberger Nachrichten
17C - Zeitung für den Rest
Süddeutsche Zeitung
Wochen Blatt Tempelhof

Sachregister

(VDR) *141, 142, 197*
Volkstreue Außerparlamentarische
   Opposition (VAPO) *197*
Vorwärts *176*

World Anti-Communist League
   (WACL) *116*
Wehrsportgruppe Hoffmann *24, 120,*
   140, 187
Weltbühne *106*

Wiking Jugend (WJ) *24, 52, 85, 87,*
   91, 92, 93, 94, 139, 140, 142,
   147, 148, 149, 186, 193, 194, 197
Wirtschaftswoche *174*
WMF *82*
Wüstenrot GmbH *76*

Zentralrat der Juden *65, 171*

Personenregister

Abs, Hermann Josef *106, 110*
Adenauer, Konrad *107, 110*
Adorno, Theodor W. *78*
Aghostino *142, 190*
Altermann, Hans *32, 38, 40, 45*
Althans, Bela Ewald *98, 138*
Amplatz, Luis *54, 188*
App, Austin J. *163, 186, 187*
Arlt, Erwin *15, 48, 85, 88*
Arndt, Adolf *81*
Astfäller, Oswald *189*
Augstein, Rudolf *168, 174*

Bachmann, Ingeborg *78*
Bachmann, Josef *106*
Baring, Arnulf *174*
Bayerl, Alfons Dr. *120*
Benda, Ernst *79*
Berlusconi, Silvio *180, 184*
Bismarck, Otto von *15*
Blohm, Marion *35, 39, 46*
Blome, Klaus *12, 36, 45*
Böhme, Herbert Dr. *86, 96, 109, 192*
Brand, Jürgen *39*
Brandner, Walter *15, 109*
Brandt, Peter *177*

Brandt, Willy *29, 127, 177*
Breschnjev, Leonid *29*
Brunner, Manfred *114, 159, 184*
Buchheister *104*
Buchhorn *108*
Busse, Friedhelm *91, 138, 192*
Butz, Arthur *54, 56, 187*

Carto, Willis *195*
Christian, Georg *60*
Christophersen, Thies *88*
Cox, Arthur Macy *115*
Crinius, Wilhelm *33*

Dahl, Walter *187, 189*
Damerau, Helmut *13, 72, 73, 74*
de Man, Hendrik *176*
Deckert, Günther *171, 186*
Dehoust, Peter *82*
Dienel, Thomas *193*
Dregger, Alfred *167*
Dröse, Bernd *39, 144*
Dürig, Günter *122, 125, 128*
Dutschke, Rudi *106*

Eckes, Peter *60*